健康老龄化背景下老年人体育发展研究

张 蕾 ◎著

中国纺织出版社有限公司

图书在版编目（CIP）数据

健康老龄化背景下老年人体育发展研究／张蕾著. --北京：中国纺织出版社有限公司，2023.9
ISBN 978-7-5229-1101-4

Ⅰ.①健… Ⅱ.①张… Ⅲ.①老年人—体育活动—研研—中国 Ⅳ.①G812.48

中国国家版本馆 CIP 数据核字（2023）第 190122 号

责任编辑：赵晓红　　责任校对：高　涵　　责任印制：储志伟

中国纺织出版社有限公司出版发行
地址：北京市朝阳区百子湾东里 A407 号楼　邮政编码：100124
销售电话：010—67004422　传真：010—87155801
http://www.c-textilep.com
中国纺织出版社天猫旗舰店
官方微博 http://weibo.com/2119887771
天津千鹤文化传播有限公司印刷　各地新华书店经销
2023 年 9 月第 1 版第 1 次印刷
开本：710×1000　1/16　印张：14.25
字数：225 千字　定价：99.90 元

凡购本书，如有缺页、倒页、脱页，由本社图书营销中心调换

前　言

在人口老龄化态势下，随之而来的是非健康老年群体规模扩张、家庭老年抚养比上升、国家医疗养护资源紧张等现实矛盾与议题亟待破解。《关于加强新时代老龄工作的意见》明确指出："有效应对我国人口老龄化，事关国家发展全局，事关亿万百姓福祉，事关社会和谐稳定，对于全面建设社会主义现代化国家具有重要意义。"体育作为应对人口老龄化的重要方式，能够改善老年人的身心健康状况，减少其对家庭和社会资源的负担，促进代际间和谐，对其生活满意度与幸福感有显著的正向效益。在"健康中国"战略指导下，老年体育事业日益成为焦点，以提高老年人体质为重点，丰富老年人生活，建设健康环境，促进老年人积极主动参与体育健身已成为亟待解决的问题。

本书运用文献资料、专家访谈、实地调查、问卷调查、数理统计、逻辑分析等研究方法，结合老年体育的现实情况，综合运用管理学、社会学、人口学等多学科知识，以老年人体育为切入点，对老年人体育健身现状进行了调查，分析了老年人体育健身发展中存在的问题，探讨健康中国建设背景下老年人体育需求，并提出老年人体育发展的优化策略。在此基础上，将"健康老龄化"的理念融入老年人生活，通过对老年人公共体育服务、老年体育服务供给研究、体医融合和体养融合研究、老年体育发展模式等方面提出完善和改革性的建议，并重新构想了"政府、社会、家庭"联动的老年人体育发展框架与发展模式，培养老年人科学健身意识，旨在加大融体育、娱乐、医疗为一体的健身方式，从而为提升老年人生活质量，对老年人保持健康水平有着重要的实践意义。

在本书的写作过程中，笔者查阅了大量的资料，也就一些比较有争议的问题请教了相关的专家，以期本书能为老年人研究贡献自己的力量。由于笔者才疏学浅，并且研究水平、时间和掌握的资料有限，书中难免有错误和疏漏之处，恳请读者和专家批评指正。

张 蕾
2023 年 7 月

目 录

第一章 导论 1
第一节 老年人体育研究背景与研究现状 1
第二节 体育促进积极老龄化发展 12
第三节 老年人体育发展价值 21

第二章 老年人体育发展现状与策略 25
第一节 健康中国建设背景下老年人体育需求 25
第二节 老年人体育发展的现实困境 35
第三节 老年人体育发展的优化策略 43

第三章 健康老龄化背景下老年人体育参与机制 53
第一节 老年人体育参与理论基础 53
第二节 老年体育参与的内生逻辑 56
第三节 老年体育参与机制与促进 62

第四章 健康老龄化背景下老年人公共体育服务 67
第一节 老年人公共体育服务发展 67
第二节 老年人公共体育服务供给 74
第三节 数字赋能老年人体育公共服务 102

第五章　健康中国背景下老年人体医融合 ······ 115
第一节　老年人体医融合实践进展 ······ 115
第二节　老年人体医融合协同创新发展 ······ 119
第三节　社区老年人体医融合治理 ······ 132

第六章　健康中国背景下老年人体养融合 ······ 145
第一节　老年人体养融合发展 ······ 145
第二节　老年人体养融合模式 ······ 155
第三节　体养融合视角下社区老年体育组织发展 ······ 185

第七章　健康老龄化背景下老年人体育模式发展 ······ 195
第一节　老年人体育模式发展影响因素 ······ 195
第二节　老年人体育发展模式构想 ······ 199
第三节　老年人体育模式发展策略 ······ 211

参考文献 ······ 216

第一章 导论

第一节 老年人体育研究背景与研究现状

一、我国人口老龄化的态势分析

(一) 人口老龄化的概念

1. 老年人及年龄划分

不同的国家或地区处于不同的历史发展阶段对于老年人的界定有所不同,一般是指年代年龄超过 55 岁、60 岁或 65 岁等某一数值的人口群体。世界卫生组织则是按照国家的发达程度,形成对老年人年龄划分的两个标准:在发达国家,将 65 岁及以上的人群定义为老年人;而在发展中国家(特别是亚太地区),则将 60 岁及以上的人群称为老年人。然后,又对老年期做了进一步划分。世界卫生组织对人的年龄界限的划分是:44 岁以下,为青年人;45~59 岁,为中年人;60~74 岁,为年轻老年人;75~89 岁,为老老年人;90 岁以上,为非常老的老年人或长寿老年人(图 1-1)。中华医学会老年医学分会对老年人的年龄划分是:60 岁以上,为我国划分老年的标准。45~59 岁,为老年前期(中年人);60~89 岁,为老年期(老年人);90 岁以上,为长寿期(长寿老人);超过 100 岁的长寿期老人,又称百岁老人;高龄老人,指 80 岁以上的老人。

2. 老龄化的概念

人口老龄化通常被认为是随着平均寿命延长,老年人口在全部人口中比重增加的过程。相对于老年型人口这一静态指标,人口老龄化是一个动态的过程。它意味着社会总人口中年轻人口数量的减少和老年人口数量的增加,是老

```
┌─────────┐ ┌──────────────────────────┐
│ 60~74岁 │ │ ·年轻老年人              │
└─────────┘ └──────────────────────────┘
┌─────────┐ ┌──────────────────────────┐
│ 75~89岁 │ │ ·老老年人                │
└─────────┘ └──────────────────────────┘
┌─────────┐ ┌──────────────────────────┐
│ 90岁以上│ │ ·非常老的老年人或长寿老年人│
└─────────┘ └──────────────────────────┘
```

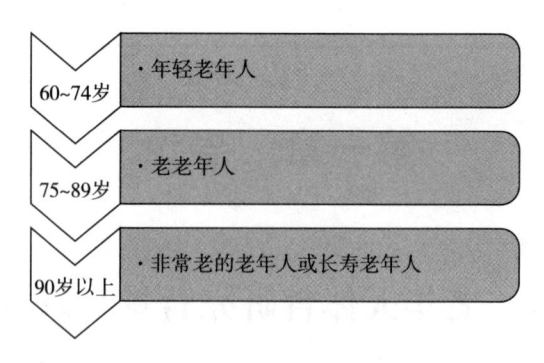

图 1-1　世界卫生组织对老年人的进一步划分图

年人口比例相应增长的动态过程。人口老龄化意味着社会人口总数中老年人口比重较大，人口结构会呈现老年态势，从而进入老龄化社会。它反映的是一个时期内，人口年龄结构上动态的变动趋向。"一般地说，年代年龄60岁以上老年人口占总人口比例超过10%，或者65岁以上的老年人口在总人口中的比例超过7%，既可看作老年型人口，也称人口老龄化"。

（二）我国人口老龄化的特点与阶段划分

1. 规模巨大，发展迅速

新中国成立以来，尤其是改革开放以来，在社会经济快速发展、医疗卫生条件不断改善、人口营养结构持续优化，以及计划生育政策有效实施的背景下，我国在较短时间内完成了人口转变，开启了快速的人口老龄化进程。1982—2020年，我国60岁及以上老年人口占比由7.62%快速提升至18.70%，65岁及以上老年人口占比由4.91%快速提升至13.50%。根据第七次全国人口普查数据，截至2020年10月，我国60岁以上老年人口数达到2.64亿，占总人口比例为18.7%。预计到2025年，老年人口数量将会超过3亿，中国将成为超老年型国家。由于老年人的身体机能和认知功能等将随年龄的增长而下降，因而老年人口规模的扩大及其占比的提升将在医疗、社会服务等多个方面给整个社会带来压力和负担。

2. 我国人口老龄化的阶段划分

从2001—2100年，我国的人口老龄化由于受上一个时代的历史因素影响，将呈现出三个阶段的发展趋势（图1-2）。当前我国正处在快速老龄化阶段，即将进入加速发展老龄化阶段。而2030—2050年我国将经历一个极为严峻的时期，这一时期人口老龄化进入加速发展阶段，而由此引发的诸多社会问题不容小觑。

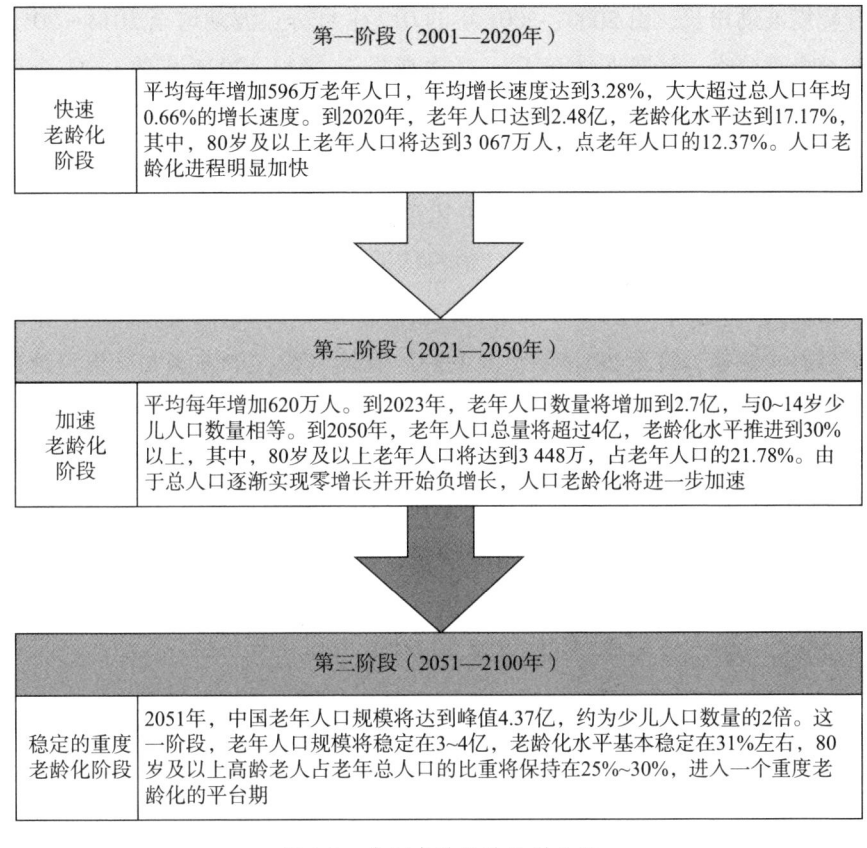

	第一阶段（2001—2020年）
快速老龄化阶段	平均每年增加596万老年人口，年均增长速度达到3.28%，大大超过总人口年均0.66%的增长速度。到2020年，老年人口达到2.48亿，老龄化水平达到17.17%，其中，80岁及以上老年人口将达到3 067万人，点老年人口的12.37%。人口老龄化进程明显加快

⬇

	第二阶段（2021—2050年）
加速老龄化阶段	平均每年增加620万人。到2023年，老年人口数量将增加到2.7亿，与0~14岁少儿人口数量相等。到2050年，老年人口总量将超过4亿，老龄化水平推进到30%以上，其中，80岁及以上老年人口将达到3 448万，占老年人口的21.78%。由于总人口逐渐实现零增长并开始负增长，人口老龄化将进一步加速

⬇

	第三阶段（2051—2100年）
稳定的重度老龄化阶段	2051年，中国老年人口规模将达到峰值4.37亿，约为少儿人口数量的2倍。这一阶段，老年人口规模将稳定在3~4亿，老龄化水平基本稳定在31%左右，80岁及以上高龄老人占老年总人口的比重将保持在25%~30%，进入一个重度老龄化的平台期

图1-2 我国老龄化阶段划分图

（三）人口老龄化趋势

中国的人口老龄化进程在启动时间较晚的情况下加速推进。新中国成立初期，由于我国的死亡水平和生育水平相对较高，我国的人口年龄结构处于年轻阶段。随着1970年年初开始推行计划生育政策，我国生育率出现快速下降的趋势，人口老龄化进程得以开启。20世纪七八十年代，我国的人口老龄化水平稳步提高，60岁及以上老年人口占比每年约提高0.10~0.14个百分点。20世纪90年代，我国的人口老龄化速度进一步加快，60岁及以上老年人口占比每年约提高0.2个百分点，并在2000年达到10.33%，正式进入老龄化社会。21世纪以来，我国的人口老龄化水平加速提高，60岁及以上老年人口占比的提升幅度波动增长，由2000—2001年的0.2个百分点波动增至2014—2015年的0.6个百分点，达到最大值后，又逐渐降至2020—2021年的0.24个百分点。在这期间，60岁及以上老年人口占比由2000年的10.33%提高至2010年的13.26%，到2020年进一步提高至18.70%，已接近老龄化社会水平。

2022—2050年，我国的人口老龄化进程将高速推进。联合国《世界人口展望2022》的高、中、低方案人口预测结果均显示，中国人口老龄化水平的提升速度在2022—2032年最快，在2033—2040年期间将会有所减缓，之后的几年会再次提速，直至2050年（图1-3）。具体来说，中方案人口预测结果显示，我国60岁及以上老年人口占比在2022—2032年期间将以每年约0.91个百分点的幅度快速提升，之后提升幅度有所下降，于2039—2040年降至最低值0.44个百分点，然后又再次增大，在2049—2050年达到0.83个百分点。到21世纪中叶，我国60岁及以上老年人口占比将达到38.81%，65岁及以上老年人口占比将达到30.09%。

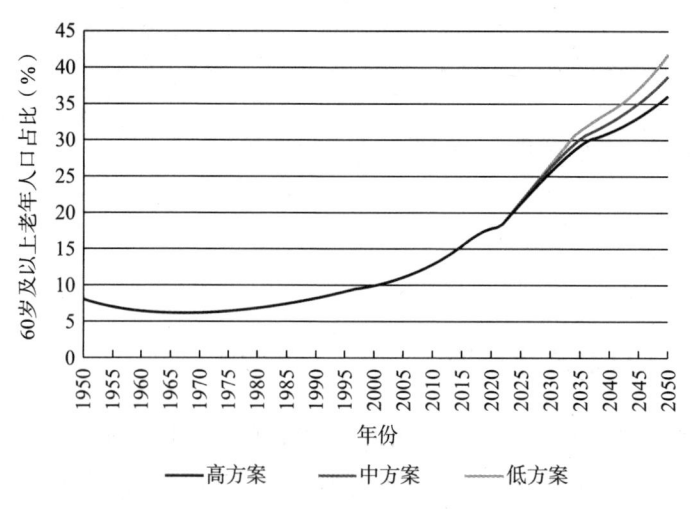

图1-3 1950—2050年中国人口老龄化水平的变动趋势

（资料来源：根据联合国《世界人口展望2022》中相关数据绘制）

(四) 我国人口老龄化的社会影响

人口老龄化是贯穿21世纪的一项基本国情，它关系着国计民生、民族兴衰和国家的长治久安。随着老龄化的到来与急剧加深，形成了汹涌的"银发"浪潮。失能、高龄、空巢老年人的数量在逐渐增多，老年抚养比在逐渐攀升，而劳动力年龄人口比例却在不断降低。老年人口的增多，青年、成年群体的社会责任加重，使得家庭传统养老功能在逐渐弱化，从而让老年人对养老、医疗等保障体系的需求变得愈加强烈，给国家和社会带来了巨大的压力，同时，也是对国家治理理论与实践的一次考验和挑战。

随着人口老龄化的推进，诸多老龄问题将会日益凸显，并对社会的运行产生深远影响。正因如此，老年人群经常被视为"社会的负担"，纵使在一些经济相对发达、生活水平相对较高的西方国家，老年人的形象也是负面的。例如，在日本，人口老龄化被认为是社会的"包袱化"，在现实社会生活中，很多老年人经常容易陷入一种边缘化的境况。而我国的人口老龄化还体现出了老年人口基数大、老年人口在人口总数中的所占比例大、老龄化速度快、持续时间长、慢性病人增多、老龄化发展迅速和地区发展不平衡等诸多特点，"未富先老"的现实国情使得由人口老龄化引发的相关问题更加趋向复杂化。例如，人口老龄化对经济增长、劳动力市场、投资和消费、储蓄、养老金、税收等诸个方面会带来持续重大冲击；此外，人口老龄化还将影响我国的社会福利、家庭构成、生活安排、医疗制度和住房迁移等。因而，老龄化问题成为继环境和资源问题之后我国面临的又一个巨大挑战，当下我国社会应更加重视由人口老龄化所引起的相关问题，立足自身国情积极缓解人口老龄化。

二、健康中国理念的深入发展

为了积极缓解人口老龄化问题，20世纪末，欧盟提出了积极老龄化的政策框架。从倡导健康老龄化到提倡积极老龄化是人类老龄观的重大变革。在积极老龄化的背景下，老年体育被赋予了更多的时代责任和义务，以体育作为保持和增进身体健康、延年益寿的重要手段已达成共识，老年体育健身应更加受到重视。

近几年，我国政府一直关注着老年人的健康问题，为老年人制定科学体育健身方案，促进老年人健康。在党中央召开的十八届五中全会中，习近平总书记指出"健康是促进人全面发展的必然要求"的思想。2016年8月26日，中共中央政治局召开会议，审议通过《"健康中国2030"规划纲要》。我国首次将健康战略规划纳入国家层面，要求"突出解决妇女儿童、老年人、残疾人、低收入者等重点人群的健康问题"。《"健康中国2030"规划纲要》的建设主题是"共建共享，全民健身"，提出以人民健康为中心，坚持以农村和基层为重点，逐步缩小城乡之间的差距。推进老年医疗卫生服务体系、推动医疗体育与养老融合发展，加强老年常见病、慢性病的健康指导和综合干预，强化老年人的健康管理。

根据规划纲要，到2030年人均期望寿命将达到79岁，人均健康预期寿命也将显著提高。健康中国建设体现了党和国家对维护人民群众健康权益的高度重视，但健康中国建设在为老年体育事业发展带来大好机遇的同时，也提出了一系列针对老年健康的亟待解决的问题。特别是我国已经全面进入老龄化社会时期，人口老龄化的快速发展会对健康中国建设也将会带来一系列深刻、持久的挑战。也正因如此，党中央和国务院近年来连续下发《关于进一步加强新形势下老年人体育工作的意见》等文件，希望通过适度体育，促进老年人的身体健康。而《"健康中国2030"规划纲要》提出通过发布健身活动指南，建立完善针对不同人群、不同环境和不同健康状况的运动处方库，推动体育与医疗深度融合的疾病管理与健康服务模式。老年人是健康风险高发的群体，寻求体育与健康保健深度融合的有效路径，从全民健康战略高度实现有效应对老龄社会挑战，是实现健康中国建设全民健康目标中亟待解决的问题。

三、老年体育概况

通过 web of science（WOS）数据库与和中国知识资源总库（CNKI 数据库），检索国内外关于老年人体育方面的期刊、论文，了解该领域的研究现状。通过检索，共筛选出50余篇与老年人体育概况相关的文献，其中中文文献36篇，英文文献15篇。通过对这些文献的阅读可以发现，国内外学者对于老年人体育研究成果的涉及面比较广泛，其成果为推动老年人体育的开展提供了良好支撑。从整体上看，国内关于老年人体育的研究主要集中体现在六个方面，即老年人体育活动现状与对策、老年人体育活动与身心健康、人口老龄化与老年人体育活动、老年人体育锻炼动机、老年人体育发展走向及趋势和老年人体育模式；而国外对于老年人体育的研究则集中体现在老年人体育与幸福感、老年人体育与生活质量等方面。

（一）在关于老年人体育活动现状与对策的研究方面

研究成果较多，以赵付霞、苗启元、常佳、王莎莎和蔡玉杰等人为代表，这些人的研究思路、研究方法及研究内容都高度趋同。在研究思路方面多是通过对老年人体育活动现状的分析，总结出影响老年人体育活动的因素，并提出推动老年人体育更好开展的对策；在研究方法方面，多见于问卷调查和文献资料相结合；在研究内容方面多是包括老年人体育活动现状、问题及解决对策等三部分。其中，赵付霞、苗启元（2008）认为：自改革开放以来虽然我国社会经济快速发展，但城乡收入差距越来越大，广大农村地区由于经济条件、大众意识与观念等因素的影响，体育活动的开展明显滞后于城市地区，尤其是老年人活动滞后。作者通过对山东省部分农村地区老年人活动情况的调查，总结了农村地区老年人体育活动的特点：对体育活动的本质认知不足，农村体育场地设施条件差且分配不均衡，尽管老年人体育活动形式多样，较为灵活，但是缺乏组织和科学引导。徐忠、黄慧娟（2012）以河南省17个地区60岁以上人群作为研究对象进行了研究，结果显示：仅有一小部分的老年人参与体育锻炼，老年人在项目选择上大都以传统项目为主，体育锻炼的特点具有时节性。从体育场地设施、政府支持和投入经费等方面对农村老年体育提出科学合理的意见。常佳、王莎莎等人（2018）指出，随着全民健身活动的不断深入，老年人对健康的重视程度不断提高，社区老年人对体育活动的本质有清晰的认识，有良好的体育习惯。但是，老年人体育活动的科学化程度不高，普遍缺乏科学的指导，年龄较大的老年人参加体育活动的次数少。针对这些问题，建议加强老年人体育社团的建设，加快社会体育指导员建设，积极传播科学健身知识，提高老年人健身的科学化程度。蔡玉杰（2017）的研究指出，老年人对体育活动的重视程度比较高，参加体育活动的意愿比较强烈，活动场所固定，活动内容丰富。

（二）在老年人体育活动与身心健康的研究方面

以学者杨永钟、赵云书、刘从梅及于少勇、崔昌水等人为代表，这些学者从社会、家庭及个人等不同层面肯定了老年人体育活动的重要性。孙俊（2015）从社会学视角分析了老年人体育的意义，指出当前我国社会已全面进入老龄化社会，人口老龄化对社会的负面影响日益凸显，社会、政府压力巨大；从微观层面上看，老年人对家庭成员的依赖越来越大，将导致家庭负担越来越重，老年人数量众多且权益得不到根本保障；从社会层面上看，开展老年人体育活动有助于提高老年人的生活质量，降低社会负担，缓解因人口老龄化对我国经济增长、医疗保障带来的影响。刘从梅（2006）认为，开展老年人体育活动有助于提高老年人的体质健康水平，减少脂肪堆积，促进新陈代谢和血液循环，全面提高力量素质和耐力素质，有效预防疾病发生。于少勇、崔昌水（2013）运用因子分析、相关分析和多元回归分析的方法，来验证老年人体育活动与身心健康的相关关系，发现老年人体育活动对老年人的身心健康有良好的预测作用，结果显示：良好的体育锻炼活动不但有助于提高老年人的体质水平，还能缓解老年人的心理压力，提高老年人的幸福感。韩超、李小利（2012）针对太原市老年人对体育需求、体育意识、体育态度和体育锻炼的目的等方面进行分析，研究显示：老年人对体育锻炼的意识比较高，多数老年人主要是以增进健康、治疗疾病和社会交往为目的，但由于缺少时间、场地、器材等原因，阻碍了老年人体育锻炼。建议加强体育意识的宣传和引导，使其养成科学的生活方式；增加体育场地和器材设施；推广传统体育项目在老年体育中的重要性。增加老年人体育健身意识，是开展老年体育的条件之一。

（三）在人口老龄化与老年人体育活动的研究方面

以学者卢元镇、金龙三和张怀波等人为代表。卢元镇（1998）指出，随着我国老龄化程度的不断推进，中国老年人口数量不断增长，社会保障、社会医疗及家庭赡养等方面都面临着巨大的压力，老年人体育活动已成为中国老年社会的重要组成部分，是我国建设和谐中国的重要部分，有助于缓解财政方面日益增加的社会保障压力，减轻老年医疗保障支出，缓解家庭赡养的压力，同时有良好的保健功能，是老龄化时代解决人口老龄化问题带来的严重负面影响的最有效、最直接的手段。郑志丹（2011）指出，人口老龄化是我国面临的严峻的社会问题，给我国经济发展、社会保障制度、医疗保障制度和老年服务体系等带来了严峻的挑战。在当前我国人口高速老龄化的时代，广泛开展老年体育是实现健康老龄化、积极老龄化的有效途径，通过老年体育帮助老年人建立科学文明的生活方式，可以有效促进老年人身心健康，促进老年人的社会参与，让他们老有所为，营造和睦的家庭生活，促进家庭代际和谐。推动老年体育的健康快速发展，要建立端正的代际公正观念，完善老年人体育方面的相关法律法规、管理体制，加快老年人社会体育指导员培训，完善老年体育活动场地设施。黄元汛、沈有斌（2015）在人口老龄化背景下研究老年人参与体育的情况，在分析健康养老和老年体育内容的基础上，针对人口老龄化背景下健康养老服务和老年体育的发展还存在的诸多问题，提出开展健康养老与老年体育来积极应对人口老龄化的途径。黎文普（2009）研究人口老龄化问题，以长沙地区为例，围绕人口老龄化和老年体育的现状进行分析，对健康老龄化与老年人体育活动促进老年人健康的需要进行研究，并结合国家颁布的政策：发展健康老龄化与老年体育，提出了科学化的发展对策。

（四）在老年人体育锻炼动机研究方面

以高兴旺、温志宏、刘宁凌、郭峰和杨玮等学者为代表。其中，高兴旺、温志宏（2011）在研究中指出，良好的体育锻炼动机是驱动老年人更好地参加体育活动的重要动因。调查显示，我国老年人参加体育活动的动机比较多样化、多元化，既有心理因素的原因，也有生理和社会因素的原因，有直接动机和间接动机，也有外部动机与内部动机，在不同动机的综合作用下产生了持续的体育锻炼行为，共同推动着老年人群参与体育活动。刘宁凌、郭峰（2012）指出，老年人参加体育活动的动机情况、动机的强弱等直接关系到体育锻炼活动的持续性、持久性。从老年人参加体育锻炼的意愿来看，他们参加体育活动的动机是多种多样的，但主要有6种类型，分别是强身健体、充实思想、学习沟通、抵御疾病、结交朋友和保持心态，可见老年人在体育锻炼过程中不但追求生理方面的改善，更重视生理、休闲娱乐与沟通等方面的改善，说明老年人的整体素质比较高，参加体育活动的目的明确，动机端正，符合全民健身计划的实施要求。杨玮（2016）重点从体育锻炼心理学的角度探究了老年人体育活动坚持的因素，指出心理健康水平与老年人体育锻炼的坚持性有相关关系，认知、动机和自我效能等多种心理因素对老年人体育活动的坚持性具有不同程度的影响，这三者之间是相互关联的，其中自我效能是影响老年人体育活动坚持性的最主要的因素。提高老年人对体育活动的认知，强化他们参与锻炼的动机，提高他们的自我效能，有助于提高老年人体育活动的坚持性。肖海婷（2013）对珠三角七个地区60岁以上的老年人进行实地考察，分析老年人参与体育锻炼的动机、体育锻炼形式、体育锻炼后的心理感受以及体育锻炼时遇到的主客观问题，提出了有针对性的建议。宋和平（2007）在《我国老年人体育锻炼动机研究》中阐述了老年人参加体育锻炼时外因和内因起到的作用，其主要特征包括：生理、社会心理和自我发展三个特征，并讨论了我国老年人参加体育锻炼需要解决的问题。汤晓玲（2000）从社会学和心理学角度研究老年人体育锻炼的动机，分析健康动机、娱乐动机、交往动机、审美动机、能力显示和精神解脱与年龄、性别、经济收入之间的关系。

从老年人参与体育动机方面看，老年人参与体育健身主要是以增进健康、娱乐、预防疾病、增加社会交往为目的进行体育健身，以期许减少疾病，提高身体素质和生活质量，推进体育在老年人生活中站得一席之地。

（五）在老年人体育发展走向及趋势的研究方面

以王雪峰、吕树庭、张鸿和陈军等学者为代表。其中，王雪峰、吕树庭（2004）指出，未来老年人体育活动的走向包括：在国家层面，政府更加重视老年人体育活动，老年人体育活动将被提升到更加重要的层面；在家庭层面，老年人体育活动将成为降低家庭压力、构建和谐家庭的必由之路；在个体层面，家庭体育将成为保持自身身体健康、增加老年人心理健康、提高幸福感的有效途径，也是老年人生活必不可少的重要组成部分。张鸿（2015）对老年人绿色体育锻炼行为的现状及发展趋势进行了研究，指出未来随着大众健康意识的显著提高和环保理念的不断深入,绿色体育项目将受到越来越多老年人的青睐,如快走、慢跑、骑行、太极拳和健身气功等,这些绿色项目更加符合老年人的身心健康及参与动机,推动着老年人体育活动向家庭化、普及化的方向发展,并建议建立全新的绿色体育理念,拓展老年人体育活动空间,给老年人体育活动更多选择,满足老年人多样的体育需求,促进老年人绿色体育的积极参与。陈军(2015)指出,未来老年体育的发展趋势主要有6个方面,即从不规律的锻炼走向规律化的体育锻炼,由以城市为中心逐渐走向农村,从个人的体育锻炼向多人集体式的体育锻炼发展,老年人体育锻炼将会更加科学化,同时老年人的体育消费观念将逐步树立、体育消费行为更加频繁,此外老年体育将趋向于产业化的方向发展。

(六) 在老年人体育模式的研究方面

以付毅、石岩、王擎宇、孔艳君和池景生等学者为代表。石岩(1992)提出了我国城市老年人参加体育锻炼的激励模式,学者通过对我国7个城市的老年人进行调查,利用长城0502微机对所得到的数据进行分析,认为激励模式分别由健康动机、消遣娱乐动机、精神解脱、交往动机、审美动机、能力显示为主要动机需要所构成的复杂且稳定的系统。付毅(2013)通过对大连市部分地区走访调查,统计老年人参加体育运动的动机、项目、强度和场所等方面的数据,提出了四种相关模式,分别为养身防衰模式、强身健体模式、提高自理能力模式和娱乐竞技模式。王擎宇(2016)提出了以社区卫生服务机构为依托的社区老年人体育服务模式。她认为社区卫生服务部门在老年人群体中一直有很好的口碑,并且工作人员对老年人的身体健康状况有更专业的了解。健身与健康相结合,更有利于老年人参加体育运动,对老年人参与体育锻炼过程中的安全也有一定的保障,可以更好地完善社区体育服务。因此,形成该模式就要做到,加强部门内部组织管理,提倡适合老年人群参与的简单有效的体育运动方式,合理优化人员调配和编制,在资金方面需要老年人自身和政府部门共同承担。孔艳君、池景生(2016)对承德市老年人体育产业相关内容进行调研,认为有大量的老年人认识到体育运动的重要性,希望参与到体育运动中,但是由于体育产业的缺失,抑制了老年人体育的发展,承德市应根据自身条件建立以自然资源为主的老年体育模式、以红色文化为主的老年体育模式、以登山步道为依托的老年体育模式和山庄体育模式。

综上所述，国内学者从上述不同层面对老年人体育做了全面、深入的探究，并且多数是结合调查研究进行的，为我们了解老年人体育活动现状、发现老年人体育活动的障碍及推动老年人体育开展等提供了良好的参考。但在文献检索和整理中发现，中国已进入人口老龄化社会的高峰期，而老年体育还处于发展初期，在监管机制尚不健全、养老服务和体育器材供给不足的大背景下，老年体育普遍存在着体育参与人口少、活动经费欠缺、设施不够完善和管理体制不够健全等问题，通过"健康中国"政策的提出，针对老年人这一特殊人群加强健康服务的建设，促进健康老龄化，推动健康服务模式与老年体育活动相结合，来缓解人口老龄化问题的思路已达成共识。

第二节 体育促进积极老龄化发展

一、我国体育促进积极老龄化的现状

人口老龄化问题是国内外社会重点关注的议题，影响着经济社会的可持续发展。第七次全国人口普查结果显示，我国60岁及以上人口已达到26 402万人，占比18.7%。基于现实背景的需要，我国提出了积极应对人口老龄化的国家战略。这不仅体现了我国对老龄化问题的高度重视，也释放了我国将在老龄化治理中实施有力举措的积极信号。

针对老龄化的发展态势，2002年，世界卫生组织提出"积极老龄化"的概念，将其定义为在人们变老的同时，为提高生活质量而充分利用健康、参与和安全机会的过程。积极老龄化理念一经提出便在世界范围内产生了较大影响，成为很多国家制定人口老龄化应对政策的重要参照。有研究指出，我国所提倡的"老有所为"理念与西方语境下的"积极老龄化"概念等同。探讨积极老龄化理念，将有利于我国本土理念与国际主流理念不断接轨与融合。对体育领域而言，也亟须对体育促进积极老龄化做出深入分析，以帮助应对我国面

临的人口老龄化问题。

积极老龄化理念确立了健康、参与、保障的三大支柱，主张以此作为切入点实现积极老龄化的目标。该理念指出，参与社会、经济、文化、体育、娱乐和志愿活动，有助于增进和保持老年人的福祉，这不仅将体育活动与老龄化理念及行动相联结，而且推进了体育在老龄化工作中发挥价值的进程。在促进积极老龄化的前期实践中，我国体育领域实施了一系列措施，取得了较为积极的效果。

（一）在体育促进积极老龄化的措施上

主要以升级老年人体育场地设施、开展老年人体育赛事活动、加强老年人体育技能培训为主要路径。如在升级老年人体育场地设施方面，一些地区设立了老年人体育场地设施升级改造建设项目，便于及时了解老年人体育场地现状，跟进资金落实情况，为落实老年人健身场地设施建设提供了保障。在开展老年人体育赛事活动方面，我国已初步建立了多主题、多项目的老年人体育赛事体系，具体包括定期开展新年登高、全民健身日等主题活动，并建立了以健身跑、健步走和太极拳等老年人喜闻乐见的项目为依托的赛事活动体系。在加强老年人体育技能培训方面，作为全民健身活动开展的具体策略，一些地区将老年人健身培训服务下放基层，推进了健身真正走进大众、服务大众的进程。

（二）在体育促进积极老龄化的发展效果上

主要表现为老年人健身场地和组织不断壮大。根据全国体育场地统计调查数据显示，我国人均体育场地面积2.41平方米，相较于2019年和2020年人均体育场地面积分别为2.08平方米和2.2平方米的数据，已呈现逐年稳步提升的趋势，老年人健身活动场地也因此有了基本的保障。老年人体育组织不断得到壮大，基层老年人体育组织基本实现横向到边、纵向到底的发展格局。

综上所述，我国体育促进积极老龄化的工作已取得了一定成效。但仅仅通过完善体育健身场地、建立体育组织等措施实现体育促进积极老龄化的目标，依然会存在体育在促进社会参与、社会保障等方面有所忽略的问题，致使体育领域应对老龄化的价值诉说有所窄化。与被动接受身心衰老不同，积极老龄化理念将老年人看作社会发展的受益者，以及年龄一体化社会的积极参与者和贡献者。因此，面对当前老龄化的问题，体育领域应继续开展与老龄化理念的对话，并结合现实的治理背景做出针对性部署，为体育进一步介入老龄化治理提供指引。

二、我国体育促进积极老龄化的价值理念

（一）促进老年人群体的健康发展

积极老龄化理念认为，健康是基于生命历程的全过程健康概念，指老年人应在身体、心理和精神方面全面保持健康状态。健康的意蕴不仅限于保障个体的生命健康，而且提倡在社会可持续的人力资本发展方面蓄力。随着生理年龄的增长，慢性病患病率和失能老人比例上升，老年人健康问题受到更加广泛的关注。体育是促进老年人健康发展的有力手段，具有重要价值。

首先，增进老年人的健康是体育价值的重要体现。《"十四五"国民健康规划》指出，到2025年，我国人均预期寿命在2020年基础上继续提高1岁左右，人均健康预期寿命同比例提高。这意味着，对于老年人的健康发展仍然存在着一定的健康干预空间，而运动正是主动健康干预的重要手段，对于老年人的健康干预工作具有重要贡献。其次，平等享有保健服务是体育促进老年人健康的重要保障。体育与保健存在着千丝万缕的关联，从历史上看，儒家追求从修身角度养生，道家讲求的自然养生观等养生思想是开展老年人保健服务的重要资源宝库。通过推广太极拳、八段锦和武术等中华传统体育活动，发挥传统养生的功用，能够提升老年人群体的初级保健服务水平。如由国家卫生健康委办公厅主办的"老年健康西部行"活动，将养生保健、科学健身等理念逐步运用于老年群体，推动了保健服务在老年人健康服务中的普及进程。最后，促进残疾老年人的健康发展是体育增进老年人健康的另一重要价值所在。体育是包括残疾人在内的所有社会成员都可参与的活动，具有与生俱来的社会性和人际互动机制，是残疾人融入社会的重要通道。体育提供了全方位、多元开放的场域，不同身体状况的老年人均能够获得参与机会。在我国，许多地区举办了

面向残疾人的体育活动,这一举措不仅能够维持残疾人正常生活所需的身体机能,而且能够使其获得享受体育乐趣的机会,充分地融入社会。

(二) 促进老年人群体的全面参与

在积极老龄化理念中,参与的概念是指提倡老年人积极参与生产性活动,包括劳务、志愿服务等多样化活动。这一理念指向具有推进老年人全面参与经济、社会和文化事务的理念意蕴。随着社会经济变革进程的不断加快以及城市化、人口迁移、技术变革进程的推进,老年人面临着经济保障不足、社会参与不力、文化融合困难等不利困境,很容易被置于边缘位置。体育作为老年人融入社会的渠道,在促进经济参与、社会参与和文化参与方面具有重要价值,能够在上述问题的解决中发挥积极作用。

1. 在促进经济参与方面

体育能够为老年人提供丰富的就业岗位,推动老年人参与经济发展的进程。《"十四五"国家老龄事业发展和养老服务体系规划》提出加强老年人就业服务、提供更多的就业岗位的政策指向,呼吁为有劳动意愿的老年人提供必要的就业服务。可见,体育产业助力于老年人就业服务的政策契机已然到来。在"体养""体护"融合产业中为老年人提供就业岗位,是体育领域应对国家政策需要的创新思路,亦是体育促进社会治理和社会保障的坚实举措。

2. 在促进社会参与方面

体育能够为老年人提供参与场域,推进其参与社会发展的进程。有学者指出,体育参与具有包容性,是对参与者不设门槛的社会文化形态,其天然的社会参与性,成为人类社会中规模最大、包容性最强的社会共享平台。老年人面临着身体、心理、情感和社会等方面的挑战,体育的介入能够及时干预并化解老年人晚年生活中的多面危机。目前我国已建立了由政府主导、社会主导和市场主导的多种类型的社区老年体育组织,老年人可以在体育组织中获得融入社会的契机,不断发挥个人潜能,从而在开放性的组织中实现由个体到社会的跨越。

3. 在促进文化参与方面

体育能够为老年人传播体育文化提供载体,帮助老年人成为体育文化的传播者。体育是流动性的文化传播载体，老年人能借助体育，以个体实践的方式在公共文化生活中展示新时代老年人的形象，贡献社会文化的构建工作。例如，一些地区举办了以北京冬奥会为主题的冰壶球系列赛事活动，实现了打造冰壶球体育文化、丰富冬奥文化的目的。

（三）为老年人群体提供多方位保障

作为积极老龄化理念支柱之一的保障，是指对老年人的社会生活和个人全面发展实施保障计划。体育是社会发展的重要领域，其发展既受到社会环境的影响，又能够反作用于社会环境的构建。老年人体育事业的发展，本身也在推动以基础设施和服务为保障的环境层面的结构更新。作为社会发展的重要领域，体育在确保建立有利的支持性环境中的作用不可小觑，具体表现为帮助老年人构建适宜的生活环境，并为其构建积极的舆论环境助力。

1. 体育是帮助老年人构建适宜生活环境的有效推动力

随着我国老龄化速度的加快，老年人对宜居环境不断增长的需求与现有环境之间的不平衡越发明显。数据显示，我国城市和老年人认为居住环境存在"不适老"问题的比例分别为58.7%和63.2%，凸显出老年人个人需求与居住环境的冲突。以体育为主题的基础设施建设将起到构建适宜的生活环境、繁荣社会生活的作用，是体育参与老年人生活环境构建的社会治理进程的举措。目前，我国部分地区立足于社区平台，打造"百姓健身房"，通过配备充足的健身设施，为老年人构建了"15分钟健身圈"，这也正是体育帮助老年人构建适宜生活环境的鲜明体现。

2. 体育是构建积极舆论环境的重要推动力

老年人因身体机能的衰退退出主流社会生活而常被置于边缘位置，久而久之，受到群体刻板印象的影响，形成了不利于自身发展的消极舆论。相关研究表明，参与体育活动能够实现老年人社会参与的"赋权"，通过呈现充满活力和能量的形象，消除老年人衰老的刻板印象。体育构建的场域，既可以帮助老年人通过身体机能的恢复树立新形象，也能够帮助其在体育组织中积极贡献自我智慧，在提升个人生活品质的同时，助力构建积极的舆论环境。例如，一些地区举办的老年人健身活动，明确鼓励老年人通过呈现积极的运动形象，展示出他们投身社会生活、奉献自我价值的新时代形象，从而更新社会对老年人形象的认知，有助于创造和谐、友好、温馨的社会环境。

三、我国体育促进积极老龄化的行动策略

（一）完善顶层设计，加强体育促进积极老龄化的机制建设

近年来，我国体育领域逐渐加强对老年人体育发展的重视程度，在《体育强国建设纲要》《全民健身计划（2021—2025 年）》等文件中均提及老年人体育的发展策略。然而，对于体育促进积极老龄化的相关问题，我国体育领域还未进行针对性部署，在体育促进积极老龄化的行动机制建设方面，仍然较缺乏。因此，应该完善顶层设计，加强体育促进积极老龄化的机制建设。

1. 完善体育促进积极老龄化的资金筹集机制

建立国家财政与社会资本共同助力老年人体育发展的渠道，鼓励企业、社会资本成为老年人体育促进积极老龄化的重要募集渠道。

2. 完善体育促进积极老龄化的宣传机制

我国体育部门应该通过报纸、电视和互联网等媒介，积极宣传体育在应对老龄化中的价值作用，鼓励老年人积极参与体育活动。通过媒介舆论引导，帮助老年人树立个体健身行为贡献于社会发展的意识，鼓励他们以身践之，积极参与应对老龄化的进程。宣传老年人通过体育获得个人发展、收获健康以及树立积极形象的典型案例，以真实的案例影响老年人群体对体育价值的认识。

3. 完善体育促进积极老龄化的社会参与机制

通过建立省—市—区—社区为体系的老年体育组织，稳定老年人体育社会参与的渠道。通过对社区老年人体育活动需求进行普查，完善基层老年人体育组织网络，丰富老年人体育服务供给。

4. 完善体育促进积极老龄化的协调机制

我国体育部门要协调好与医疗、卫生、社会保障等部门的合作关系，在人口老龄化议题的讨论中贡献体育领域的智慧，同时也应该在此项工作的落地过

程中，畅通与省—市—区—社区逐级沟通的渠道，及时反馈当前实践中存在的问题，跟进问题的解决。

（二）发展体育产业，释放体育产业解决老年人就业问题的潜力

体育产业的巨大发展潜力是解决老年人再就业问题、促进经济参与的重要前提保证。随着"体医融合""体养融合"等理念的不断普及和拓展，体育产业面临着新的发展契机。根据国家体育总局印发的《"十四五"体育发展规划》的通知要求，在"十四五"时期，体育产业发展的目标是总规模达到5万亿元，从业人员超过800万人。然而，当前体育产业在针对性解决就业需求方面的潜力仍然未得到深入分析，对老年人再就业的针对性部署也较为缺乏。因此，在未来，相关部门需要大力发展体育产业，释放体育产业解决老年人就业问题的潜力。

第一，依托"体医""体养"融合，在政策层面需要明确体育产业对应性解决老年人再就业需求的指向，鼓励体育企业增加老年人就业岗位，发挥他们的人力资源价值。第二，发挥体育赛事吸收老年人再就业的潜力，推动老年人体育赛事体系的构建。利用大型赛事开展人员招募，对标满足一批老年人的就业需求，增加老年人在体育赛事中服务和再就业的机会。第三，政府可以针对性划归一批解决老年人就业的示范性体育企业，鼓励社会资本投入老年人体育产业，建立老年人就业需求与企业用人需求间的信息沟通和问题解决渠道。第四，建立体育产业服务老年人就业的社会保障体系，完善老年人再就业中的补足机制。对于有再就业意愿的老年人，就业保障部门需要及时与相关的体育企业沟通联动，为老年人再就业提供全过程服务。

（三）推动主动健康理念，发挥体育增进老年人健康的重要价值

健康是老年人群体晚年时期的基本生活诉求，体育是主动健康理念贯彻的重要抓手。借助体育实现老年人健康，是促进积极老龄化的重要目标。随着我国对老年人健康问题的日益重视和"主动健康"理念的不断深入，老年人健康已成为我国日益重要的发展点。我国已经针对老年人健身促进健康问题颁布

了相关政策，推进了解决相关问题的进程。然而，当前在老年人健康理念拓深方面存在的局限，影响着实践政策的制定及推进。对标积极老龄化理念对老年人健康的要求，能够继续延伸对老年人健康的理解，指导未来政策的制定及实施。

第一，基于全生命周期和主动健康的理念，及早制订老年人健康问题的干预计划，依托学校体育、职工体育和家庭体育等平台实施系统化建设，使老年人的晚年健康获得预防性保障。第二，借助学术科研机构和政府的力量，推进老年人健康和体育保健服务方案的制订和实施。汲取中华优秀传统体育养生文化的精髓，深化"体医融合""体养融合"等新理念，研发老年人体育保健方案，制订省—市—社区项目的落地计划。第三，以社区为基本实施单位，定期开展健康讲座和健康状况普查，针对性建立老年人运动促进健康干预库，为基层老年人的健康问题提供基础保障。第四，基于老年群体慢性病患病率高、致残率高的现状，建立残疾人体育促进健康的常态化监测与扶持机制，通过配备无障碍化的体育设施、定期开展残疾人体育活动以及举办残疾人体育赛事等多种形式，关注残疾老年人的健康发展。

（四）推进老年体育融入生活，发挥体育构建美好社会生活的作用

将体育融入生活是体育事业发展的重要目标，也是老年人体育促进积极老龄化的必要路径。基于此，将体育融入生活能够推进体育价值不断拓展至社会层面，使老年人进一步参与社会生活和社会治理。推进老年人体育融入日常生活，就是要让老年人将体育视为生活的一部分，在缓解个人晚年孤独感、宿命感的同时，将其融入构建美好社会生活的进程。因此，应该积极推进老年人体育融入生活，发挥体育构建美好社会生活的作用。

第一，加快老年人体育基础设施建设，推进体育促进老年人美好生活环境构建的进程。通过合理规划体育场地，构建"15分钟健身圈"，方便老年人就近开展体育锻炼，构建适宜的生活居住环境，为老年人提供生活保障。第二，在社会舆论保障上，通过宣传鼓励更多老年人参与体育活动，利用社会媒体力量宣传老年人参与体育的事迹，促进大众对老年人形象认识的更新。第三，各地方定期举办日常化的老年人体育活动，通过引导老年人参与健身体验和

赛事活动，为老年人体育融入日常生活奠定基础。第四，推动老年人健身事业发展为社会文明建设的重要抓手，确保地方将老年人体育事业发展效果作为评定先进文明城市的重要指标，提升老年人体育的文化参与。如将老年人体育活动举办情况、基本体育设施保障情况、老年人科学健身指导情况等指标作为评定标准，以此来跟进老年人体育事业发展贡献于社会文明建设的落实程度。

（五）加强国际合作交流，提升我国体育应对人口老龄化工作的影响力

积极老龄化作为世界卫生组织提出的老龄化理念，在全世界具有广泛的影响力。在国际社会，体育领域促进积极老龄化的实践活动正在陆续开展，这既为我国体育界参与老龄化治理创造了良好的外部条件，又为我国未来开展相关工作提供了一定的经验借鉴。反观我国，虽然体育在应对人口老龄化的工作上取得了一定进展，但这一工作在国际交流方面仍然较欠缺，还需要进一步加强国际合作交流，不断增强我国体育应对人口老龄化工作的影响力。

为此，我国应该在未来工作中加强体育促进积极老龄化的合作交流。第一，积极与国际社会的政策理念相呼应，开展国际合作。通过参与联合国或其他国际组织积极老龄化相关问题的讨论，明确理念内涵，积极反馈至我国体育政策的制定与执行环节。同时，向国际社会呈现中国实践的当前进展，与国际社会开展沟通交流。第二，加强与国际奥委会、国际体育组织等的密切联系，积极承接国际社会体育促进积极老龄化的实践项目，勇于承担国际责任。如可以遴选一批体育促进积极老龄化发展的项目，参与国际奥委会体育与积极社会发展资助计划，将我国体育在促进积极老龄化方面的成果呈现于国际舞台，扩大国际影响力。再如通过开展与各个国家的双边、多边合作，构建体育促进积极老龄化理念与实践的合作框架，共同致力于国际社会老龄化应对工作。第三，联合科研机构力量研制体育促进积极老龄化的中国方案，为国际社会相关工作注入中国智慧。通过总结我国在体育应对老龄化方面的积极成果，为国际社会应对老龄化问题提供源源不断的动力。

第三节　老年人体育发展价值

一、我国老年人体育发展价值

发展老年人体育不仅对我国数量庞大的老年人个体具有直接、显著的正向效益，对于社会和国家应对人口老龄化及其系列议题更是有着不可忽视的战略意义。首先，老年人参与体育锻炼可以促进其身心健康发展。我国老年人患慢性疾病的比例高达75.23%，同时患有抑郁症等心理疾病的老年人数量近年来持续增长，老年人群的身心健康状况亟待改善。通过开展快步走、广场舞、太极拳和慢跑等体育活动，可以有效干预老年人患心血管疾病、骨质疏松和老年痴呆等慢性病的概率，还能改善其心肺、骨骼、肌肉和关节等生理健康状况，缩短带病期，延长预期寿命；此外，通过体育锻炼可以缓解老年人紧张、焦虑等负面情绪，使其摆脱孤独、无助等心理障碍，尽可能消除老年人抑郁症等心理疾病的潜在致病因素，使其拥有积极、乐观和幸福的生活状态。其次，我国老年人体育发挥的社会经济效益日渐凸显。随着我国人口老龄化进程的不断加快，老年人的休闲娱乐、文化旅游、康养医疗和运动健身等现实需求将快速增长，形成体量庞大、样态丰富的老年人体育产业与消费市场；同时，我国国民经济的快速增长以及养老保险体系的不断完善，使老年人的收入稳定增长、购买能力不断增强，加之消费观念向"花钱买健康、娱乐"的不断转变，老年人将更加追求需求性体育消费与精神性体育享受。综上，良好的经济基础、充裕的闲暇时间、广阔的市场需求和积极的消费意愿将使老年人体育焕发出强劲的社会经济效益。最后，发展老年人体育是落实全民健身计划、推进体育强国战略的重要组成部分。《全民健身计划（2021—2025年）》中明确提出，提高健身设施适老化程度，研究推广适合老年人的体育健身休闲项目，组织开展适合老年人的赛事活动。通过向老年人普及科学的健身知识与方法，制订符合老年人体质的专项健康计划与赛事活动，可以有效贯彻落实全民健身计划，形成老年人积极进行体育锻炼的良好氛围，进而影响其家庭、社会关系网络乃至整个社会的体育锻炼意愿，推动全民健身运动深入、广泛开展，破解我国体育事业中竞技体育强、群众体育弱的现实困局，加速我国迈向体育强国的战略进程。

二、我国老年人体育发展的价值诉求

（一）人本层面：满足老年人幸福生活的诉求

个体的健康存量会随着年龄的递增出现"折旧"，从医学、社会学角度分析，老年人独特的生理、心理和社会等各方面的特点，使其具有多方面的"脆弱性"，极易受到各种健康危害因素的侵袭，从而导致各种疾病。在生理上表现为，随着年龄的增长，会出现听力视力下降、心率降低、肺活量降低、肌肉逐渐萎缩、骨密质疏松和血压升高等健康问题，患高血压、高血脂、糖尿病、老年性痴呆及其他心脑血管疾病的风险增加；在心理上表现为，由于退休后社会角色的转变和身边无人陪伴，使其容易产生焦虑、孤独和抑郁等情绪，长此以往会使其出现抑郁症等心理疾病。发展老年人体育，对于提高老年人的身心健康水平、丰富老年生活、提高幸福指数起着至关重要的作用。

1. 发展老年人体育能够满足老年人对健康生活的诉求

身心健康问题已然成为老年人追求幸福生活的主要困扰，而通过参加体育活动，尤其是群体性体育活动，已成为老年人解决身心问题的"良方"。老年人参与体育活动不仅可以强身健体，预防慢性疾病，还有助于缓解老年人生活中的孤独感和其他不良情绪，减少心理疾病的发生。

2. 发展老年人体育能够满足老年人对家庭和睦的诉求

老年人作为家庭的重要成员之一，其身心健康与否，对家庭的影响很大。老年人通过体育锻炼保持身心健康，可以有效地减少家庭在老人医疗上所花的人力、时间和经济成本，减轻子女负担，促进家庭和睦。

3. 发展老年人体育能够满足老年人对社会责任的诉求

部分低龄老人在步入老年生活后仍具有较强的社会责任意识，并且愿意为社会贡献余热。参加体育锻炼，保持健康体魄，是促进老年人再社会化的基本条件。同时，老年人体育活动会把单一的个体参与者，聚集成有着共同需求、爱好的老年人体育组织，从而使老年人参与社会，感觉到自己在社会中的地位、作用及意义，增加老年人的社会认同感。

（二）社会层面：顺应老年友好型社会的诉求

我国的人口老龄化是在经济不发达的情况下发生的。相关研究表明，2000年中国进入老龄社会时，人均GDP不足1 000美元，而发达国家进入老龄社会时人均GDP均在1万美元以上。同时，我国人口老龄化还具有老年人口规模大、老龄化发展速度快等特点，由此便产生了中国未富先老、未备而老的问题。党和国家高度重视人口老龄化所带来的问题，提出要着力构建老年友好型社会，把积极老龄观、健康老龄化理念融入经济社会发展的全过程，加快建立健全相关政策体系和制度框架，推动老龄事业高质量发展。在人口老龄化背景下，建立健全养老服务体系、发展银发经济、营造积极健康的老年社会文化氛围，努力实现老有所养、老有所医、老有所为、老有所学和老有所乐的期望，已经成为构建老年友好型社会的主要诉求。老年人体育将成为构建老年友好型社会的一个重要抓手。首先，发展老年人体育是建立健全我国养老服务体系的诉求。我国已逐渐形成家庭养老、机构养老和社区居家养老等多元养老模式。近年来，我国老年人口抚养比不断上升。2020年我国老年人口抚养比已达到19.7%，养老机构3.8万个。老年人口抚养压力巨大，家庭养老和社区居家养老仍是我国老年人的主要养老方式。而发展老年人体育，提高老年人的身体健康，则有助于加快建设居家社区机构相协调、医养康养相结合的养老服务体系。其次，发展老年人体育是推动我国银发经济发展的诉求。人口老龄化在科技、教育、文化和卫生等不同领域都存在着众多的老年消费群体，市场潜力巨大。老年人体育在体育用品制造业、体育康养服务业和体育教育培训业都有潜在的市场空间，"老年人体育+""+老年人体育"等业态的形成将成为我国发展银发经济的一个重要抓手。最后，发展老年人体育是营造积极健康的社会文化氛围的诉求。老年人通过参加老年人自发组织的一些健步走、棋牌和太极拳等群体性体育活动，为社会呈现出健康、欢乐的景象。这些老年人体育活动不仅可以愉悦个体身心，还影响和带动了其他人参与，拉近了人与人之间的距离,丰富了社会业余文体生活,助力了社会的和谐稳定。

(三)国家层面:应对人口老龄化战略布局的诉求

我国社会老龄化问题日益严峻,对此,党和国家予以高度的重视。党的十九届五中全会把"积极开展应对人口老龄化行动"作为国家战略写入公报,并将老龄事业发展纳入统筹推进"五位一体"总体布局和协调推进"四个全面"战略布局当中。老年人体育积极响应和推进着"积极应对人口老龄化"这一国家战略的贯彻实施。我国在体育领域也对人口老龄化问题进行了重点关注,在全民健身、健康中国和体育强国三大体育发展战略中,对老年人体育工作都做出了重要强调。例如,《体育强国建设纲要》提出:要促进重点人群体育活动开展,制订实施老年人等群体的体质健康干预计划。老年人体质健康问题通过体育手段干预,是建设体育强国的重点任务和发展老年人体育的主要突破口。只有让老年人在体育锻炼中真正受益,才能扩大老年人体育人口规模,从而推进体育强国建设。同时,我国在全民健身领域充分考虑到老年人体育群体的经济收入水平低、体育场地不足和老年人参加体育锻炼需求高之间的矛盾,在场馆收费、社会体育公共服务等方面做出了具体规划。《全民健身计划(2021—2025年)》提出:加强对公共体育场馆开放使用的评估督导,优化场馆免费或低收费开放绩效管理方式,加大场馆向老年人开放的绩效考核力度。《"十四五"体育发展规划》提出:"十四五"时期,全民健身水平要达到新高度,人均体育场地面积要达到2.6平方米,经常参加体育锻炼人数比例要达到38.5%,每千人拥有社会体育指导员2.16名。除此之外,在《"健康中国2030"规划纲要》中,将我国人均预期寿命79岁作为健康中国建设主要指标之一,同时提出要把健康融入所有政策,并作为健康中国体制机制改革部分的首要内容。促进健康老龄化是实现健康中国战略目标和"积极应对人口老龄化"战略目标的重点内容,而发展老年人体育已成为题中之要义。

第二章 老年人体育发展现状与策略

第一节 健康中国建设背景下老年人体育需求

健康中国建设立足于全人群与全生命周期两个着力点,力求实现全民健康。从惠及全人群的角度而言,要突出解决好妇女儿童、老年人、残疾人和低收入人群等重点人群的健康问题;从覆盖全生命周期的角度而言,要实现从胎儿到生命终点的全程健康服务和健康保障。由此可见,无论是从横向上惠及全人群,还是从纵向上覆盖全生命周期,关注老年人健康状况,解决老年人健康问题,保障老年人健康水平,是建设健康中国不容忽视的问题,是实现全民健康不可回避的挑战。体育作为一种绿色医疗手段干预人类健康,作用如何,虽是褒贬不一,但全民健身运动的积极开展与广泛传递却是对其正能量的认可。尤其是老年人体育,已然成为我国体育事业的重要组成部分。继1966年欧洲一些国家提出"sport for all"的口号以推动老年人体育参与的积极性之后,我国也越来越重视对老年人体育锻炼状况的研究。据国家《2014年全民健身活动状况调查公报》,20~69岁人群呈现出随年龄增大经常参加体育锻炼的人数百分比逐步上升的总体趋势。广场舞作为中老年女性最为热衷的健身运动项目之一,据估已有8 000万至1亿人参与其中,由此折射出从事日常锻炼开始成为老年人健康生活方式的重要组成部分。综上所述,老年人体育需求首先是老年人基于自身状况的一种诉求,其次是社会发展与变迁过程中的环境变化加深了老年人对体育的需求程度,进而呈现出老年人体育需求凸显的社会现象。

一、健康中国建设与老年人体育参与之间的逻辑辨析

（一）健康中国建设要求健康老龄化

健康中国建设的根本目的是实现全民健康。实现全民健康的两个着力点是全人群和全生命周期。全人群包括妇女儿童、老年人、残疾人和低收入人群等重点人群，全生命周期涵盖幼儿、少儿、青年、中年和老年各个阶段。因此，无论是从全人群还是从全生命周期上来看，老年人的健康问题都是建设健康中国必须面临的一大挑战。近十年，我国老年人口数量急剧增长，人口老龄化的形势更加严峻。国家统计局数据显示，健康老龄化作为国内外普遍接受的应对人口老龄化的有效战略，在《"健康中国2030"规划纲要》中被多次提及，其中在第十章"加强重点人群健康服务"第二节"促进健康老龄化"更是被重点论述。由此可见，健康老龄化是健康中国建设的重要一环，尤其是在老龄人口数量日益庞大的当下与未来，老年人健康与否事关健康中国建设的成败。

（二）健康老龄化离不开老年人体育参与

健康老龄化最先由欧洲老年医学界提出，他们认为衰老虽是不可逆转的，但却是可延缓和可推迟的。只要保持健康的生活方式和行为方式，老年人的生活自理能力和健康寿命就可以大大保持和延长。体育参与对于形成与保持健康的生活方式具有重要的作用，它以提高生活品位、充实生活时间、调整生活节奏和扩展生活空间的形式来恢复人的本质并体现人的价值。然而，生活的工业化与智能化淡化了人体运动的必要性，久坐不动的生活方式（sedentary life style）成了大多数人的一种生活常态。同时坐姿所造成的"运动不足""肌肉饥饿"也给人体健康带来了一系列负面影响，成为导致亚健康发生的危险因素之一。据调查，目前我国主流城市的白领亚健康高达76%，真正意义上的健康人不足3%，而亚健康状态向疾病状态转化的可能性有50%，这在一定程度上会导致新增慢性疾病频发、各类疾病年轻化等健康问题。由于老年人的健康状况取决于进入老年期前的健康状况，亚健康人群的大量存在与向患病人群转

化的可能性增加致使很多人在进入老年阶段就积累了大量的不健康因素，健康老龄化对于他们而言便会成为一种奢望。体育参与作为健康生活方式的元素之一，其覆盖生命周期的长短是影响健康效能得以发挥的重要因素。因此，老年人体育作用于健康老龄化的着力点就在于连续不间断地参与体育活动，使"动"成为人类生活的第五场景，这样才能保证干预亚健康危险因素、防治慢性病等健康效能的实现。

二、老年人体育需求凸显的理论依据

老年人参与体育的作用与价值主要表现在三个层面，分别是生理层面、心理层面与慢性病防治。慢性病防治实则也可以划分到生理层面，但是鉴于众多研究中的生理层面是基于无病状态这一现实情况，因此采用此三类划分比较合适。目前，在有关老年人体育参与现状的调查研究中，防病治病是绝大多数老年人参与体育活动的目的所在，这符合老年人体育参与生理层面的需求。相比之下，心理层面对满足个人社会需求功能的要求还不高。这说明老年人对运动意义的认识还停留在体育的工具性价值，而对体育社会价值的认识还有待进一步发展。即便如此，老年人体育需求外显已成现实，老年人体育人口日趋壮大则是老年人体育需求凸显的表现形式之一。但老年人体育需求的原因何在，不同理论视角下的解释也不同。现结合老年人体育参与三个层面的表现，从需求层次理论、脱离理论与活动理论三个视域进行追因。

（一）从需求层次理论阐释老年人体育在生理层面的价值

需求层次理论是由美国心理学家马斯洛提出的，他将人类需求由低到高依次分为生理需求、安全需求、社会需求、尊重需求与自我实现需求五类。文中提到的生理层面主要是指生理需求与安全需求。

1. 生理上的需求

生理上的需求，不仅限于对食物、水等外部资源的需求，还包括人体内部环境的协调，如呼吸、代谢等。研究发现，经常参加体育运动的人比不参加体育运动的人在身体功能的自我调适上表现得更加自如，他们能够更好地控制自己的身体，使其保持身为高级动物的基本"动能"，从而减少运动不足所导致的各种慢性疾病的可能性。身体运动功能的下降或退化，极有可能是病变发生的征兆。虽然人体内部环境的紊乱并非全是缺乏运动所致，但大部分与其密切相关。体育参与具有防未病、治已病的功能，实非体育功能的夸大其词。尤其是老年人，衰老虽是生命历程中的自然现象，但延缓衰老是人为可控的。老年人参与体育运动是维护身体内部环境平衡，保持健康身体状态，避免病理性衰老，实现健康老龄化的绿色通道。

2. 安全上的需求

马斯洛认为整个有机体是一个追求安全的机制，包括人身安全、健康保障、财产所有性和家庭安全等。在"逢老必衰，逢衰必病"悲观论调的影响下，老年人对于安全的需求尤甚"怕老，因为老了会病，病了不仅需要钱看病，还需要人照顾，如此便成了累赘"，这几乎是中国老年人的共识。在他们看来，病态是一种极度不安全的人生状态，有可能会因此面临经济负担、家庭压力、社会歧视和尊严丧失等一系列的问题。重压之下，自杀成了最后的选择，这就是为什么老年群体是两大自杀高危人群之一的原因。前车之鉴，延缓衰老的功课在未进入老年阶段就开始了，进入老年阶段后需要做得更多的是防病治病。晨晚锻炼、饭后消食、营养饮食和健康作息，已经成为大多数老年人的日常生活状态。体育活动的生活化是老年人满足身体健康安全需求的手段之一，意在享受一个有尊严的、有保障的和独立的老龄生活。

（二）从脱离理论阐释老年人体育在心理层面的价值

脱离理论又被称为撤退理论或休闲理论，代表作品《逐渐衰老》(*Growing Old*)。它认为老年人由于身衰体弱，老年人自身或社会认为其无法满足应对较高生产能力和竞争能力的社会期望，主动或被动地与社会相脱离，这种脱离过程是普遍的和不可避免的。在我国，年满60周岁既进入了老龄阶段，也进入了退休阶段，退休阶段是典型的由社会启动的脱离过程。与之相反的由老年人启动的社会脱离则是老年人以身体行动缓慢或心理可接受能力差为由主动退却，减少活动和社会联系的过程。总之，无论是老年人主动脱离社会还是被动脱离社会，都会对老年人心理层面产生或多或少的负面影响。人的社会性决定了人不可能脱离社会而孤立存在。老年人脱离社会的过程虽然是渐进的，但是任何新旧事物的转变都需要一个适应过程。老年人主动或被动脱离社会，开始不同于以往的生活，心理层面的不适应性是显而易见的。例如，一些老年人由于退休后不能适应新的社会角色、生活环境和生活方式的变化而出现一种适应性的心理障碍，即离退休综合征，这种症状往往还会引发其他生理疾病，影响身体健康。另外，老年人特殊的心理特征更容易受到社会环境变化的影响。生活中会看到一些老年人心烦意乱、坐卧不安，为一点小事而提心吊胆、紧张恐惧。这是焦虑症的表现，其诱发因素可能是对环境不适应、与家人发生冲突以及担心自己的健康等。总而言之，老年人脱离社会的过程，实则是个体自身与外部环境的不协调。这种不协调需要外力进行干预，才能达到一种新的平衡，否则会对老年人的身心健康造成极大的伤害。

体育参与对于平衡老年人不协调的内外环境具有不可忽视的作用。从体育参与的项目上来说，它可以满足个人参与及共同参与的双重需求。例如步行，由于受运动技术、场地及经济条件的限制较小，成为我国各地区老年人健身活动的首选项目。在参与过程中，老年人可以根据自己的心理需求自由选择参与方式，这是个人主观能动性的体现。生存环境的可控性容易营造一种心理安全感，这也是内外环境协调的表现；从体育参与的空间上来说，老年人经常使用的体育场地类型主要有住宅区周边的体育场地或空地、公园、广场、公路或街道旁。老年人离开住处参加体育活动，扩大了日常活动的空间，瓦解了相对封闭的生存环境，打开了人体内外环境对流的通道；从体育参与的方式上来说，主要包括个人锻炼及与他人一起锻炼。在实地调研中，老年人与朋友、同事一起锻炼的选择频次大于个人锻炼。这是因为结伴锻炼不仅能够交流信息、互相监督，还能够保障安全。人与人的交流是建立友谊与维系情感的纽带。人越老越容易感到孤独，对情感的需求也更加旺盛，这也是为什么很多老年人都有话痨的毛病，实则是他们表达情感诉求的一种表现形式。老年人与朋友、同事一起锻炼，正好可以弥补和慰藉独居时的情感失落或因家人忽视而滋生的焦虑，减少内外环境失衡的发生。

（三）从活动理论阐释老年人体育在慢性病防治层面的价值

活动理论最先见于美国学者罗伯特·哈维格斯特与艾玉白合撰的巨著

《老年人》（Old People）一书中，认为老年人应积极参与社会，只有参与才能使老年人重新认识自我，保持生命的活力。该理论成立的前提是老年人因角色中断、地位下降而感到孤独和郁闷。因此，改变老年人这种精神状态的方法之一，是让老年人继续参与社会活动，在活动中扮演一种社会角色，就会获得一定的社会地位。老年人一旦在这种新的参与和新的角色中形成稳定而清晰的自我认识，就会提高生活的满意度，从而极大地改善他们的精神状态。活动理论的观点符合我国价值体系，是"老有所为"的理论依据，强调了参与活动与社会认同。

相较于成年期迫于生存与生活需要的强制性社会参与，老年人参与体育活动则是以自我意愿为出发点，扮演着一种非强制性角色。这种角色所赋予的权力、义务、责任和社会期望，能够体现人的价值和人生价值，获得社会的尊重与回报。这就弥补了老年人因失去强制性角色而产生的心理落差，有助于老年人保持积极乐观的精神状态，从心理平衡上预防慢性疾病的发生。此外，老年人坚持参加体育活动，是形成健康生活方式必不可少的要素之一。晨晚锻炼现已是大多数老年人体育参与的时段特色，早起锻炼吐故纳新，晚间锻炼怡情养性。当运动成为习惯，生活就有了目标，精神就有了寄托，良好的生活方式逐渐养成，不给慢性疾病的滋生提供温床。

三、老年人体育需求凸显的表现形式

建设健康中国，鼓励老年人参与体育运动，为老年人体育需求的凸显营造出良好的社会氛围。自1995年《全民健身计划纲要》发布以来，我国全民健身运动的开展已历经二十余年。据《2014年全民健身活动状况调查公报》关于"20~69岁人群呈现出随年龄增大经常参加体育锻炼的人数百分比逐步上升的总体趋势"的结论可知，老年群体参与全民健身运动的人口规模日趋庞大，他们体育参与的需求也日趋凸显。这个凸显不仅是横向上相对于其他群体而言，也是纵向上相对于不同时期老年人的体育表现而言。由于体育本身就是一种文化，老年人体育需求凸显是这个文化的一个子集，所以在此运用文化构成的三要素（即物质、制度和精神）来分析老年人体育需求凸显的表现形式。

（一）老年人体育需求凸显的物质表现

体育文化的物质层面是指凝结体育文化特质的各种物质产品，就老年人体育需求凸显的物质表现形式的维度而言，横向比较可从经常参加体育锻炼的人数、体育参与时间上进行对比分析，纵向上主要从老年人个人体育参与的投入时间增多和老年人体育人口占比增大上进行论证。

国家体育总局发布的《2014年全民健身活动现状调查公报》显示，经常参加体育锻炼的人数百分比最高的是60~69岁，其次是50~59岁、40~49岁、20~29岁、30~39岁、70岁及以上，总体呈现出随年龄增大经常参加体育锻炼的人数百分比逐步上升的趋势。在体育参与时间上，相较于其他年龄组每次参加体育锻炼的持续时间普遍集中于"30~59分钟"的状况，50岁及以上人群每次锻炼时间在"60分钟以上"的人数占比明显增加。鉴于此类现象，可以认为老年群体在体育参与的人口数量与投入时间上都超过其他群体，这也是老年人体育需求凸显的表现之一。

李捷等人在对京津冀地区城市老年居民体育锻炼参与现状进行研究的过程中发现，77.25%的老年居民近一年来参加过体育健身休闲活动。在这些人中，大多数人能够坚持每天参加锻炼，持续时间集中在31~60分钟，且有52.78%的人持续了5年及以上，总体约有75%符合我国体育人口标准。调查结果显示，在过去一年中没有参加过体育锻炼的老年人口数量占样本量的22.3%，其中，针对"未来是否考虑参加"这一问题，给予肯定回答的占32.8%。对于不参加体育锻炼的原因，个人身体因素的限制占比较大。可见，老年人体育参与的情况总体是比较乐观的。鉴于他们以强身健体为主要目的的功能性体育参与，除了身体限制等不可控因素，老年人基于对健康的渴望在体育参与上表现出来的需求是很明显的。

（二）老年人体育需求凸显的制度表现

在文化的大结构中，处于中间层次的是包括各种社会制度、社会关系、社会组织和有关社会的各种理论。本研究所考察的制度表现形式主要以社会组织为载体来反映老年人体育需求凸显的现象。中国老年人体育协会作为中华全国体育总会的单位成员，是为老年人开展体育健身活动、增进老年人健康服务的专门性社会非营利性组织。它在1983年被国务院批准成立，是代表中国参加国际老年人体育组织和体育活动的唯一合法组织。中国老年人体育协会成立以前，北京、上海、河北和河南等六省（市）老年人体育协会已率先成立。在它成立之后，各省（区、市）积极贯彻国务院的通知精神，积极建立健全老年人体育协会组织。在政府有意识的推动下，基层老年人体育协会的规模也得到了空前的扩充，地市级、区（县）级、乡（镇）层次老年人体育协会，甚至地方基层社区、行政村的老年体育组织建设都在数量上不断增加，初步形成了纵向到底、横向到边的老年人体育组织网络。在老年体育协会的带领与支持下，从国家到基层举办了各个层次的老年人体育比赛，如全国老年人体育健身大会以及各省老年人运动会以及各地（市、县）老年人运动会等。这些体育赛事与活动的开展，既是满足老年人体育需求的重要手段，也是老年人体育需求凸显的表现。

（三）老年人体育需求凸显的精神表现

在文化的大结构中，处于里层的是文化形态，包括价值观念、思维方式、宗教情绪、民族性格、审美情趣和道德情操等。在此以体育健身意识为主要内容考察老年人体育需求凸显的精神表现形式。所谓体育健身意识，就是人们对于体育的认知，对体育健身活动的参与态度以及体育锻炼过程中的行为调节。通过对大量文献资料的整理分析，目前有关老年人体育健身意识的研究结果普遍持积极肯定态度，认为无论是较为发达地区的老年人还是一般地区老年人的体育健身意识、态度和参与体育锻炼的个人欲望都比较高。体育信息的宣传与传播，也是体育精神表现形式的类别之一。它对于缓解当下自发无序、缺乏科学指导的老年人体育参与非常重要。此外，信息互动平台的创建与开放，对于老年人表达自身的需求也有重要作用。目前，为保证老年体育信息服务的可及性，各个地方政府积极研究开发新手段、新方法。特别是互联网社交平台、平面媒体和广播电视等与多媒体相结合的媒介网络宣传手段，不仅考虑到老年人因知识断层而导致的技术运用障碍，也照顾到老年人活到老学到老的无障碍多媒体社交能力。此外，开展科学健身知识讲座、各种培训班和健身大会等线下活动，强化老年人体育相关信息的学习与交流，提高老年人的科学健身素养，也是满足老年人体育需求的重要手段。

四、老年人体育需求凸显的限制因素

老年人体育需求凸显是社会老龄化程度加深，以及老年人寿命延长、身体机能下降、慢性病频发和健康意识增强等多种因素共同作用的结果。需求能否得以满足在不同程度上凸显出满足需求的迫切性。因为当需求得到满足，就会滋生出新的需求；当需求得不到满足，就会产生社会问题。所以，需求的出现就是为了寻求满足。探究阻碍需求得以满足的限制因素，能加速满足需求的进程。

（一）体育供给内容单一，不能满足老年人多元化体育需求

由于刻板印象的影响，大多数人眼中的老年人体育就是太极拳、广场舞和秧歌等动作节奏缓和、经济投入较低、锻炼方法简洁的项目。事实也确实如此，只因这些项目与老年人的生理机能特点和心理状态相一致，而大受老年人欢迎。但也不能否认，有些老年人就是喜欢节奏明快、富有挑战性的运动，如体育舞蹈、游泳和网球等。鉴于此，于军将我国老年人目前主要的健身活动项目划分为六类，分别是传统武术类项目、器械类项目、休闲娱乐类项目、舞蹈类项目、传统类项目和球类项目。由此可见，老年人体育活动项目之丰富，也在一定程度上反映出老年人体育需求的多元化。而且根据联合国世界卫生组织的年龄划分标准相关规定，将60岁以上的老年人分成年轻的老年人（60~74岁）、老年人（75~89岁）、长寿老年人（90岁以上）。真正意义上的老年人实则是75岁以上的人。如此划分方法将人类的衰老期推迟了至少十年，这就表示有一部分的老年人在体育参与过程中较少受个人条件限制，他们可参与的体育活动的选择也比较宽泛。值得注意的是长寿老年人，因其特殊的身心发展状况，极大地限制了他们身体活动的幅度和强度，体育参与的过程需要在外力的帮助下才能完成。可见不同身体状况的老年人表现出极大的体育需求差异性，以偏概全的体育服务供给并不能满足老年人多元生活条件下的体育需求。

（二）体育供给方式可操作性不强，不能满足老年人个性化体育需求

老年群体特殊的身心状况，决定了他们在体育参与过程中的个性化需求。与日本和美国等国家社区都有专门为年龄较大的老人设置的体育公共服务设施的状况相比，我国老年人的专门体育设施和场地相对缺乏，这与我国未富先老的社会环境密切相关。自 1999 年我国正式进入老龄社会，老年人的健康才日益受到社会各界的重视，距今不足三十年。即便如此，也不能否认我国适老化设施建设的滞后性，极其不符合我国老年人口数量占比越来越大的社会现实。全民健身运动作为我国群众体育发展的代表性项目，《全民健身计划》的制定对老年人体育参与及需求的考虑越发细致。例如，2016 年由国务院发文颁布的《全民健身计划（2016—2020）》中就提到"推进老年宜居环境建设，统筹规划建设公益性老年健身体育设施，加强社区养老服务设施与社区体育设施的功能衔接，提高使用率，支持社区利用公共服务设施和社会场所组织开展适合老年人的体育健身活动，为老年人健身提供科学指导"。但是如何推进以及如何规划、如何提高以及如何提供等可操作性的方法方案却是只字未提，且这样倡导性的文件也不具备强制性，因此落到实处的可能性微乎其微。这也能够解释为什么现存的体育场地设施的建设仍然以适用绝大多数民众为主。总而言之，不以老年人需求为导向的体育供给，忽略了老年人的个性化需求，是导致在供给层面泛泛铺层、缺乏针对性的主要原因。

（三）体育供给对象不具有针对性，不能满足老年人体育基本体育需求

国家体育总局副局长赵勇提出搞好群众体育工作要做好"六个身边"工程。"六个身边"指的是群众身边的体育六要素，分别是体育健身组织、体育健身设施、体育健身活动、体育健身赛事、体育健身指导和体育健身文化，它们是支撑群众体育发展的四梁八柱。老年人体育需求最基本的要素也是围绕着这六个方面展开，其中体育健身设施中的场馆设施作为我国各个年龄群体参与体育健身活动的主要制约因素之一已经由来已久，它对老年人体育参与的掣肘

尤其突出。大量研究显示，目前我国老年人主要的锻炼场所及其顺位是公园、广场，住宅区附近免费健身场地，马路、街边，自家庭院或者室内，老年活动中心，学校免费开放场地、场馆，体育俱乐部，收费场馆。由此可见，老年人偏好于不收费、离家近的体育场地进行锻炼，这与老年人可支付能力下降以及勤俭节约的传统意识有关。但是这些场地所能提供的体育健身服务无论是在数量上还是类型上都不能满足老年人的体育需求，老年人满意度普遍偏低。体育场地设施作为老年人体育参与的最基本、最必要的物质条件，其缺失与不足，极大地打击了老年人体育参与的积极性，严重限制了体育项目的广泛开展，是老年人体育基本需求供需失衡的表现。

关注老年人健康问题，强化老年人健康管理，促进健康老龄化，是建设健康中国的职责所在，目的所在。老年人体育需求凸显是对"促进重点人群体育活动，提高全民身体素质"的正面响应。然而，在老年人积极响应之下，体育需求日趋凸显，体育供给却停滞不前。不以老年人需求为导向的供给，是老年人体育需求得不到满足、体育需求益发凸显的重要原因。面对体育健身服务供需失衡的窘境，满足老年人多元化、个性化和基础化的体育需求，是推动老年人体育健康可持续发展必须满足的条件。因此，关于老年人体育需求的理论与实践，无论是多部门联动发展还是跨学科合作研究，其方法和策略都需要保证可落地性与可操作性，这样才能助力健康中国建设。

第二节　老年人体育发展的现实困境

一、个体层面：老年人体育仍存在限制性因素

老年人自身对于体育的内在认知与其体育参与动机的形成以及锻炼频率的高低具有密切的关联性，是老年人体育发展的内源性动力。近年来，越来越多的老年人开始关注自身健康，并认识到体育对于促进健康的重要作用。有调查发现，近80%的老年人参加体育锻炼的主要目的是增强自身的健康水平；另外一些老年人则是消解退休后的社会脱离感以及伴侣和子女无法陪伴的孤独感，

实现精神的慰藉；还有小部分的老年人是抱着参与体育锻炼来消磨时间的目的。同时，也有研究发现，不同区域以及不同年龄的老年人对于体育认知的不同也会导致其参与体育锻炼出现频次差异，那些年龄较小以及居住在靠近城市中心的老年人，由于信息的流通性以及接受新鲜事物的能力较强，他们的体育认知及观念较为积极，因此其规律性的体育锻炼较其他老年人更多。

然而，目前老年人的体育认知仍旧受到一些因素的影响，限制了老年人体育参与的积极性，主要表现在老年人主体意识感的被迫弱化、受教育程度较低，阻碍了体育参与。这是由于老年人生理机能的自然衰弱及退休后的社会性衰弱，使得一些老年人会存在自我怀疑、矮化与否定的消极意识，并产生诸如"附属""累赘"的错误自我定位。同时，我国老年人的受教育程度普遍不高，导致对于体育锻炼的价值认知不深刻，缺少有关系统科学锻炼的知识与习惯，体育参与的权利意识不强。如有调查发现，多数老年人对于体育锻炼的认知存在偏差，认为干农活就是锻炼、只要身体不舒服就没必要进行体育运动，甚至认为体育可有可无。此外，传统的"重治疗，轻预防"和"重保养，轻锻炼"的落后观念等因素综合导致了老年人体育意识与价值认知不深刻、体育参与积极性不足，在一定程度上限制了老年人体育的发展。

二、国家层面：老年人体育政府管理失位

（一）政策内容日渐完善，但系统性仍待加强

科学、系统的老年人体育政策能够为老年人体育的发展稳舵定锚。《关于老龄工作情况与今后活动计划要点》是我国第一个明确提出支持老年人体育活动开展的政策文本。随后，1985年，出台了《关于加强我国老年医疗卫生工作的意见》，其中提到有条件的医院可采取理疗、体疗和功能训练等措施，促进老年人的病后康复。20世纪90年代以后，随着我国人口老龄化程度的加剧，国家开始重视体育对于人口老龄化的积极作用，国务院、国家体育总局、民政部、发改委出台了一系列涉及、涵盖老年人体育的政策规范，如《关于进一步加强和改进新时期体育工作的意见》《关于进一步加强新形势下老年人

体育工作的意见》《全民健身计划（2021—2025 年）》《关于进一步做好老年人体育工作的通知》等。根据以上政策可以看出，目前我国颁布老年人体育政策的部门由以往的单一部门向跨多部门转变，政策性质从仅是政策的组成部分发展至完整、独立的专项性政策，政策内容逐渐涵盖管理体制、赛事活动、场地设施和人才培养等多个维度，我国老年人体育政策日渐完善。

然而，纵览我国老年人体育相关政策的制定、执行和评估等方面，仍有较多可完善之处。首先，我国老年人体育政策制定的科学循证体系建设有待加强。老年人体育的政策制定是基于目前老年人体育发展过程中存在问题的诊疗，然而我国老年人体育科学研究数据来源的总量与质量还有待提高，统一的、权威性的全国老年人体育数据收集较为困难；同时，老年人群体参与体育政策制定的渠道较少，制定的政策内容难免偏离老年人的实际体育问题。此外，不同年龄、地区以及城乡的老年人其身体健康状况与体育锻炼情况明显分化，现有的有关老年人体育政策的内容多是对老年人群的整体进行宏观指导，未能进一步细化，导致政策的"靶向治疗"效果不佳。其次，老年人体育政策的配套项目跟进不足。例如，自《全民健身计划（2021—2025 年）》开始实施，"阳光体育""助残健康工程"等针对青少年、残障人士等不同群体的体育政策配套项目也相继落地，有力地推动了《全民健身计划（2021—2025 年）》的开展。然而，目前有关老年人群的体育配套项目活动仍未出现，造成老年人体育政策的可操作性与可执行性仍然较弱。最后，我国老年人体育政策还未建立完整的监督、评估机制，所以无法及时有效地延续、调整和终结有关政策。

（二）管理水平逐步提升，但社会组织管理仍有缺位

近年来，我国体育社会组织发展迅速，并且类型不断增多，促进了我国体育事业的发展，但发展的同时也出现了体育社会组织缺乏管理的问题。老年人体育社会组织失管主要体现在自我管理和政府管理存在欠缺。在自我管理层面，老年人体育社会组织的经费问题已经严重影响到老年人体育组织体系高水平、高质量发展。目前老年人体育社会组织由政府购买服务、挂靠企事业单位进行"输血式"的运作较多，自收自支进行"造血式"的运作较少。其主要

原因是部分老年人体育社会组织的赛事举办力度和赛事创新力度小，赛事营收能力差；管理系统人员缺位，主体责任不明晰，内部管理系统不完整；管理者缺乏激励、责任意识差等。在政府管理层面，一是法律规范和反馈机制不健全。现行法规政策对体育组织建设，尤其是在老年人体育组织建设方面，相对宏观化和模糊化。尽管近年来国家对社会组织培育相对重视，但社区老年人体育组织却没有很好地执行和落实这些政策和法规。国家与政府相对细化的法规制度稀缺，且仍停留在宏观层面，使得老年人体育社会组织未能明确基本权利与义务，阻碍其发展壮大。二是地方政府对老年人体育社会组织缺乏管理。尽管健康老龄化已经得到国家高度重视，但我国当前的主要任务仍然是以经济建设为中心，这就使得各级地方政府重视经济输出能力较高的领域，诸如农业、工业以及发展较为迅速的服务业，而老年人体育社会组织属于公益或半公益性行业，对经济发展的影响相对较小，地方政策扶持力度较小，在监督监管上疏于管理，导致部分老年人体育社会组织未能发挥出其应有的效用。随着我国人口老龄化问题的不断加深，老年人体育社会组织自我失管、政府失管的问题亟待解决。

政府依然是管理核心，但内部机制存有阻滞。体育管理体制机制作为老年人体育事业发展的中间构件，不仅决定着上层的体育政策能否落地落实，同时还直接影响着下层的体育服务供给能否高效、精准地对接老年人的体育诉求。我国现行老年人体育管理体制机制主要呈现为"政府—社会"的二元模式，老年人体育协会虽作为社会层面的管理主体，但资金来源渠道有限、专业人才缺乏、场地设施落后、自身造血能力不足，且组织内部的领导与成员多来自政府部门，行政性质与政府依赖十分明显，因此政府依然是老年人体育管理体制机制中的核心与主导。需要说明的是，老年人体育由于涉及健康、医疗、旅游、安全和文娱等多个方面，不仅由体育局单一部门负责管理，卫健委（承担老龄工作委员会工作）、民政部（局）、文旅部（局）等多个政府部门均有职责进行管理。

政府虽作为老年人体育的管理主体，但由于之前我国长期实行计划经济体制以及单部门的封闭管理机制，即使在转轨之后，仍会造成政府各部门之间存在一定的行政壁垒，使老年人体育管理机制内部存在一些阻滞，未能形成1+1>2的效果。首先，政府多部门管理的模式内部缺乏对于老年人体育事务的信息交流与合作沟通的平台，未能对各部门的优势资源进行协调与整合，导致多部门管理老年人体育的模式难以形成工作合力并发挥出最佳的功效。其次，政府各部门在管理老年人体育事务的职能中存在同构问题，且各部门对于老年人体育工作缺少清晰的、明确的具体分工，导致政府各部门在老年人体育事务中的权责边界不清，在实际工作中可能会产生管理的重叠交叉与缺位失位，反映出老年人体育管理体制机制中多部门联动的工作格局还有待完善。

（三）公共服务日趋多元化，但公共服务存有失准

在应对老龄化战略、健康中国战略和全民健身战略的协同推进下，老年人"对体育美好生活的需求"迅速增加，对公共体育服务的需求也随之日益多元化。老年人体育群体对体育公共服务有其独有的特殊性，政府如果未能充分考虑不同区域、不同年龄以及不同身体状况的老年人对体育公共服务的需求，就会导致老年人体育公共服务供给的准确性不高和老年人体育公共服务整体水准不高的问题。

1. 体育场地设施稳步改善，但供给依旧不足

体育场地设施是老年人开展体育休闲、娱乐及健身活动的物质载体，也是老年人体育事业发展的重要保障。从体育场地设施的数量与面积来看，根据国家体育总局数据显示，截至2021年年末，我国体育场地共有397.14万个，体育场地面积达34.11亿平方米，人均体育场地面积达到2.41平方米，较之以往老年人的体育活动场地空间及面积有了很大改善。从体育场地空间类型来看，当前我国老年人参与体育锻炼的场地空间类型主要集中在小区周边的体育场地与空地、公园、广场、公路、街道和自家庭院等，预计到2031年在公园、广场参加体育锻炼的老年人将突破1亿人的规模，2050年将达到约1.83亿人。此外，老年人体育活动的场所多数是距住所小于10分钟的步行距离，且大部分老年人偏好使用免费的体育场地设施。

然而，面对我国庞大且持续增长的老年人口数量，我国当前的体育场地设施依旧无法满足老年人迫切的体育活动需求。首先，我国人均体育场地面积远低于美国、日本等发达国家人均十几平方米的体育场地面积。同时，学校的体育场地设施对老年人开放的程度有限，进一步压缩了老年人体育锻炼的空间，

而若老年人对于体育场地设施的期望无法得到满足，将可能降低老年人群体的体育锻炼意愿及参与度。其次，专业化的老年人体育场地设施建设不足。老年人群体特殊的身心状况决定了需考虑在使用体育场地与设施方面的特殊性需求，然而，我国体育场地设施适老化建设较为滞后，如在经济发达的广州市，公共体育设施较为丰富、先进，然而有调查发现，广州市几乎没有专业的老年人体育场地与设施。最后，城乡老年人体育场地设施分布不均衡。农村老龄化程度大于城市，然而数据显示，农村人口人均社区体育场地的面积仅为1.33平方米，老年人的体育场地设施缺口较大，同时，单一的场地设施供给未能符合老年人的运动偏好，使得农村体育场地设施闲置率较高、老年人的满意度较低。资源供需错位导致老年人体育公共服务失准。老年群体在参加体育锻炼中存在较高的运动风险。老年人年迈体弱，心肺功能下降，动脉血管硬化，呼吸弱浅，脑中供血量也相对不足，容易引起血压上升、心率增快和供氧不足等，运动中忌无氧运动和快速的有氧跑跳，适宜以休闲为主的群体性体育运动。而老年人体育公共资源多以公园健身器材，诸如上肢牵引器、太空漫步机等为主。这些器材的闲置情况严重，而可供老年人组织群体性健身活动的标准化、专门化、免费或低收费的场地、场馆资源较少。

2. 对专业指导需求较大，但指导人员数量与水平欠缺

相较于年轻群体，老年人的身体正处于衰老状态，肌肉力量下降，肢体灵活性与协调性差，加之可能患有一些疾病，更加需要专业的体育培训与指导人员来保障老年人体育锻炼的预期效果，降低因不规范的体育锻炼而导致身体损伤的概率。目前，对我国老年人进行体育锻炼指导的人员可以分为两类，第一类是非专业的指导者，包括老年人的家人、朋友，他们凭借自身体育锻炼的经验对老年人进行指导；第二类则是专业的体育指导者，包括社会体育指导员、学校体育教师和健身教练等。同时，我国老年人对于体育锻炼指导的需求主要集中在体育技能规范、健康理论知识的学习以及体育活动组织与管理等方面，也有一些老年人对体质状况监测、运动能力评估、运动康复与保健等方面存在需求，渴望得到专业的指导。预计到2031年，我国将会有超过500万的老年人需要专业人员进行体育指导。此外，有研究发现，体育指导人员的态度及专业技能水平若能达到老年人的预期，将有效促进老年人体育锻炼的积极性。

然而，我国对老年人进行体育指导的人员还有很大的提升空间。首先，对老年人体育锻炼进行指导的专业人才缺乏。社会体育指导员是指导老年人体育锻炼的骨干队伍，然而与邻国日本相比，我国社会体育指导员占总人口的比例仅是日本的十分之一。2018年CLASS数据显示，在参加体育锻炼的老年人中，62.34%的老年人在锻炼时无人指导，由社区体育指导员、学校体育教师、健身教练和体育工作志愿者等专业人员指导的老年人累计不超过4%；在未参加体育锻炼的老年人中，26.67%表示缺乏指导是导致其不参与体育锻炼的重要原因。其次，对老年人体育锻炼进行指导的专业人员水平不足。由于体育指导人员工作的公益性质，并不能吸引优质的体育专业人员经常性地从事指导工作，因此目前社会中的体育指导员专业水平有限，缺乏体育、医学等专业技能与知识，无法满足老年人个性化、特殊化的需求。有调查发现，对于公共体育服务满意度，老年人满意/基本满意率分布在23.6%、55.78%，而对于公共体育指导员的职业技能满意率处于最低水平，仅为23.6%。社会体育指导员专业化水平低，导致老年人体育公共服务失准。当前我国发展老年人体育所倡导的是体医融合理念。而受我国人才选拔体制机制以及高等教育培养方式的影响，我国社会体育指导员在运动康复、运动医学以及运动生理学等相关方面的知识掌握得较差，后期专业化培训较少，并且在实践中缺乏专业医师指导，由此造成了社会体育指导员对老年人体育群体进行指导时，出现准确性较差、效率偏低的问题。

3. 体育公共服务的反馈机制不健全

体育公共服务的反馈机制不完善会导致老年人体育公共服务失准。我国老年群体沟通表达能力以及现代科技设备掌握能力较差，因此判断老年人体育公共服务的效用需要更加感性、易于表达理解的反馈方式和反馈渠道，而我国当前在体育公共服务领域的反馈机制多为线上，所提问题比较抽象，导致老年人体育公共服务反馈失准。老年人体育公共服务失准，降低了老年群体参加体育运动的积极性，进一步影响了老年人体育事业的发展。

三、社会层面：老年人体育区域发展失衡

改革开放以来，中国特色社会主义事业在取得重大成就的同时，区域发展不平衡的矛盾和问题也凸显出来，区域协调发展面临着诸多挑战。经济发展水

平是我国老年人体育区域发展失衡的主要原因。总体来看，经济发展水平较高的地区老年人体育发展速度较快，发展质量较高，而经济发展水平较差的地区老年人体育发展成效不明显。经济发展水平决定着老年群体的养老模式，就城乡而言，城市老年群体经济状况和养老保障情况较好，生活自理能力强，社区居家养老和机构养老的条件较好，而农村老年群体主要生活来源是依靠其家庭成员的资助，家庭养老功能薄弱，生活自理能力较弱。根据马斯洛需求层次理论，体育对于人们而言属于较高层次的需要。随着脱贫攻坚任务的圆满完成，我国广大贫困地区人口已实现"两不愁三保障"，但脱贫攻坚成果仍需进一步巩固，贫困地区老年人口存在"脱贫—返贫"的风险，导致投入体育活动中的精力仍然受限，因而导致城乡老年人体育发展失衡。除此之外，老年人体育区域发展的不平衡还体现在老年人体育产业、老年人公共体育服务和老年人体育社会组织等领域。区域人文环境发展不平衡是我国老年人体育区域发展失衡的另一重要原因。整体的区域人文环境将带动区域体育锻炼氛围，从而影响到个体的体育锻炼意识。老年人体育以群体性活动居多，因此区域人文环境对老年人体育发展的影响较为显著。我国游牧民族和一些少数民族，发展体育运动有着天然的人文环境，诸如蒙古族的摔跤，藏族的骑马、赛耗牛等，对发展民族传统体育项目和提高区域体育文化氛围有着先决优势；一些教育和社会文化水平发展较快的地区，人文环境较好，诸如我国沿海地区和中部平原地区的教育和社会文化水平，整体好于西部和其他边疆地区，老年人体育文化氛围更容易形成。因此，经济发展水平和区域人文环境发展不平衡，造成了我国老年人体育区域发展失衡。

四、市场层面：老年人体育产业发展失策

随着我国人口老龄化程度加深，老年人口储蓄率上升，资本投入对经济增长的贡献率逐步降低，客观上要求加快发展现代服务业，通过发展"银发经济"培育经济发展新动能。基于第四次中国城乡老年人生活状况抽样调查数据测算，仅老年人口医疗服务、药品、食品、家政服务和保健品市场总规模达到3.92万亿元。《中国老龄产业发展报告》数据显示：2014—2050年间，我国老年人口的消费潜力将从4万亿元增长到106万亿元左右，占GDP比重将

从8%增长到33%,我国将成为全球老龄产业市场潜力最大的国家。随着社会保障制度的持续完善,老年人口消费观念不断升级,老年人口消费内容和消费方式呈现多元化发展的趋势,在体育方面的消费也在不断增加。但目前我国银发体育产业供给与日益增长的银发体育需求存在矛盾,主要表现在老年人体育产业发展失策。

(一) 老年人体育产业市场失策

我国体育产业目前主要以"体育+""+体育"的形式为老年群体在教育领域、旅游领域和康养领域提供消费市场。这些产业参与银发经济的数量少、规模小。我国虽提出了体医融合的发展理念,为银发体育产业提供了发展路径,但目前仍处在探索阶段,产业链尚不完整,当前老年人体育产品市场供给不充分,占有率较低,尚未形成大规模的产业集群。

(二) 老年人体育产业宏观调控失策

我国老年人体育产业供需矛盾,主要还是因为缺乏国家层面对于老年人体育产业的统筹规划。长期以来,我国国家体育政策制定的中心一直是以青少年体育和中青年体育为主,老年人体育的社会价值和经济价值被忽视。国家在企业从事老年人体育消费产品开发的财税、价格、融资和土地等方面缺乏引导和扶持,相关社会机构在老年人体育产业的审批、监管方面也缺少相关政策法规。体育产业市场不完整和国家层面产业政策的缺失,成为制约老年人体育产业发展的主要因素。

第三节 老年人体育发展的优化策略

一、个人层面:建设系统宣传体系,发挥典型模范引领作用

针对老年人消极的自我定位与落后的体育认知,相关部门需加强对其体育

价值与自我认知的引导工作。第一，以政府官方媒体为主流，以商业媒体、自媒体为补充，充分运用微信、微博和抖音等数字化新媒体，报刊、广播和电视等传统媒体，横幅、墙报和LED屏等线下小众媒体，打造线上线下融通的老年人体育融媒体平台，提高老年人体育的宣传频率与频次。同时，以体育运动促进积极老龄化为宣传主题，宣传内容应涵盖老年人体育锻炼的意义价值、方式方法、损伤预防与治疗以及政策与法律法规等，建设系统化的老年人体育宣传体系。第二，通过典型模范的示范作用，带动老年人将意识转化为行动。通过发放奖励金、日用品、荣誉证书以及举办表彰大会等形式对坚持体育锻炼的老年人模范代表进行物质与精神的双重激励。同时，利用融媒体平台积极宣传退休官员、老年明星和老年企业家等"精英"群体，以及老年人中的体育爱好者等"草根"群体坚持体育锻炼的典型事迹，如85岁的钟南山院士仍坚持体育锻炼、73岁的安徽芜湖老人李守军连续十年跑完全程马拉松，又如山西省体育局组织退休老干部沿习近平总书记考察太原汾河时的路线进行健步走活动。这些"精英"或"草根"老年人坚持体育锻炼的事例，不仅向社会展示了老年人良好的精神风貌，也为广大老年人树立了榜样，引领推动老年人将参与体育锻炼的意愿、想法转化为实际行动，使其正确认识到体育锻炼的价值并树立积极主动的锻炼意识。

二、国家层面：统筹兼顾，高起点建设老年人体育政策有为政府

（一）加强政策制定科学性，完善配套项目

加强老年人体育政策的系统谋划对于老年人体育的发展具有战略指导性意义。首先，根据《关于加强新时代老龄工作的意见》中提到的"推进跨领域、跨部门、跨层级的涉老数据共享"，应由国家体育总局牵头，联合省、市、区各级体育部门及老年人体育协会，依托全民健身数据开放平台，建立专门的老年人体育信息数据库，积极利用社区这一基层单元，通过定期体质测试的方式获取、更新老年人群体质健康与运动锻炼的相关数据，并及时、逐级地向上级

体育部门上传数据。同时，由于老年人体育政策内容还涉及体育外的行业系统，因此需要探索与教育、医疗、卫生和城建等部门实行跨领域数据共享的模式，以确保老年人体育政策制定的科学性。例如，山东省济宁市嘉祥县利用互联网技术，依托国民体质检测中心和医院体检中心和体卫康健中心等实体机构，开发了能够联通全民健康与科学健身两大系统的跨部门数据平台，不仅能够为具体的健康、运动指导提供方案，而且也为科学精准的政策制定提供了数据方面的支持。其次，不断探索、开创有关老年人体育政策的配套项目，且项目的侧重点要有所区分，以应对老年人群体内部的复杂情况。例如，针对西部农村地区体育设施不完善、场地设施适老化率较低导致的老年人体育活动开展不畅的情况，开展"西部农村体育设施适老化改造工程"，以彩票公益金、企业赞助和东部发达城市结对帮扶等方式筹措资金，定期对西部农村进行体育设施适老化改造，以此推动老年人体育政策落地落实。最后，积极吸纳社会公众的力量参与老年人体育政策的监督、评估和反馈的全流程。政府可以通过委托购买、公开招标和公开性谈判的形式，支持、鼓励第三方社会组织、高校和智库等多元主体参与老年人体育政策的监督、评估，进而选择是否需要完善、延展或终结当前老年人体育政策。例如，全民健身专项政策在成稿之前便征询了体育院校专家及社会公众的意见，在政策发布后依托社会力量并委托上海体育学院对政策进行了评估，提高了政策的合理性、科学性。

（二）提高组织管理水平，实施齐抓共管

探索跨部门工作机制，优化管理效率。老年人体育管理体制机制是推动老年人体育高质量发展的重要保障。针对老年人体育管理体制机制中的问题，应探索建立省—市—区—街道的四级老年人体育跨部门协同工作机制，以协调委员会、议事会、联席会议和领导小组等实体组织作为老年人体育跨部门工作的结构性协同机制。由上级政府中分管老年人体育工作的领导作为组织的负责人，并由体育部门作为组织结构中的主责部门负责老年人体育事务的统筹、协调，以及牵头制定本级老年人体育发展规划；卫生健康、教育、文化、旅游和财政等相关部门作为组织中的成员单位，负责联动完成老年人体育工作中涉及本部门职能的各项任务。同时，制定相关法律法规，明确老年人体育跨部门协

同工作组织的地位、性质、设立条件、组织架构、职能划分和工作流程，为推动老年人体育跨部门工作机制的规范化与制度化提供法律保障。此外，利用互联网技术，通过简报、定期会议与专项协商相结合的方式，开展老年人体育跨部门组织的日常工作，降低决策碎片化发生的概率，加强各部门之间的交流，打破因部门忠诚导致的组织文化障碍，推动老年人体育工作格局的形成。最后，积极学习、借鉴已有案例与经验，如可以借鉴浙江省温州市民主恳谈会、上海市青年工作联席会议等较为成熟的跨部门管理模式，不断完善老年人体育管理体制机制，有效提高老年人体育工作的管理效率。

同时，需要注意的是，社会组织在我国构建"全地区覆盖、全生命周期服务、全社会参与、全人群共享"的体育服务新格局中，体育社会组织要将促进广大人民群众身心健康和满足广大群众美好生活需要作为自身发展的出发点和落脚点。高质量发展老年人体育社会组织，要着力解决老年人体育社会组织失管问题，坚持体育社会组织自身管理与政府管理两手抓、两促进，以人民群众能真正受益作为衡量老年人体育社会组织发展水平的最高标准。在自我管理层面，一方面，要完善老年人体育社会组织管理体系。建立健全人才选拔体系和奖惩激励制度，引进高水平组织管理人员，培养管理人员的责任意识，明确不同管理岗位的主体责任，同时根据实际情况灵活改革并创新内部组织架构，确保管理人员不失位。另一方面，要提高老年人体育社会组织的自主营收能力。坚持社会组织办赛与市场办赛相结合，利用好市场办赛的优势，坚持赛事的经济效益与社会效益并重，加大老年人体育赛事举办力度与创新力度，提高老年人体育赛事的投入产出效率。在政府管理层面，一是要细化和规范老年人体育社会组织的相关法律法规。地方立法机关要根据当地老年人体育社会组织的实际运作情况，灵活制定具有针对性的法律法规，同时畅通老年人体育法律法规反馈渠道，规范老年人体育相关的新法与旧法、上位法与下位法、一般法与特别法之间的竞合关系，明确老年人体育社会组织的权利与义务，确保老年人体育社会组织在体育活动组织方面有法可依。二是政府要对老年人体育社会组织进行适当的监管与帮扶。政社分开，是全面推进体育社会组织治理转型和优化技术理性政府行为的重要前提。在体育社会组织"去行政化"和老年人体育社会组织独立发展存在困难的业界实践情景下，政府仍应对老年人体育社会组织的监管和帮扶上进行适度干预，在活动的审批与组织上给予政策帮扶和监管，确保老年人体育社会组织助力社会主义经济建设的良性发展。

（三）精准定位公共服务，提高运营效率

公共体育服务作为基本公共服务中的一部分，也是一种民生服务，如何使政府在公共体育服务中有为，也成为解决人民对美好生活需要的题中之义。当前，政府应从资源供需、专业服务和反馈机制等方面，着力解决好我国老年人体育公共服务失准的问题。

1. 推动老年人体育公共资源供给侧结构改革

加大场地设施供给力度，重视农村老年人体育需求。针对老年人体育场地设施供给不足、适老化建设滞后的问题，首先，应由政府负责引导，加大对于体育场地设施特别是专业性、适老化的体育场地设施建设在政策、财税和法律法规等方面的支持力度，简化相关审批流程，激活市场主体参与体育场地设施建设，扩大增量。同时，以免费或低收费向老年人开放公共体育场馆与学校体育场地设施，或规定老年人免费使用的时间段，提高场地设施利用率，为老年人提供更多的体育健身空间。其次，以复合化改造的手段，盘活体育场地设施的存量，并升级、改造适老性体育场地设施，特别是对于空地、公园和广场等老年人主要的体育活动场所，以及老旧厂房、桥下空地等低效用地以及老旧小区、新建小区，应出台相关的建设标准与细则，建设嵌入式体育场地设施，明确适老性体育场地设施的最低配置比例。同时，各体育场馆、场地设施的所有方应办理好相关的责任保险，制定风险应急预案，提高 AED、担架和急救箱等急救设备配置率，建设老年人无障碍配套设施，增强老年人体育运动的安全保障机制。最后，针对农村老年人体育场地设施严重匮乏的情况，应通过区域内发达地区的对口帮扶、援建等形式，不断加强农村老年人体育场地设施供给。同时，要结合农村老年人的实际需求与农村自然地理优势，构建双向的交流沟通机制，积极拓展山地、水上等农村老年人偏好的户外运动空间类型，做到问需于民、精准供给。针对老年人身体特征与实际锻炼需要，因人而异、因项目而异的推广智能体育设备在老年人体育领域中的应用。数字化检测老年群体的心率、血压和血脂等身体健康指标，并根据健康监测结果为其推荐适宜的运动方式与运动器械。同时为老年群体开放更多的免费、低收费运动场所，并

对闲置的公共老年人体育运动器械及时进行回收改造,避免资源闲置浪费。

2. 完善指导人才培养体系,建设智慧体育指导平台

针对体育指导人员数量、质量欠缺导致老年人无法获得最佳锻炼效果的问题。第一,深挖老年人体育培训与指导资源,建设完善的老年人体育健康指导人才培养体系。首先,推动社会体育指导员的职业化发展。社会体育指导员是指导、培训老年人体育锻炼与体育活动的主力军,然而目前我国社会体育指导员多是以志愿服务的性质工作,对人才的吸引力度不大。因此,要鼓励有条件的社区实行以绩效考核为主的合同、兼职聘用制度,根据社会体育指导员对老年人的指导时间、指导人数和指导评价等综合决定社会体育指导员的薪资水平,加强社会体育指导员的薪酬吸引力,吸引更多、更优质的社会体育指导员为老年人服务;对于没有条件支付社会体育指导员薪资的社区,政府应帮助其与地方运动队、体育院系建立合作基地,对于基地中参与指导老年人体育锻炼的人员,对其职称评定、薪资发放、成绩加分和评奖评优给予政策优惠,激励其认真指导老年人锻炼的同时也能解决体育指导人员不足的问题。其次,提升社会体育指导员的专业能力。依托各级体育局、体育院系和医疗机构,从符合老年人生理特征的体育运动技能、营养配餐、运动处方和运动康复等方面,加强对社会体育指导员的培训,同时提高社会体育指导员的认证门槛,增设"老年人社会体育指导员"类别,使社会体育指导员能够全面、系统、针对性地对老年人进行体育指导。最后,提高社会体育指导员专业化水平。建立健全社会体育指导员人才培养与选拔机制,加强对社会体育指导员在运动康复、运动医学以及运动生理学等相关方面知识培训与考核,并纳入绩效评价体系。采用"线上+线下"相结合的方式,由体育专业与医学专业相关人才合力开设运动处方门诊和虚拟门诊,重点对老年群体进行精准化的运动处方干预。第二,建设老年人智慧体育指导服务平台,利用互联网、大数据和云计算等数字技术提高对老年人体育锻炼的指导效率,弥补体育指导人员在数量与质量上的缺陷。首先,将具备丰富经验与专业技能的社会体育指导员、学校体育教师、高水平运动员和教练员、医生、康复师等专业指导人员,根据其专业、服务和研究的特长分类别地纳入平台专家库,充分整合老年人体育指导资源。其次,将老年人的体质健康数据和体育健身数据和体育健身爱好上传至平台,由平台基于老年人的需求及专家库专家的特点向老年人推荐相关的专家,为老年人制订符合其生理状况的健身方案并进行针对性的专业指导，使不同区域的老年人能够共享优质的体育指导服务。最后，由老年人将接受专业指导后的健身锻炼相关数据再次上传至平台，通过老年人的体育锻炼效果及其对于指导人员的满意度对专家进行评分，并依据评分情况动态调整专家库专家，提高平台体育指导服务的质量。

3. 健全老年人体育公共服务的反馈机制

在老年群体享受体育公共服务的全过程中，根据不同年龄段、不同体征老年人的身心特点，采用更加易于理解和表达的反馈方式，增强"互联网+"与老年人体育公共服务的融合度，建立动态管理、组织保障和协调联动的信息反馈机制，畅通上下级服务系统的反馈渠道，高效率对老年人体育公共服务质量做出评价，防止老年人体育公共服务在实践中出现滞后问题。老年人体育群体身心更加脆弱、需求更加专业化，因此对于体育公共服务有着其独有的特殊性。政府通过精准定位其需求，同时在供给侧进行调整，可提高老年人体育公共服务的运行效率。

三、社会层面：共建共享，高标准平衡老年人体育区域布局

区域间经济和人文环境发展不平衡是阻碍我国老年人体育区域协调发展的根本原因。推动老年人体育区域协调发展，应充分考虑区域间经济发展水平和人文环境，以区域间老年人体育共建共享为原则，高标准平衡老年人体育区域布局。

（一）要坚持老年人体育区域间共建

在经济发展水平高、老年人体育人文环境优的区域，要鼓励老年人体育事业率先发展，建立老年人体育发展示范区。坚持结果导向，把老年人体育的经济效益和社会效益作为老年人体育发展示范区的考核指标。在形成先进经验后，利用"文体下乡、精准扶贫"等方式，充分发挥其辐射带动作用。在经济发展与老年人体育人文环境较差的地区，要积极推进老年人体育事业优先发

展，坚持问题导向，对标城市老年人体育发展示范区建设，学习其先进经验，把老年人体育充分融入社会经济发展和文化建设的全过程。在经济发展领域，要充分发挥当地山水环境、人文环境和产业基础等特色优势，因地制宜地探寻老年人体育与当地经济融合发展的新路径。在文化建设领域，运用宣传、激励等手段刺激老年人参加体育锻炼的心理动机，建立老年人体育文化管理考核体系，提升区域内相关部门对老年人体育文化的建设意识。

（二）要坚持老年人体育区域间共享

要搭建老年人体育文化交流共享平台。鼓励老年人体育文化底蕴浓厚的地区，坚持"走出去与引进来"并重，充分利用老年人体育加强区域间民族传统体育文化交流，推动民族传统体育文化的传承与发展，实现老年人体育区域间文化环境资源共享。另外，要完善老年人体育领域资源分配体系。完善老年人体育领域相关人力、物力和财力等资源在区域间的初次分配制度，健全再分配调节机制，重视发挥第三次分配作用，发展慈善捐赠等老年人体育社会公益事业，实现老年人体育区域间社会资源共享。通过构建共建共享的老年人体育区域发展格局，从而实现区域间老年人体育文化氛围、社会资源等方面的平衡发展，使经济与人文环境发展落后的区域能充分享受到老年人体育的发展成果。

四、市场层面：多措并举，高质量建设老年人体育产业市场

新时代我国经济已由高速增长阶段转向高质量发展阶段。深度优化体育产业的供给结构和持续提升整体供给质量，是推动体育产业高质量发展面临的现实议题。产业融合与发展新业态已经成为推动优化体育供给结构和提升整体供给质量的重要抓手。我国老年人体育产业正处在发展期，高质量建设老年人体育产业市场，要坚持微观市场与宏观调控两个领域多措并举，要着力解决当前我国银发体育产业供给与日益增长的银发体育需求之间存在的矛盾。在微观市场领域，一是要延长老年人体育产业链。以康养、旅游、购物和教育作为发展

老年人体育产业的突破口，根据地方老年群体文化水平以及消费水平，因地制宜地探索地方特色老年人体育产业新业态。二是要提高老年人体育产品的核心竞争力。立足产业融合理念，着力打造老年人体育特色小镇、老年城市体育服务综合体和老年人体育产业园等产业集群，使其产生良好的外部经济，同时为老年人体育消费提供"一站式""全方位"的服务，切实提高老年人体育消费体验。在宏观调控领域，随着我国老龄人口的数量不断增加，健康老龄观逐渐深入人心，国家应加强对老年人体育产业的规划，细化老年人体育产业市场的准入条件，并完善老年人体育市场相关法律条文，鼓励社会发展银发经济的同时，保护合法产业，为老年人体育产业在项目招引、审批和落地等方面提供政策引导，全力优化老年人体育产业营商环境，全方位推进老年人体育产业高质量发展。

第三章 健康老龄化背景下老年人体育参与机制

第一节 老年人体育参与理论基础

随着城市化人口流动加速和社会角色的转变,社会中出现了大量"空巢"老人、老年群体与社会发展脱节、老年人对陌生异质社区归属感和认同感低等现象。据调查,因为社会参与程度低、社交网络单一进而导致孤独、抑郁和各种心理问题的高龄老人的死亡风险将提高10%。可见,老年人社会参与已成为国际社会积极应对人口老龄化的普遍共识,早在2002年《马德里老龄问题国际行动计划》中,已将"老年人和发展"列为三个优先方向之一,老年人的社会参与成为积极老龄化的核心。

但目前来看,由于老年人群的自我认知水平和群体内部差异所导致的老年人社会参与不足、参与比例失衡和参与态度消极等问题仍比较突出,而老年人的社会参与不仅仅需要外部力量的支持,更需要梳理基于老年人自我的认同参与的内在逻辑以及背后隐藏的持久性推动参与机制,因此,通过引入认同理论,旨在探讨不同老年群体体育参与背后的差异化现象和动力机制,在认同参与逻辑基础上建构普适化的持久性参与路径。

一、健康老龄化:从关注"健康状态"到关注"功能发挥"

面对全球老年人口数量的持续增加、老年慢性病引起的沉重医疗负担以及愈演愈烈的老年心理健康问题,世界卫生组织积极倡导"健康老龄化"战略,推动从"被动疾病治疗"模式向"主动健康维护"模式转变,从关注老年人"健康状态"向关注"功能发挥"转变,从而凸显了老年人的主体性地位和作用。"健康老龄化"战略是世界卫生组织在20世纪90年代为应对人口老龄化的挑战所提出的，目的是提高老年人的健康寿命预期和生活质量，其中"健康"的定位是老年人在晚年保持身体、心理和社会适应上的积极良好状态。到20世纪90年代末期，在此基础上充分考虑到老年人的寿命质量提出了更全面的"积极老龄化"概念，并在第二届世界老龄大会上公布了《积极老龄化：政策框架》报告，这份报告在"健康"维度的基础上增加了"保障"与"参与"两个新维度，并将其发展为"积极老龄化"的战略框架。而在2015年发布的《关于老龄化与健康的全球报告》（以下简称《报告》）中，健康老龄化更加强调老年人在行动能力和社会功能上的健康，其概念被定义为"发展和维护老年健康生活所需要的功能发挥的过程"。经过近30年的发展，健康老龄化战略已经有了更加成熟和完善的理论体系，并且从本质上更加凸显了老年人的主体性地位和功能价值的发挥。老年人进入退休生活状态后，不仅不再是社会的负担累赘，反而成为社会的宝贵资源，在积极参与社会政治、经济、文化和公共事务过程中发挥余热效应，体现了自我功能价值，从而将制约老年人健康的社会性因素变被动为主动，通过积极的社会参与促进老年健康。因此，健康老龄化的维度从生理、心理和社会适应健康发展到更具体的生理、心理、行动能力和社会功能维度的健康，社会参与也随之成为健康老龄化重要关注的焦点。

以往针对老年人社会参与主要是从社会网络、社会环境、经济地位、居住空间和参与方式等角度进行研究。研究显示，老年人缺乏社会关系网络或融入社会的渠道，容易产生社会隔离，社会关系网络缺失会影响老年人的身心健康，进而导致老年人出现日常活动中能力和精神不适的风险，而团体活动可满足老年人的社交需求，通过新的社会角色参与缓解因退休产生的抑郁情绪。社会参与对城市退休老年人人际关系社会化、角色社会化和老年人价值社会化均有正向影响，通过拜访亲友或与朋友、亲人聊天等活动会提升健康水平和融入程度。晚年友谊和老年中心活动对独居的女性老人的健康和幸福感有影响，特别是对于经常参加中心活动的独居女性建立起的社会网络能够延伸到活动中心外。Kim等人研究发现，持续参与休闲活动可以改善健康，尤其是对身体健康、心理健康和社会人际关系健康有益处。也有研究表明，定期参加体育活动是老年人幸福生活的必要条件。而社区作为老年人居住和主要活动的空间，也成为老年人在退出社会角色后进行社会参与、人际交往以及获得社会支持的重要平台,其中大部分老年人的体育活动也主要是集中在社区及附近健身公园进行的。可以说,老年人体育参与作为一种非正式形式的社会参与是老年人积极参与社会、提高自尊和重新融入社会的重要手段。

二、认同理论与老年人"自我"概念

认同理论是根据自我和社会之间的交互关系来解释社会行为,认同是连接社会结构和个人行动的一个关键概念,它和美国微观社会学中的符号互动论(symbolic interactionism)传统有着密切的传承关系。"认同理论"译自英文单词"identity",其中"identity"又包含身份、认同、身份认同和同一性等相关概念,一般在心理学领域中多用认同、同一性,在社会学领域中则多用身份认同。认同涉及自我与他人之间、自我与群体之间、自我与社会之间的相关关系研究,不仅是库利"镜中我"理论基础上的自我意识和认同,也是"概化他人"过程中的角色扮演,同时也是群体间的行为偏向,因此认同理论涵盖多个维度和多个层次的认同。

联合国的调查显示,老年人口数量已经首次超过幼童,人口结构出现失衡,老龄人群也因此在社会中屡屡受到歧视。同时,由于受到社会环境变迁、熟人社会解体、遭遇退休、丧偶和疾病等生活事件的客观因素影响,老年人的社会价值和定位总是被排斥在社会生活之外,老年人会对"自我"的社会生存意义产生困惑,难免会产生"我是谁,我还能做什么?我此刻生存的意义和价值是什么?养老是不是给晚辈和社会带来负担?"等自我怀疑和反思的微观心理变化,从而进行"自我知觉""自我界定",导致大多数老年人在自我意识中将自己划分成偏离主流社会的外群体成员,最后陷入"社会孤立"的状态。

认同不仅是个体与社会互动之间的作用机制,同时认同感也会影响个体的行为方式和选择,是在不同社会情境中被激活的自我归因和个人意义建构过程。因此,老年人能在自身功能价值和认同行为驱动的重要"自我心理"建构过程中,通过个人—角色—群体(社会)之间的作用关系感知"自我",融入群体内,重新寻找价值定位。由于老年人社区体育参与行为的研究涉及个人、群体与社会之间的相互关系,所以采用社会学与心理学交叉概念,认同理论中的个人认同(personal identity)、角色认同(role identity)和群体认同

(group identity) 三种自我归类的结构进行分析。其中,社会(群体)认同理论更加重视通过自我归类激发个体的社会情感,角色认同更加强调通过他人的评判来建构自我的社会意义,而个人认同的形成则以个体社会意义的确认与社会情感生成的共同实现为基础,是个体自觉并自愿地建构认同感的结果。从这个视角出发对老年人体育参与行为进行分析,梳理认同感与持续参与行为的逻辑链和作用机制,通过积极自我暗示与外界干预,引导老年人养成健康生活方式,积极融入群体,向主动健康迈进,从而减少老年人的医疗成本投入和养老负担,延长社会参与的时间,积极推动健康老龄化发展。

第二节　老年体育参与的内生逻辑

虽然影响老年人体育参与的因素是多方面的,但是人际水平、社区水平和社会政策水平等方面的影响都是以个人水平为基础,形成同心圆式的扩散作用,体育参与是自我意愿,没有外在的强制性力量,因此行动逻辑更应该从微观角度分析。老年人的社会参与行为是一种完全的主观能动选择,个人参与意愿的强烈与否会产生积极或消极的参与效应。认同涉及自我与他人或群体区别的同一性认可,并关系到自我的行动取向,成为一个人社会意义感建构的核心推动力。老年认同问题不仅是老年人自我与他人的统一性知觉,也是老年群体与其他群体间的自我描述与内群偏好。老年人处于生命发展的后阶段,因为其自身年龄、身份、社会关系和互动网络都相应地进入了老化状态,其身心健康也受到极大挑战,再加上社会转型与现代化的快速发展,改变了以往"地缘和血缘"关系的差序格局和聚居形态,家庭、邻里不仅成为老年人的生活空间,也是老年人的社会交往空间。由于现代城市社区的居住空间的封闭、邻里关系淡漠、利益私人化等问题导致了老年人与社会关系的疏离,也加剧了老年群体的自我认同危机。其表现为社会参与的分化与弱化。分化主要指老年人群内部特征的多样性,从而导致社会参与的原动力不尽相同;弱化主要是指老年人自发的组织参与不足,而且一般都是熟人面孔的经常性参与,大部分老年人带有明显的随机性、动员性参与特征。因此,促进老年人体育参与行为首先要揭示老年人参与的内生动力和心理社会机制,从社会结构和个体特征层面挖掘基于认同的持续性参与逻辑,以下将从认同理论的社会(群体)、角色和个人三个维度并结合三个典型案例对不同特征老年人群的体育参与进行归因和逻辑分析。

一、流动共同体的社会认同:随迁老人的群体融入与情感纽带

随迁老人是指那些因为城市发展变迁或子辈流动而改变原居住地,跟随子女到现居住地的老年人,大多数随迁老人是因为需要照顾孙辈或和子辈团聚才异地迁移。他们在原居住地建立的地缘、血缘和业缘关系网难以携入都市,在流入地仅有的熟人通常只有子女,但即便与生活在一起的子女,也存在工作时间、空间上的隔离,随迁老人大多无法融入晚辈的圈子,干家务、带孩子等任务将他们的日常活动范围限制在小区及周边,每日被锁定在住宅、菜市场和校门口这三点一线,无法深入了解所在城市,邻居往往是近在咫尺的陌生人。随迁老人面对社交网络的断裂和活动空间被挤压的状态,要想在现居住社区内找到归属感和融入感就需要重新建立新的熟人关系,走出家庭网络,在陌生社会中寻求新的情感纽带和精神载体。

(一) 精神文化共同体召唤心灵的归属和群体的融入

美国社会学家帕克说:"心理距离是一种使我们自觉地意识到自身与我们所不能完全理解的群体之间的区别和隔离的一种心理状态。"而心理的融合是最高层次的社会融合,它能够促进个体更积极地融入群体当中,并在群体中产生归属感、亲切感和认同感。社区的广场舞运动为随迁老人提供了社会交往的平台和契机,再加上广场舞本身就属于自发性和灵活性的集体项目,老人们在忙完一天家务后,晚上来到小区广场,随机加入舞动的队伍和人群中,身体在伴随激情音乐的摇摆中释放了一天的疲惫和心灵的压抑。通过广场舞这个桥梁拉近了他们与同龄人心灵的距离,通过多次参与,在和其他成员交流动作和情感互动的基础上,慢慢建立起熟悉的关系,并顺利进入了社区广场舞的熟人圈子。这个熟人圈子打破了地域的藩篱和身份的隔阂,因为共同的兴趣爱好聚集

到一起，并由此延伸出多种多样的集体活动，老年参与者在与其他老人交流舞蹈的同时也会向同伴倾诉心声，大家一起排忧解难，分享快乐，成为陌生城市中彼此守望的姐妹和伙伴。社区广场舞组织唤醒了老人们在乡土社会中的群体生活回忆，使老人们在陌生的城市空间找到了精神文化的共同体，也让随迁老人在同质群体中找到了归属感和融入感。

（二）情感共鸣产生群体认同和一致性行动

对于随迁老人而言，身份认同是超越原有的生活记忆，进而对新的城市生活的重新认知，是一种伴随着情感体验和行为模式进行整合的心理过程。随迁老人离开故土和熟悉的亲戚邻里来到的陌生的环境，因为生活方式和关系网络的不同，内心会产生无助不安而又无处诉说的孤独感，在与外界相处时总是小心翼翼。而子女因为平时工作繁忙，还有孙辈需要照顾，平时更是无暇顾及老人的内心感受。但是，在广场舞的熟人圈子中，她们能在这样一个陌生群体中产生新的情感共鸣，并将自我归类到广场舞群体组织中，随迁老人的身份在群体中被广泛接纳和认同，并有了舞队成员的新身份认知。因此，随迁老人在产生群体认同后就保持了群体性的思维倾向和行为模式，将自我与群体联结得更为紧密。组织的凝聚力作为一种集体力量吸引着老年参与者和其他老人们的参与，使老人们突破了时间和空间的限制，一起活跃在微信朋友圈、商场和菜市场，互相邀请串门，参与其他社交圈子等，在同质群体中保持了一致性的行动，成为社区中最有活力和带动力的群体组织之一。

二、社区积极分子的角色认同：精英老人的动力驱使与意义建构

随着生活水平和社会保障水平的提高，部分老年人的身体状态和精神状态比预期年龄要更趋于年轻化，因此，在达到法定退休年龄标准后，这些老年人仍旧活跃在主要的角色位置，并想继续保持以往的积极参与状态。于是，社区成为这些老年人寻找新的定位和实现自身价值的转换地，作为社区的积极分子总是会积极响应并参与各种闲暇活动。这些老人也因为积极参与，在社区拥有

广泛的群众基础和关系网络，成为掌握社区资本的精英老人。孟阿姨是NJ市QX区的柔力球爱好者之一，同时也是一名国企员工，在工作期间多次被评为先进工作者和工会积极分子。因为对柔力球这种集刚、柔、美于一体的运动充满兴趣，再加上柔力球对肩颈部位的锻炼作用让孟阿姨深深地着迷，所以一有空闲时间她就认真练习，还自掏腰包购买器材，设置了一个义务教学指导点，热情地带动社区其他人一起练习。后来参与的人逐渐增多，并且得到了街道文体站的关注和支持，还专门举办了柔力球大赛。几年下来，孟阿姨带动两千多人练习柔力球，而且她自己还不断创编套路，带动大家练习柔力球的积极性，在服务全民健身、全民参与的过程中发光发热。她说："大家对我的认同就是对我最大的鼓励，希望用我的热情奉献更好地服务大家。"

（一）身份定位脱离老年刻板印象

在愈演愈烈的代际冲突中，老年人的身份和地位经常处于比较尴尬的位置，原因就是社会总喜欢给予老年人"老不中用""无价值""拖油瓶"等标签，久而久之，就形成了对老年人认知的刻板印象。根据库利的"镜中我"认同概念，个体总是在与他人互动的过程中，通过他人反馈的姿势或者符号来认知自我。如果社会中其他人认为老年人是无用的、无价值的，那么老年人也会在他人的看法中认为自己是无用的；而如果改变对老年人的刻板印象，认为他们也是可以发挥余热、创造自身价值的，那么老年人也会在这种身份定位中积极表现，获得积极分子的角色认同。老年人在退出劳动力市场后，重新寻找新的角色定位，社区成为他们重拾信心、展现自我能力、发挥积极分子角色的重要舞台。像孟阿姨这样在工作单位表现较好，自身有能力又对体育健身充满兴趣的老年人，可以利用自身优势和社会资源，组织动员社区其他老年人参与体育活动，也可以根据自身能力教授大家运动技能，开展体育比赛等活动。积极分子作为参与意识较强的群体，会在身份定位被认可的同时，凭借较强的能力、无私奉献的精神、丰富的社会资源和自身威望成为其他老年人社区体育参与的驱动力。

（二）自我价值被认可的鼓励和驱动

在像孟阿姨这样的积极分子的带动下，老年人社区体育参与行为由被动参与向主动参与发展,这些积极分子在群体中的能力和水平也被大家充分认可,进而被推到组织中的精英人物的位置。他们也成为整个团体中的明星人物,其他人有什么事情或者需要什么帮助都会找到这些精英人物,利用他们的资源和能力来帮助大家,积极分子的角色得到他人的肯定态度,又促使他们以更加饱满的热情继续行动。在团队中赢得的认可与鼓励让这些精英老人利用自身丰富的人脉和资源为团队争取更多的福利和资源,通过拉赞助、举办联谊活动、老年人免费义诊和讲座等,增进团队成员之间的感情互动,提升团队的影响力进而获得基层政府部门的关怀和物质性支持,成为连接社区与社会、促进社区老年人社区参与不可缺少的关键性角色。这种角色的认可也会内化为积极分子老人的自我驱动力,从而充满干劲与热情积极地调动其他成员的参与热情。

三、边缘群体的个人认同:弱势老人的自我认知与积极体验

社区弱势老人是指那些患有重病、失能、独居或残疾的老年人,他们因为自身先天性或后天所致的身体病变、缺陷,行为功能障碍,心理健康状况不佳,从而导致在日常生活和社会参与中的"离群现象",在这些弱势老人的潜意识中往往也会产生一种自卑、失落的消极情绪和生活态度。此外,社会既有的规则秩序和价值判断也容易让外界对弱势老人戴上有色眼镜进行审视和评判。想要消解被社会边缘化的弱势老人在日常生活中的焦虑与失落,就要重塑他们的日常交往结构,通过个人认同来完成自我价值的修正与认知。

(一)"标签"属性的自我修正与重塑

弱势老人因为很难像正常老人那样自如地参与社会活动,有些甚至缺少生活自理能力,长期的康复治疗让他们失去信心,更让他们无时无刻不在内心深处自我暗示"弱势""残疾"群体的存在。"弱势""残疾"的负面标签让他们难以将自身划归到一般意义上的老年群体中,因此弱势老人的集体认同感普

遍较低，也缺乏赖以信任的群体基础。俞老师就是通过健身气功站这个公共体育服务平台，为这些癌症患者和弱势老人提供平等、融洽的生活空间，健身气功站成为他们进行体育参与和人际交往的平台，也是重塑弱势老人个人认同的基础和前提。在这个体育参与的空间内通过组织这些弱势老人学习体育技能或是共同观看体育比赛，进行情感交流等帮助他们克服自身困难，让弱势老人在集体参与中获得人文关怀，增进群体间的沟通交流，让他们树立生活的信心，从边缘化群体融入社会群体中，增强对社会生活的认同和集体归属感，从而让弱势老人消解对正常生活的身份认同困境。在社区集体活动参与中，弱势老人通过学习新技能、新知识，了解社会最新的新闻动向，让他们对自身的学习能力、沟通能力和交往能力等进行新的认同和重塑自我生存价值，并将"弱势""残疾"的标签从自我认知中淡化与修正，让他们真正感受到老有所乐、老有所为的满足感。

（二）健康资源共享和积极的情感体验

在参与社区体育文化活动的过程中，弱势老人也有了相对稳定的组织基础，茶余饭后就会来到社区固定的地点等待他们的伙伴，并且在与伙伴们长期的互动中生成内心稳固的心理感知模式，从信赖伙伴中获得所期待认可的内在信心。弱势老人在社区体育文化活动空间中也能建立起基于健康话题的同质群体，在参与过程中他们会遇到很多与自己经历相同或相似的"病友"老人，因此从一个话题衍生出另外一个共同话题，在这个经常参与活动的群体中找到熟悉的身影会让他们倍感亲切与信任。于是弱势老人在此基础上可以发展成健康互助的群体，成员之间彼此交流互动各种情感，并进行健康资源的共享，分担忧愁，缓解个人痛楚，成为相互守望、彼此鼓励的情感解压器。同时，弱势老人之间在友爱平等的前提下，形成由低龄老人帮助高龄老人、由无病老人帮助有病老人的群体互助形式，满足他们对美好生活、精神沟通等方面的心理诉求，让弱势老人感受到活着的尊严和价值，提升幸福感和效能感，在这个情感共鸣的群体中获得积极的情感体验，也实现了个人与彼此的认同。

第三节　老年体育参与机制与促进

一、多维认同是老年人体育持续性参与的动力机制

老年人作为一个庞大的高龄群体，其内部特征和群体划分却又不尽相同，社会鼓励老年人积极参与体育活动，通过体育锻炼的方式增强体质，加强与同辈之间的交流，增进健康，这些初衷是积极的，但是忽视了老年人的个体情况特征，尤其是老年人这一群体的特殊属性，往往越是自身情况特殊的老年人因为缺乏融入感，社会参与程度就会越低，健康状况越不容乐观，就越容易形成一种自我封闭的恶性循环状态。因此对老年人社区体育参与的内生逻辑分析要基于不同老年群体在不同身份、不同背景经历、健康状况等方面的心理建构基础上，进行不同维度的群体认同、角色认同和个人认同，建立符合不同老年群体特征的认同—参与逻辑。研究列举了三种典型的老人群体：随迁老人、精英老人和弱势老人，这些群体是最容易被忽视却能发挥重要作用的老年人群，在体育参与过程中能够召唤出老人们心灵的归属感和群体的融入感，使其情感共鸣产生一致性行动，形成流动共同体的社会认同；让身份定位脱离老年人刻板印象，使老年人得到自我价值被认可的鼓励和驱动，形成社区积极分子（精英老人）的角色认同；通过"标签"属性的自我修正与重塑，在健康资源共享和积极的情感体验中形成边缘群体（弱势老人）的个人认同三种认同—参与的逻辑链。这三条逻辑链又成为老年人群自我认知、主动参与和积极实现自身价值的持续动力机制，在认同—参与的逻辑链中，老年人完成一次又一次的认同建构，并持续性地参与到其中。当融入集体进行锻炼的老年人发现在团队中的归属感和信念感增强，身体比以往更加健康，幸福感指数提升，取得正面积极评价后，进行了一次自我行动的认同，而这种认同又会激励老年人选择继续参与，为老年人的持续性参与注入源源不断的动力。

二、持续性的体育参与模型构成老年人主动健康的干预机制

未来随着老龄化程度的持续加深，沉重的养老和医疗负担让人们不得不扭转以"治疗为主"的老年健康应对方式，向"主动健康"为导向的预防和干预模式转变。"主动健康"成为促进健康老龄化的重要前置关口，功能发挥成为老年人实现健康老龄化的着力点。因此"主动健康"最关键的内容就是需要老年人积极主动地参与到健康促进中来，老年人个体成为应对健康危机的主体，也成为维持身体健康、延长自身寿命质量的重要力量。同时，在主动健康的过程中，老年人可以找到合适的机会发挥自身价值，努力保持社会生活的行动能力和社会功能的继续发挥。老年人通过积极主动地参与社区体育，养成持续性和经常性健身锻炼的习惯，在群体互动中获取健康的知识和信息、同辈群体的帮助，建立健康的支持网络和人际关系，从个人层面主动维护和改善健康状况。在功能发挥方面，有能力、有激情的年轻老人或积极分子可以通过有偿或无偿地提供服务吸纳和引导更多的同辈群体加入健身组织中，充分彰显老年人的活力，提高自尊水平，也争取为社会贡献出更多资源，释放养老负担。社区体育主动持续性参与模型构成了老年群体积极进行健康干预的有效途径之一，通过社区体育主动持续性参与可以帮助老年群体养成健康文明的生活方式和健康行为，树立健康的意识，未来还应该帮助老人培养更多的参与能力，提供给老年人更多的参与机会，满足老年人主动健康的参与需求。

三、认同—参与的循环作用机制与对健康老龄化的持续促进

健康老龄化战略在实施过程中越来越关注老年人的主体地位，也是一种老年人群"主动健康"的导向。基于认同—参与的循环作用机制，是以主动或被动的参与为起点，并在参与过程中完成老年人"自我"认同建构，并继续在认同—参与—再认同—再参与的循环作用下发挥效力的，认同与参与是互为

因果的建构关系，它可以帮助老年人走出家庭，走进社区，走入群体，将参与行为转变成完全主动的健康行为。不同老年人群体通过在社区体育参与行为中完成多维认同，进而又促进老年人的参与行为，同时完成自我认同的老年人群也凭借自身的影响力又带动其他老年人的参与和认同过程，最终在认同—参与的循环作用机制下构建了老年人自我存在的价值和意义，消除了社会对老年人的刻板印象和歧视标签，成为健康老龄化的持续推动力。老年人也在这种认同—参与的循环作用中重新进行了自我认知，认为自己的身份认同应该更加年轻化，自己有能力为社会生活创造更多的价值，也能减少因慢性疾病带来的医疗和养老负担。在认同—参与循环机制下的老年人参与动机更强烈，更稳固，也成为老年健康社会治理不可或缺的重要动力源，为政府和社会提供了更具针对性的老年健康服务思路和保障方向。在此情形下，政府和全社会应该重新思考老年人的身份定位，客观认知老年人的社会价值，合理构建评判老年人的标准体系，制定相应的退休制度，为即将进入老年期的社会个体提供更多的选择。

四、创新社会体育服务思路和保障机制为健康老龄化保驾护航

社会体育服务和相关保障机制要在认同—参与的逻辑基础上进行重点关注并积极下沉到老年群体中，协同家庭、街道社区和社会为老年人群打造友好的社会人文环境，形成尊老爱老、关注老年弱势群体的融洽氛围，提升老年人的自我价值定位，努力为老年人提供更多发挥其能力的岗位或领域，提升老年群体的社会认同感与归属感。具体来说，一是基层社区体育文化的宣传和引导要紧紧围绕能引起老年人群情感共鸣的方面，有故事也要有温度，注重积极的情感体验，从而最大程度地激发老年人的体育参与动机。二是要充分重视体育积极分子的作用，给予老年积极分子更多鼓励和支持，在他们有场地、设备等方面的需求时，要尽力协调和满足，帮助其发挥体育特长，实现在老年群体中的号召力和影响力。三是对于那些身患疾病、失能、独居或残疾的老年人要给予更多的关爱和话语权，通过举办专门的弱势老年人体育文化类交流活动或者赛事活动，让他们在体育参与过程中可以找到心灵的栖息地，重塑负面标签，实

现自我价值的回归和认同。四是政府部门要给予基层老年体育更完善的公共服务保障体系，投放更多针对老年群体的社会体育指导员到社区，在运动健身和身体保健等方面给予老年人全方位的指导，让每个社区成立相应的老年体育协会，鼓励老年人参与体育赛事或担任协会职责，让社区老年体育参与形式规范化、内容科学化、时间持久化。

第四章 健康老龄化背景下老年人公共体育服务

第一节 老年人公共体育服务发展

一、加强老年人公共体育服务的价值意蕴

(一) 健康中国战略目标达成的要求

《"健康中国2030"规划纲要》指出:促进健康老龄化,加强老年常见病、慢性病的健康指导和综合干预,强化老年人健康管理。人进入老年期后,面临着整体健康水平下降,出现高血压、心脏病和关节炎等诸多健康问题,发病率不断上升,60岁以上老年人慢性病患病率是全部人口患病率的3.2倍,伤残率是全部人口伤残率的3.6倍。2019年,我国老年人中超过1.8亿人患有慢性病,患有一种及多种慢性病的比例高达75%。健康老龄化是健康中国战略题中应有之义,也是老年人幸福生活的保障,健康老龄化关注生命质量,强调以人为本,而老年人的幸福感、获得感和安全感因受慢性疾病影响而显著降低,经常参加体育锻炼能够延缓老年人生理机能退化,有助于慢性疾病的预防和康复,维持生活质量,进而促进健康老龄化。此外,从心理健康方面考虑,参加体育锻炼可以调节情绪,增加社会交往,保持乐观、积极的心态,减少孤独感和抑郁,从而促进心理健康。因此,加强老年人公共体育服务,是对新时代老年人体育需求的回应,也是体育事业和健康事业发展以"人民为中心"在老龄化社会中的具体化。

（二）应对老龄化上升为国家战略的要求

2019年国务院颁布的《国家积极应对人口老龄化中长期规划》标志着应对老龄化上升为国家战略。老龄化是人口发展的自然过程，无所谓好坏，其带来的"问题"或"挑战"主要是由于人口年龄结构与经济社会发展不同步而产生的矛盾，其中，劳动力总供给减少和抚养比上升对经济发展冲击最大，而加强老年人公共体育服务对经济发展具有积极作用，其应对老龄化对经济影响方面具有4个独特价值。一是增强老年人健康素质，有助于老年人人力资源开发和利用，促进老年人的知识、技能和经验继续发挥作用，挖掘老年人口红利。二是有助于减少医疗支出，减轻政府财政负担。三是有利于促进老年人体育消费，释放消费新动能。老龄化加快带来了消费结构的变化，医疗保健和休闲旅游的消费支出将会增大，通过拓展老年人体育消费市场，能够带动老年人体育产业发展。四是有利于形成新的经济增长点。国务院46号文件明确提出把"推动体育与养老服务融合作为促进体育产业的重要内容"。民政部《关于进一步扩大养老服务供给促进养老服务消费的实施意见》支持养老服务与文化、体育、养生和健康等行业融合发展。因此，可以通过体育产业与养老服务融合发展，形成新业态，培育新的经济增长点，扩大内需，增加就业，减少人口老龄化对经济带来的负面影响。

二、老年人公共体育服务的现实困境

（一）供需错位

近年来，在全民健身政策的驱动下，老年人公共体育服务供给总量迅速增加，政府建造了大量体育健身设施和场所，培养了大批社会体育指导员，开展了丰富的老年人体育健身活动，加强了老年人体育组织建设，但老年人公共体育服务供需错位问题突出。

1. 重"硬"轻"软"

老年人公共体育服务供给与需求的有效匹配是公共体育服务供给的价值追

求,然而,在实践中,地方政府偏好可视性强的体育"硬件"资源的配置,根据老年人体育供需调查显示老年人公共体育服务供给排在前三位的主要集中在全民健身路径、健身广场和综合性公园,而老年人需求排在前三位的则是运动技能指导、运动康复指导和体育信息咨询,可见老年人对科学健身指导和体育信息咨询服务的需求较多,而政府在老年人公共体育服务供给结构方面,带有较强的重"硬件"轻"软件"倾向。再则,在体育健身指导成为老年人首要需求的情况下,许多地方的社会体育指导员培训和上岗脱节,社会体育指导员上岗率低。

2. 老年人健身休闲的公共体育空间不足

尽管全民健身上升为国家战略以来,各地政府大量修建体育场馆,面积也大幅度增加,但新增的体育场地设施大多位于郊区或较偏远的地方,如登山步道、自行车道等,现有的体育场地,特别是学校体育场地设施向社会开放的程度不高或不对外开放,导致老年人健身需要的就地、就近、就便体育空间相对不足。此外,《全民健身计划(2016—2020年)》提出:新建居住区和社区要严格落实按"室内人均建筑面积不低于0.1平方米或室外人均用地不低于0.3平方米"的标准配建全民健身设施的要求,但开发商为了自身利益最大化,在具体执行的过程中大打折扣,社区老年人公共体育空间缺乏,导致出现群众健身需求与场地供给不足的矛盾,引起争夺公共体育空间冲突事件的发生,影响社会和谐稳定。

(二)资源配置不均衡

党的十九大报告提出,到2035年,基本公共服务均等化基本实现,公共体育服务作为增进民生福祉的重要内容,应与中国人口老龄化的发展态势相适应,让老年群体公平可及地获得大致均等的公共体育服务,增强获得感与幸福感。近年来,政府坚持"以人民为中心"的体育工作思路,公共体育服务的投入不断增加,2019年年底,全国体育场地354.44万个,全国人均体育场地面积达到2.08平方米,全民健身路径82.35万个,健身步道7.68万个,全国各市、县、街道(乡镇)、社区(行政村)已经普遍建有体育场地和健身设施,体育社会组织年均增幅达到10.86%,全国县级以上地区体育总会平均覆盖率达到72%,全国全民健身站点已达到平均每万人3个,每年参与活动总人数超过 1 亿人次。但由于区域、城乡经济社会发展的不平衡,大量优质公共体育资源集中在城市和发达地区,导致公共体育资源分布区域、城乡不平衡,农村和落后地区老年人的体育服务需求难以得到有效匹配,这势必会影响老年人享有公共体育服务的公平性。不平衡表现在两个方面。

1. 区域配置不平衡

我国东、中、西部及东北部四大地区经济社会发展水平的差异性,导致公共体育服务投入具有一定差距,2019 年年底,东部地区(北京、天津、河北、上海、江苏、浙江、福建、山东、广东)人均体育场地面积均值为 2.35 平方米;中西部地区和东北地区(广西、安徽、江西、湖南、四川、贵州、内蒙古、宁夏、吉林、辽宁等 16 个省区市)人均体育场地面积均值为 1.85 平方米,表明中西部和东北地区体育场地设施发展投入与东部地区差距较大。

2. 城乡配置不均衡

城乡二元社会结构下公共服务供给城乡差序格局,导致城乡公共体育服务配置不均衡,农村人口老龄化程度大于城市,老年人口分布呈现出城乡倒置特征,随着城镇化进程加快,这种形势有所缓解,但是农村老年人口的规模依然较大,不容忽视。

(三) 社会力量参与不足

通过鼓励和支持社会力量参与公共体育服务,实现政府治理与社会自治的良性互动,已是新时代体育治理现代化的新趋势。随着政府社会管理体制改革的不断深入和老年人公共体育服务需求的日益多元化和差异化,政府主导的公共体育服务供给模式存在困境,难以满足老年人需求,因此,需要政府、市场和社会组织等多元主体协同供给老年人公共体育服务,但从单一主体向多主体供给转变并非是一朝一夕的事情,尤其是在政府职能尚未完全转变的情况下,还存在诸多问题:第一,政府理念转变滞后。老年人体育服务是一项复杂的系统工程,在老龄化迅速发展和规模不断扩张的背景下,为老年人提供满意的公共体育服务是政府义不容辞的责任,现代服务型政府要求政府公共体育服务的职能应该实现两个转变:一是从公共服务的直接生产者转向组织规划、统筹协调、监督评估;二是通过政府购买的方式培育和发展多元供给主体。政府购买老年人公共体育服务和职能转移的力度不够,市场主体参与热情不高。第二,体育社会组织掌握的资源有限,组织动员社会资源的能力不足。发达国家的经验表明,体育社会组织是老年人公共体育服务的重要供给主体,相较于发达国家,我国体育社会组织起步较晚,近年来,体育社会组织快速发展,从2012年的2.3万个增至2017年的4.8万个,但当前体育社会组织数量、质量和能力方面还比较薄弱,数量也偏少,平均每9660个体育锻炼者才拥有1个正式的体育社会组织,其能力与承担公共体育服务的要求之间差距较大,基层体育社会组织无人、无场所和无经费问题普遍存在。第三,企业或营利性体育组织参与公共体育服务的机会较少。近年来,政府购买公共体育服务制度已经确立,但在实际操作过程中,政府购买公共体育服务更倾向于体制内成长起来的体育社会组织,而体制外社会组织承接的机会较少,公共体育服务的多元化供给主体格局尚未真正形成,政府仍然处在垄断地位。例如,作为老年人公共体育服务载体的"老年人健身康乐家园",福建共授予康乐家园6218个,累计投入经费5.76亿元,但政府单一供给的能力有限,难以保证服务质量,还不能满足老年人多元化体育服务需求。

三、老年人公共体育服务破解策略

(一)推动供需精准对接

建立以需求为导向的老年人公共体育服务供给机制是公共体育服务适应老龄化社会的必然要求,为了实现老年人公共体育服务供需精准对接,需要从供给和需求两个方面着手。

1. 供给方面

在供给方面,要加强地方政府以"老年人为中心"的公共体育服务意愿。第一,加强各级政府的公共体育服务精神教育。各级政府在应对人口老龄化的过程中,要通过宣传和培训加强各级政府公共体育服务意愿,树立以"老年人为中心"的公共体育服务理念,积极主动地了解老年人对公共体育服务的真实需求偏好,把老年人公共体育服务需求纳入地方政府养老服务政策中,并把提供老年人满意的公共体育服务作为考核各相关部门应对人口老龄化工作的重要指标。第二,激励地方政府加强老年人公共体育服务的供给。在地方政府主要领导老龄化工作绩效考核方面,除了反映老年人公共体育服务投入方面的供给指标,还应将反映满意度的指标纳入考核体系中,并增加满意度指标权重,促进地方政府提供最贴近老年人需要的公共体育服务。第三,加强监督和问责。通过网络媒体、社会公众和第三方机构等全方位监督老年人公共体育服务供给,促进各级政府在增加老年人公共体育服务供给数量的同时,也不忽视供给质量。在我国普遍实行政府购买公共服务的制度下,政府购买老年人公共体育服务决策、执行和评估等环节都应实施问责机制,提高政府购买老年人公共体育服务的质量和效率。

2. 需求方面

在需求方面,建立老年人公共体育服务参与机制。老年人参与是提高公共体育服务供给精准性的前提,地方政府在老年人公共体育服务供给过程中应积极拓宽老年人的参与渠道。第一,及时准确公布公共体育服务信息。在法律上,老年人依法享有公共体育服务信息知情权,公共体育服务信息公开化是老年人参与和监督公共体育服务的基础和保障。第二,拓展老年人参与渠道。一是通过实施听证、座谈、市民热线和政务信箱等方式强化老年人体育需求表达;二是加强老年人公共体育服务需求满意度调查,评估需求满意度,并及时给予回应,保持供需动态互动;三是利用"互联网+"的优势,加强老年人公共体育服务网络平台、养老论坛和电子政务等的建设,促进老年人参与的便捷化。

(二)加强顶层设计,促进均衡发展

党的十八大后老龄事业被纳入"五位一体"和"四个全面"战略布局中,老年人体育关系到全面建成小康社会和体育强国建设,政府在老年人公共体育服务供给方面应从以下四个方面着手:第一,完善老年人体育法律政策体系。均衡发展是新时代中国的重大课题,让各种群体的老年人均等、可及地享受公共体育服务,特别是针对城市流动老年人口、农村留守老人和空巢老人等都要通过严格的立法加以保障。《中华人民共和国老年人权益保障法》几经修订,老龄化社会治理的法治化能力不断增强,但关于保障老年人公共体育服务均衡发展的条款操作性不强，应加强配套法律政策的出台，提高其操作性和针对性。第二，加强《体育法》和新修订的《中华人民共和国老年人权益保障法》的执法力度，维护老年人的体育权利。《国际体育教育、体育活动与体育运动宪章》(International Charter of Physical Education, Physical Activity and Sport) 指出：所有人都拥有参与体育运动的基本权利。但在老年人公共体育服务实践中，相关的法律法规的执行力度不强，如侵占老年人体育健身场地、社区不按规定建设体育场地设施等，政府应打破各个部门分割的局面，政府主导、部门协同加大执法力度。第三，通过合理的制度安排，提高老年人公共体育服务的均等化水平。一方面，积极运用政府购买公共服务政策，增加政府购买农村和中西部地区老年人公共体育服务的比例。将老年人公共体育服务纳入政府购买服务指导性目录，全面梳理现行由财政支出安排的各类养老服务项目，各地要因地制宜地制定政府购买老年人公共体育服务的标准，在购买服务的资金安排上要向农村和落后地区倾斜，重点购买体育健身指导、康复训练、健身机构运营、体育场馆开放、体育健身项目培训和体育社工人员培养等服务，实现均衡发展。另一方面，大力培育并扶持乡镇老年人体育协会，提高农村和中西部地区老年人体育自行组织能力。作为老年人体育的组织载体和政府治理的协同力量，老年人体育组织应在全民健身和健康中国战略中担任重要角色和表现更高格局，发挥其整合老年人的体育利益诉求、凝聚价值和政策实施的作用。第四，将老年人公共体育服务均衡发展融入相关政策体系，加强整体性治理。当前，乡村振兴战略、健康中国战略和全民健身战略是我国在全面建成小康社会决胜阶段的重要战略选择，因此，要把老年人公共体育服务纳入乡村振兴、健康中国和全民健身等政策中，增加促进城乡与区域均等发展的目标、实施和保障措施等，形成政府不同部门之间老年人公共体育服务多元协同、和谐共治的整体性治理格局。在推进养老服务和健康老龄化改革中，把老年人公共体育服务纳入养老服务和健康老龄化的大盘中，获取更多的国家财政资金支持，根据社区、居家和机构养老以及城市流动老年人口的特点，精准识别不同层次老年人公共体育服务需求，设计个性化方案，实现分层次供给。

（三）建立多元化支持体系

公共体育服务多元化供给是国家治理体系和治理能力现代化的重要标志。

一是加强服务型政府建设，发挥市场和社会的作用。建立完善高效的老年人公共体育服务行政管理体系是建设服务型政府的内在要求，把推进老年人公共体育服务体系建设作为政府责任，建立清单制度（权力清单、负面清单与责任清单），明确各级管理部门的职责边界，避免政府在老年人公共体育服务中的"越位""缺位""错位"，在体育部门和老龄部门适时设立老年人体育专职岗位，建立老年人公共体育服务体系的激励和奖惩机制，委托第三方和老年人协会对提供服务的体育社会组织和企业进行等级评定，设立老年人公共体育服务奖励资金，对于在老年人公共体育服务供给中表现优异者，政府在购买服务时可以优先考虑，同时，对获得差评的社会组织和个人减少或取消支持。二是政府、市场、社会和老年人多元主体协同治理老年人体育服务，政府发挥"元治理"作用，主要进行制度安排，提供运行框架，协调整合，其在老年人公共体育服务供给中的职责是执行、培育和监督，政府在保障老年人基本公共体育服务供给的同时，也要降低社会力量进入门槛，通过政策引导、发展和培育老年人体育社会组织、市场组织，使它们具备承接政府让渡的老年人公共体育服务的能力，形成"强政府、强社会"的治理格局。三是大力发展老年人公共体育服务互助。借鉴发达国家的养老模式实现老年人体育的互助服务，如德国的"多代居模式"、日本的"邻里互助网养老模式"、美国的"在地养老（Aging in Place）模式"，通过组织内自愿结合互助养老，组织外服务帮助的形式，获取体育健身服务。四是加快推进"老年友好型社区"的建设，提升公共体育服务的供给效率。在以老年人为主体的社区中，这一举措有利于老年人体育的全盘规划，为老年人提供良好的体育环境和体育参与氛围，鼓励老年人规律地、科学地参与各种体育活动。

第二节　老年人公共体育服务供给

一、老年人公共体育服务供给反思

发达国家老龄化进程长达几十年甚至一百多年，其中法国115年，瑞士

85 年，英国 80 年，美国 60 年，而我国只用了 18 年（1981—1999 年）就进入了老龄化社会，而且老龄化速度还在加快，目前正处在老龄化的快速发展阶段。快速增加的老年群体增加了公共体育服务的需求与实际供给之间的矛盾。我们将以老龄化为背景，以供需平衡理论、新公共管理理论、新公共服务理论中的相关内容以及公共体育服务的供给与需求等现状为视角，主要从供给主体、供给内容和供给模式三个维度进行以下反思。

（一）供给主体维度

新公共管理理论中对于政府的要求是掌舵而不是划桨，意思是政府要从复杂烦琐的具体事务中抽离出来，实施管理把握方向即可。而新公共服务理论则提出要把为公民提供优质的服务放在第一位，不要过多地考虑到底是掌舵还是划桨的问题，这也是政府职能转变的表现，政府不管是管理还是参与具体事务，只要公民的需求得到满足，权益得到保障，就实现了政府的服务职能。公共体育服务供给的实质属于分配范畴，是资源的整合、配置和管理的过程。公共体育服务供给主体是指为了满足公民的公共体育需求，而提供或生产体育产品和体育劳务的主要实践者。各级政府部门、事业单位、企业、协会和个人等都是公共体育服务可能供给主体（图 4-1），都可以提供公共体育服务的供给。但是，就现实状况来看，政府部门几乎承担起公共体育服务提供、生产的全部工作，是公共体育服务供给的核心主体，而其他主体参与不足。但是政府的经费、人员毕竟有限，面对老年人日益增长的公共体育服务需求，政府部门存在应接不暇、服务缺失的现实困境，需要及时进行反思和调整。

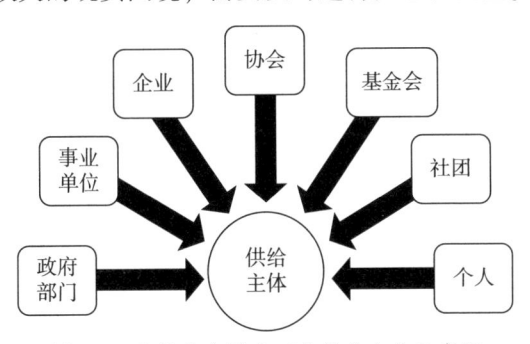

图 4-1　公共体育服务可能供给主体示意图

1. 政府部门

（1）经费有限

我国是世界第二大经济强国，拥有巨大的经济总量，但我国人口基数庞大，人口众多，人均 GDP 却低于世界平均水平。体育属于基本公共服务的范畴，这体现了国家对于体育工作的重视。可是各级政府对体育的经费投入并不高，一方面，政府的经费仍然有限。另一方面，体育在基本公共服务范畴中，与医疗、养老和教育等其他领域相比较，其重要性与紧迫性不足。各级政府更倾向于用有限的经费集中办大事，办更重要的事。经费的投入水平是公共体育服务供给水平的重要影响因素。

（2）制度缺失

公共服务供给的质量与效率，在于经济能力，更在于制度的设计。经济发展得越来越好，而公共服务的供需矛盾却愈来愈突出。一方面，是因为公民的需求变化快；另一方面，是因为相应的制度不健全、不合理，没能跟上需求的发展步伐。

具体表现为：①没有形成专门的老年人体育法律、法规。目前，虽然我国已经颁布一些体育法规条例，如《中华人民共和国体育法》《全民健身条例》，里边也涉及部分老年人体育的内容。但是都不明确、不具体，可操作性不强。②没有形成自下而上的需求识别制度，公共体育服务的供给方案设计多为国家负责，群体工作人员加之相关专家、学者根据掌握情况制定，对于老年群体公共体育需求的专门调查较少，自上而下的方式使供给与需求难以契合。③没有形成公共体育服务领域规范的责任承担机制、评估与监督机制，从而导致了公共体育服务供给内容与供给过程的虚化、形式化。

（3）观念不强

满足公民的公共体育需求既是公共体育服务供给的出发点，又是公共体育服务供给依归所在。公民的需求既指引公共体育服务的前期规划设计，又给后期供给的实施提供依据，因此，政府对公民的公共体育需求的识别能力对于开展公共体育服务显得尤为重要。需求的识别能力是指政府多元、及时和有效地识别公民需求的能力。目前，各级政府在公共体育服务供给方面存在的很多弊端，都源自忽略与公民的沟通或自上而下的需求识别方式。政府及其他供给主体首先要确定公共体育服务利己或利于公民的性质。切实地满足公民的需求与方便政府供给相比较，未必需要投入更多的经费，但一定需要投入更多的时间和精力来协调不同方面的公民利益。这远比从自利角度出发，依靠经验判断需要付出更多的耐心与努力。

（4）人员紧缺

从人员分配上来看，基层政府部门街道、社区服务中心直接负责社区老年人的公共体育服务供给工作，而目前的状况是，街道社区（乡镇）仅有分管体育的工作人员，他们多半同时兼职为该社区的社会体育指导员，人员少，工作量大，并且这些分管体育的工作人员一半以上没有系统学习过体育专业知识，导致出现知识体系支撑不足、精力分布有限、指导工作力不从心的现实状况。从调查的结果看，部分乡镇分管体育的工作人员非但不能参与公共体育服务供给，甚至对本乡镇老年体育团体的实际状况了解也不够深入。

2. 企业

（1）动机不强

鉴于老年人公共体育服务的公益性特征，加之缺少企业参与公共体育服务供给的各类扶持和优惠政策，再加之老年人的消费能力有限，使得企业参与老年人公共体育服务供给的动机不强、兴趣不足。企业的盈利特征，致使它在供给公共体育服务的过程中，往往会出现敷衍、低质和低效的情况。因此，大部分国家的公共体育服务供给均是以政府为主。但是随着公民需求与政府供给能力呈现出的巨大反差，政府需要多元主体介入以补充自身的不足。并且在社会主义市场经济条件下，纯公共体育服务所占份额减少，多数公共体育服务是以准公共体育服务的形式存在的，为企业进入公共体育服务领域创造了条件，也与政府需要逐渐退出公共体育服务实际生产领域的初衷不谋而合。另外，我国的公共体育服务市场发育还不够成熟，企业公共体育服务的市场介入约束和企业的社会责任感不强等因素，致使企业还不能独立发挥公共体育服务供给主体的作用。

（2）扶持力度逐步加强

2014年，国务院《关于加快发展体育产业促进体育消费的若干意见》出台，国家对体育产业的关注与扶持逐渐增强。意见中指出："要把体育产业当作绿色产业、朝阳产业进行扶持，形成有利于体育产业发展的政策体系。对税费价格、活动审批等都进行了较具体的政策阐释"。虽说，各项政策的出台为企业介入公共体育服务供给提供了引入条件。但是，仍需进一步加强，企业不仅要有公共体育服务的供给动机，更要有供给热情，只有这样，公民才会在其中真正得到实惠。

3. 社会组织

（1）性质不明

老年人体育协会的组织属性及其职能不明确、不清晰，有的虽隶属于政府部门却不具有公权，有的虽属于社会组织却不具备组织运作的能动性、自主性，生存能力较弱。

（2）力量薄弱

第一，经费有限。老年人体育协会的经费多少，没有专门的政策与法规条文，主要是看当地主管领导的重视程度来给予财政拨款。受老年人体育协会这一部门的性质影响，社会捐助、企业赞助不多，而协会自身亦基本没有创办实体、提供服务的收入。第二，人员有限。专职、专业的工作人员较少，年龄偏大，工作难以展开。第三，场地有限。部分老年人体育协会没有专门的体育场地设施，而部分有的也不是全部低价或免费向老年群体开放。第四，经验有限。我国已经建立了从中央到社区的五级老龄工作网络，但由于多半都是在近几年内组建发展起来的，相关工作还缺乏经验。因此，老年人社会组织的经费、人员、场地和管理经验等条件都比较有限。

（3）认同度低

政府、社会对老年群体组织的认同度偏低，虽然各类文件中也时常提及老年人等弱势群体，表明对老年群体的重视。而事实上老年社会组织工作的开展并没有得到相应的待遇。老年阶段是人类生命的最后阶段，老年群体虽不似儿童、青年，是国家未来的希望，可他们也是为国家的发展进步做出过巨大贡献的。无论政府、社会都应该给老年群体更多的关爱，为他们的幸福晚年创造更好的条件。正因为对老年群体、老年人体育工作的认同度低，相应的政策措施跟不上，才使得老年人社会组织还没有真正独立地在公共体育服务供给中发挥作用。

4. 其他主体

（1）事业单位

我国的高等体育院校及普通高校的体育院系拥有着大量的公共体育服务硬

件、软件资源，在培养社会指导员等体育专门人才、老年体育项目研发等方面做出了卓越的贡献，实际上这是间接手段为公民供给公共体育服务。然而，当面对作为公共体育服务供给核心主体的政府出现经费与人力等资源的窘境时，高等体育院校及普通高校的体育院系凭借自身完备的场地设施和专业以及众多的人力资源完全可以作为供给主体直接参与到公共体育服务供给中来。

（2）个人

目前，参与公共体育服务健身指导、组织管理等服务供给的人员，有相当一部分是老年群体志愿者。他们有些是退休体育教师，有些从事过艺术类的相关工作，有的只是充满热情的体育爱好者，这部分老年群体在我国现有的健身指导、组织管理等公共体育服务供给中，是政府能力不足的补充，是企事业单位参与不足的补充，起到了非常重要的作用。但是，我们也应该看到，这其中大部分从事健身指导工作的老年群体并不具备指导员资格及相关资质。他们在供给健身指导服务的同时，也可能会把不科学的锻炼项目、健身知识传递给其他人。另外，还有一部分老年群体是老年人体育锻炼中的领袖人物，但是，受利己主义的影响，部分老年群体在体育锻炼的过程中过于注重自身，致使广场舞之类的场地争端此起彼伏，不能做到理解、谦让，不利于老年群体的身心健康，不利于和谐社会的持续发展。

5. 公共体育服务供给主体的关系

公共体育服务供给主体是提供与生产公共体育产品与服务的主要实体，如政府部门、私人部门和社会组织等，具体包括各级政府、事业单位、国有企业、私营企业、协会、基金会和个人等所有能够参与到公共体育服务供给中来的单位与个体。目前，构建公共体育服务多元供给格局是公共体育管理相关专家与学者的共识。但是，公共体育服务供给主体该如何选择，是政府、私人部门，还是社会组织？供给主体间又该建立怎样的关系，以保障公共体育服务的有效供给？是竞争关系还是合作关系？竞争性的选择方式应该好于直接的行政授权或者垄断等方式，但现实状况是，即使是西方发达国家，在市场经济较发达、社会组织较完善的前提下，也很难在公共体育服务供给中实现真正意义上的竞争。虽然竞争关系能够带来很多益处，但是基于公共体育服务的公益性等特点，鉴于政府行政干预过多、社会组织独立自主能力薄弱以及公众参与层次较低等因素，在我国，公共体育服务供给主体间合作关系的建立是更现实的选择。

(二) 供给内容维度

1. 场地设施服务的需求与供给

尽管国家对体育场地设施建设给予了足够的重视，但是综观体育场地设施的整体情况仍不理想，即便数量足够，也常因内容单一、设施陈旧、破损严重又缺乏维护而使用效率偏低。造成了需求多、供给少；商品多、公益少；供给不多，而浪费不少的局面。从老年群体公共体育需求的视角看：第一，场地设施数量不能满足老年群体的需求。虽然我国第六次体育场地普查较第五次体育场地普查翻了一番，但是受人口众多的影响，仍然与发达国家相差甚远。并且，近年来由于广场舞在我国老年群体中的兴起，每到傍晚，街头巷尾、路旁道边，到处都是老年群体广场舞的身影，由此也可以看出广场舞的适宜场地不足。第二，场地设施类型不能满足老年群体的需求。场地设施的设计与安装，多数是考虑身体健康、无残疾的中青年群体，而主要针对老年群体的场地设施并不多。例如，一些因脑梗死等后遗症而行动不便的老年群体，他们的运动康复需求没有得到识别，应该因健康程度的不同设计、安装老年群体场地设施。第三，场地设施质量不能满足老年群体的需求。目前，老年群体使用频率较高的场地设施为公园空地、全民健身路径、门球场和乒乓球台等。但是，健身空地、社区广场的地面时有破损，全民健身路径的设施断裂等现象也时有发生，乒乓球台等器材缺网、台面不平等状况也屡见不鲜。第四，场地设施的使用缺少制度性安排。针对老年群体广场舞体育锻炼与公民其他项目体育锻炼产生的场地使用纠纷及与其他公民产生的和谐居住环境矛盾，公共体育服务组织管理者不能做出及时有效的反应，致使纠纷难解、矛盾升级。出现上述供需不对等的情况表明，一是政府缺乏对老年群体需求的有效识别。二是老年群体的意愿表达需加强引导。三是场地设施数量仍然不足。

2. 健身指导服务的需求与供给

我国每年培养了大量的社会体育指导员，在我国，有270万名社会体育指导员，他们免费为老百姓做健身指导，打通科学健身的"最后100米"，是构建全民健身公共服务体系的重要力量。但是就老年群体而言，健身指导服务仍存在很多问题：第一，社会体育指导员数量增长较快，但我国人口基数大，社会老龄化严重，而社会体育指导员总量相对较少，与老年群体健身指导的需求有较大缺口。第二，社会体育指导员质量水平参差不齐，健身指导的有效性不能满足老年群体的需求。从事老年群体健身指导工作的人员大部分不具备国家承认的社会体育指导员资格，指导服务缺乏科学性和有效性。第三，社会体育指导员培训、考核与指导环节脱节，具有社会体育指导员资格的人员没有在健身指导岗位，而是活跃在健身指导一线岗位的，又多半缺乏相应的指导资格。社会体育指导员上岗服务缺少政策、制度的约束与扶持，在岗率普遍偏低。

3. 组织管理服务的需求与供给

老年群体日常体育锻炼的组织与管理主要还是依靠基层政府部门。在城市中的每个乡镇都有一名工作人员分管区域内的体育工作，目前存在两大问题：第一，工作人员多数都身兼多项工作，精力不够。第二，工作人员多数非体育专业出身，专业理论知识薄弱。因此，体育组织管理工作，仅限于举办大型比赛、活动时的组织管理工作，对于日常的体育锻炼较多依靠的是群众自发进行，或者依靠草根体育组织进行，而调查结果显示，绝大多数老年群体希望能够有人组织管理体育锻炼活动，以提高体育锻炼的科学性、有效性和娱乐性。根据不同老年人的兴趣爱好合理安排、提供人性化服务，使老年人有更广阔的展示平台，所以亟须提高组织管理水平，这也是对公共体育服务供给者提出的更高要求和挑战。

4. 体育活动服务的需求与供给

每年的 8 月 8 日全民健身日、老人节（重阳节），国家、省、市、区、街道的各级政府都会组织一定的老年人进行体育健身活动。另外，2009 年、2013 年、2017 年、2023 年已经举办了四届全国老年人体育健身大会，2017 年的第三届全国老年人体育健身大会设有柔力球、气排球、健身球操、门球、太极拳（剑）、网球、健身秧歌、健身气功、乒乓球、棋牌、钓鱼和持杖健走共 12 个大项，大会历时近 6 个月，有 1 万多名老年人参加。2023 年第四届大会陆续在全国 14 个市县举办，共设 14 个交流项目，包括柔力球、气排球、健身球操和持杖健走等。

从 2014 年开始，中国老年人体育协会每年都会开展柔力球、乒乓球和门球等项目的交流活动，目前正在推广手杖健身操、手杖登山、沙滩木球和越野行走等新型活动项目。从国家的层面上看，老年人体育活动内容丰富，老年群体参与的积极性较高。但是，关于老年人体育活动服务仍存在两个问题：第一，比赛或交流活动的项目在农村的普及程度还很低，老年群体的体育锻炼内容仍然匮乏。第二，调查中的农村较少组织老年人进行体育比赛，有部分老年群体对体育锻炼兴趣盎然，但对体育比赛活动的认可度不高，老年群体更希望参加娱乐性、家庭性的体育活动。

5. 信息咨询服务的需求与供给

信息咨询服务是了解老年群体身体状况、思想状况的窗口，对于丰富老年群体的文化生活、促进其参与体育锻炼具有积极的作用。而目前的信息咨询服务普遍存在服务频率低、方法手段简单的特点。主要体现在两个方面：第一，社区宣传体育信息的内容主要包括健身知识、场地器材情况以及社区开展的体育活动等，内容涉及面狭窄、主题策划偏少。第二，社区宣传体育信息的手段主要包括海报、黑板报、标语和社区论坛等网络宣传、讲座等，其中以海报与黑板报居多，但手段偏旧、互动性不足，缺乏与老年群体的正面沟通。而调查中发现，多数老年人希望通过海报、讲座等方式，了解自己所从事体育锻炼项目的专业理论知识，保证体育锻炼的科学性，以保障身体不会受到运动带来的损害。

6. 体质检测服务的需求与供给

体质检测服务分为两种，但均存在很多问题。首先是常规的体质测定服务。第一，农村层次的国民体质测定服务较少，老年人接受服务的便利性不足。第二，老年人国民体质测定服务包含内容较少，多为身高、体重、肺活量和握力等项目，老年群体认为对自身健康的获益不够，因此，参与的积极性不高。第三，老年群体慢性疾病患病率高，部分体质测定的仪器不符合老年群体的生理特点。缺乏相应的风险分配机制以抵御测定中的潜在风险，从而影响了老年群体参与的积极性。第四，农村基层政府部门对该项服务的宣传力度不够，致使许多人对于体质测定服务并不知晓。第五，公民的健康意识不强，仍存在有病看病，无病忽视健康的陋习。其次是每年一次的国民体质监测服务。这是以抽样的方式进行的，涉及的老年群体的样本含量太少，普及面很低。另外，无论是体质测定服务还是体质监测服务，它对老年群体科学健身的监督作用都没有发挥出来，既为监督，就要常常伴随，还要根据身体状况及时调整体育锻炼内容与方法。再说体质测定服务，虽然大部分测定内容是免费的，而主动选择接受服务的老年群体并不多，这中间既有内容设计的问题也有老年群体的观念问题。国民体质检测工作的现状不利于国家准确掌握国民体质的真实情况，不利于对老年群体的日常体育锻炼实施科学指导，进而会影响到相关决策的准确定位和群众体育工作的顺利开展。

7. 公共体育服务供给内容的次序

我国人均面积的体育场地建设仍与欧美等西方发达国家存在着一定的差距。但是从本次调研的结果来看，老年人似乎更加热衷于健身指导服务的获得。原因可能有二：第一，老年人只注重体育锻炼的过程与效果，而对体育锻炼的场地较为忽视或者说要求不高。第二，随着社会的进步，老年人对体育的认知更加深入，他们更期待体育锻炼的科学化与规范化。而作为公共体育服务供给核心主体的政府部门，能否及时识别老年人的需求内容是公共体育服务供给实现可持续发展的关键。而面对体育场地设施拥挤与空置、过剩与不足的乱象，公共体育服务供给主体反复的调研取证，按需供给是为上策。这样既避免了无谓的浪费，又能提高老年人对公共体育服务供给的满意程度，使老年群体能够科学锻炼、幸福生活。

（三）供给模式维度

政府供给、市场供给和志愿供给是公共体育服务供给的三种模式。

1. 关于政府模式

目前我国公共体育服务供给模式是以政府供给为主，市场供给、志愿供给为辅。基础性公共体育服务一般是由政府供给来完成，常见于政府独自完成提供、生产的全过程的直接供给，和企业或社会组织生产、政府购买提供的间接供给。部分发达地区采用政府购买的方式，既使政府从繁杂的具体事务中解脱出来，又提高了公民的满意度，这一方式也是破解我国现存公共体育服务供给困境的有效途径。但是，政府购买公共体育服务不是放之四海而皆准的模式，它有其自身的适用条件与范围：第一，企业、社会组织要具备生产公共体育服务的能力。第二，政府要有足够的资金支持。第三，政府要在公共体育服务供给中承担制订供给计划、监督供给流程、评估供给效果以及完善供给标准的责任。具体流程如图4-2所示。

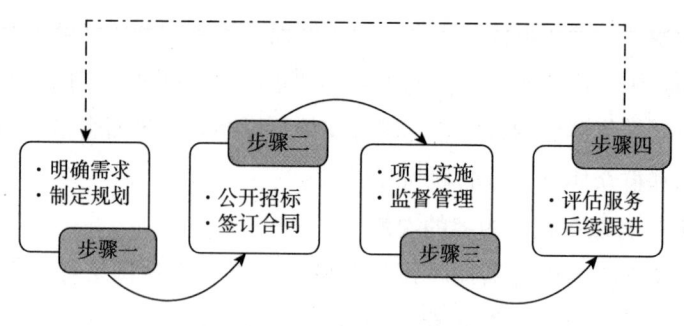

图 4-2　政府购买公共体育服务流程图

2. 关于市场模式

在市场供给模式下，公共体育服务是具有满足公民公共需求属性的可以交易的商品。一般用于满足公民的高级需求、差异化需求的经营性或一些准公共体育服务由市场供给完成。但是，在供给过程中应该注意的是，既然是市场供给模式，那么政府可以退出供给流程，由公民自行从市场中选择想要的公共体育服务。然而，政府作为国家的管理部门，应从保护公民合法体育权益的视角出发，制定相关的法律、法规和评估、监督机制，以确保全体公民都能获得均等、公平和公正的公共体育服务。

3. 关于志愿模式

志愿供给模式在欧美国家比较发达，第一，能提高公民的社会责任感。第二，使公民具有奉献精神。第三，体现了人与人之间的关爱。而志愿供给模式在我国的公共体育服务供给实践中则较少出现。在调研过程中发现，社会存在一些人以奉献精神为主导，乐于无偿为老年群体供给公共体育服务。这些人只是单一的个体，缺少组织与途径，使他们难以获得老年群体的信任，也难以获得社会的理解和认可。

4. 公共体育服务供给模式的创新

随着经济的发展和社会的进步，公共服务的供需矛盾日益突出，公共体育服务的改革如同公共服务领域的其他组成部分一样也在逐步地深入。但是，如何供给公平、有效、高质的公共体育服务是世界各国同样面临的问题。调查中发现，单一的政府供给模式存在资源不足、制度缺失、结构失衡和方式简单等诸多问题，政府部门疲于应付、力不从心。而市场机制的不健全、社会组织的力量薄弱与志愿系统的不发达亦使单一的市场模式与志愿模式难以独自展开公共体育服务供给。近年来，公共体育服务的研究者与政府的各级部门对公共体育服务供给模式进行了多方位的理论创新与实践尝试，多元主体供给模式、政府购买公共服务供给模式、补贴与项目委托契合模式等层出不穷。而无论哪一种模式，其实质都是在尝试一种多主体、多形式的合作与互补。公共体育服务的合作供给模式是政府与市场、协会、高等体育院校（系）的多维协同，是政府购买、市场运行与志愿奉献的有机结合，是我国现阶段公共体育服务供给的必经之路。

（四）其他

1. 广场舞盛行的利弊与正确引导

广场舞是老年群体热衷的体育锻炼内容之一。近几年，广场舞在燃起老年群体体育锻炼热情的同时，也带来了一些社会问题，扰民、维权的社会现象频发。广场舞的社会地位之所以会如此尴尬，原因有三：第一，基础设施建设不够完备。第二，相应法规制度也没能及时跟上。第三，对于广场文化的忽视乃至无视。随着经济社会发展、老龄化的加快，老年一族越来越多，而这个群体的精神生活该如何"有所养""有所依"，也已经成为重要的社会议程。老年群体的利益诉求日益呈现地域化、性别化和分龄化等多元化特点，基层政府部门的工作量大而繁杂，但这不应该成为基层政府部门不作为、不重视的借口。对广场舞引发的各种民意诉求、矛盾维权，要及时反思、积极引导、强化管理、提高服务。加强协调、沟通、组织与管理，将类似于"广场舞"这种社会现象导入积极的发展渠道，是在现有场地设施供给不足的条件下，化解矛盾的可尝试路径。

2. 政府购买公共体育服务的优劣

按照本文关于公共体育服务供给模式的分析结果，政府购买公共体育服务应属于政府间接供给模式的一种。

政府购买公共体育服务的优点：①能够将政府从繁杂的具体事务中解脱出来。②提高了资金的使用效率。③提高了公共体育服务的供给水平。在我国体育事业经费有限、政府部门人力资源有限的前提条件下，政府向企业、社会组织或事业单位购买公共体育服务不失为一个解决我国现阶段政府供给不足与公民需求日益增多之间矛盾的良策。

但是，政府购买公共体育服务在具有很多优点的同时，也有相应的缺陷。①政府购买公共体育服务，如不加以监督，政府就容易变成不闻不问实际供给内容与过程的旁观者。②政府购买公共体育服务要有强大的财政保障方能实施，这也是为什么沿海地带、直辖市开展较多的原因。③政府购买公共体育服务的内容受企业、社会组织等单位的发育程度限制。

鉴于以上思考，政府购买公共体育服务是否可行，第一，要考虑各级政府的财力。第二，要考虑是否有生产公共体育服务的组织或单位。政府部门不仅要以公民的需求为依据设计好相应的公共体育服务供给规划、供给标准和评估标准等细节问题，还要在供给过程中加强监督，防止公共体育服务生产者供给的公共体育服务流于形式，而没有真正满足公民的需求。

3. 公共体育服务供需偏离的原因

问卷调查及实地访谈的结果不同程度地显示了我国公共体育服务供给与需求之间的偏离。而发生偏离的原因，经费有限、人员不足等是为其次，最主要的原因是制度的不完善、体制的不健全、机制的不灵活。在公共体育服务供给之初，就要及时制定完善的制度、健全的体制和灵活的机制。例如，老年群体的公共体育服务需求的识别问题，这是公共体育服务供给的原始动因，应将其写进规章制度，彰显此项工作的严肃性与重要性；应为其制订周密的调研计划，确保此项工作的可行性与合理性；应多视角、多途径地调查访问，保证此项工作的真实性与全面性。公共体育服务供需偏离的真实原因是政府等公共体育服务供给单位并没能真正识别出何为老年群体的公共体育服务需求，而追根究底，是政府没能将准确识别公民需求纳入到相应的政策体制中，或者在执行该项工作时，缺乏相应的监督手段，最终流于空谈。

二、老年人公共体育服务供给的优化路径

在我国老龄化背景下，本部分以我国老年人公共体育服务供需格局的反思结果为现实依据，参考新公共服务理论、帕累托改进理论中的先进理念，借鉴国外的先进经验，对我国的老年人公共体育服务供给进行了系统优

化，提出了优化设计，构建了优化的目标与方法，确定了优化的重点与措施（图4-3）。

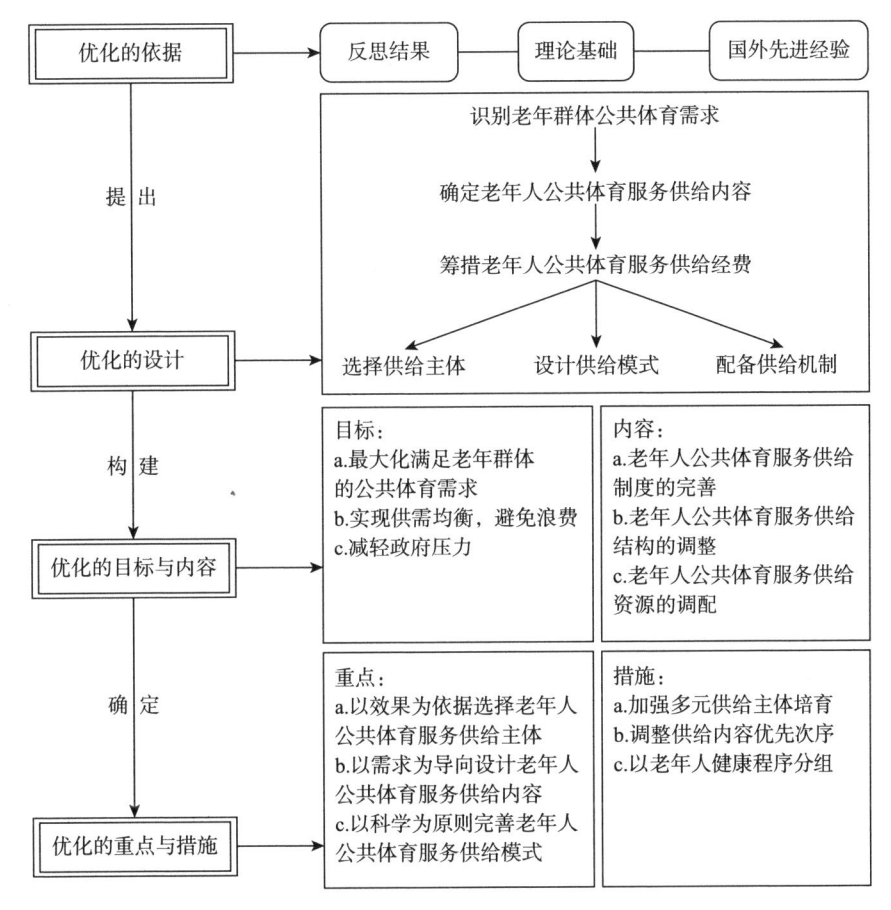

```
优化的依据 → 反思结果  理论基础  国外先进经验
    ↓ 提出
           识别老年群体公共体育需求
                  ↓
           确定老年人公共体育服务供给内容
                  ↓
           筹措老年人公共体育服务供给经费
优化的设计 →     ↓       ↓         ↓
           选择供给主体  设计供给模式  配备供给机制

    ↓ 构建
           目标：                    内容：
           a.最大化满足老年群体       a.老年人公共体育服务供给
             的公共体育需求            制度的完善
           b.实现供需均衡，避免浪费   b.老年人公共体育服务供给
           c.减轻政府压力              结构的调整
优化的目标与内容 →                   c.老年人公共体育服务供给
                                       资源的调配

    ↓ 确定
           重点：                    措施：
           a.以效果为依据选择老年人   a.加强多元供给主体培育
             公共体育服务供给主体     b.调整供给内容优先次序
           b.以需求为导向设计老年人   c.以老年人健康程序分组
             公共体育服务供给内容
优化的重点与措施 →
           c.以科学为原则完善老年人
             公共体育服务供给模式
```

图4-3 老龄化背景下我国老年人公共体育服务供给优化结构图

（一）优化的依据

1. 反思结果

在老龄化背景下，我国老年人公共体育服务供给存在以下六个问题亟须解决：第一，政府部门几乎独自承担着公共体育服务提供、生产的全部工作，是公共体育服务供给的核心主体。而企业无兴趣、社会组织不健全、事业单位与

个人参与不足等都是公共体育服务实现多元化供给面临的困境。政府的经费、人员毕竟有限，面对公民日益增长的公共体育服务需求，政府存在应接不暇、服务缺失的现状。第二，反思公共体育服务的供需格局，政府往往站在自身的视角，供给的内容与程度以及老年群体需求的内容与程度呈现出失衡、偏离的状态，契合度低。第三，政府模式在现有公共体育服务供给的过程中仍有较多缺陷，而志愿模式运用较少。第四，广场舞个别事件启示公共体育服务供给者，在供给内容无法满足公民需求时，要及时强化基层政府部门的组织管理，虽不能从根本上解决问题，或为消除现有矛盾的有效路径。第五，不同区域、不同类型的老年人公共体育服务供给与老年群体的实际公共体育服务需求间存在差异。在供给过程中，不该同一而论，更应具体问题具体分析，以满足老年群体的公共体育服务需求为出发点与归宿。第六，公共体育服务供需矛盾的解决，经费投入与制度支持是关键因素。

2. 理论基础

在老龄化背景下，我国老年人公共体育服务优化的理论基础主要包括以下三个理论。

（1）新公共管理理论

它强调政府对于公共服务的经费投入要以服务效果为依据，而不是定额拨款；强调要改变照章做事的原则，对于确实对公民有益的事物，应该减少约束，给予优惠；强调要满足公民的需要，而不是满足政府部门政绩的需要；强调服务要有收益，但不能浪费。

（2）新公共服务理论

它强调以人为本，即关注公民的需求、尊重公民的利益诉求，鼓励公民履行公共责任，培养公民参与管理的能力；强调服务与责任意识，即定位政府的角色为引导者、服务者和监督者，政府在公共服务市场化改革中，除了要管理好自身的行政运作，还要采取适当的管制行为引导和控制市场化向更好的方向发展。新公共管理理论与新公共服务理论中符合我国国情的先进理念指导着公共体育服务供给优化的全过程。

（3）帕累托改进理论

它是关于资源分配的理论，强调通过资源分配方式的变化，带来更好的资源供给效果。改进的途径有三种：首先，制度的创新。制度的创新层次最高，因为制度的制定决定了分工结构以及资源配置的范围与内容。其次，分工结构的调整。同时，分工结构的状况决定了资源配置的具体状态。最后，资源的重新配置，是改进途径的最低层次。当制度、分工结构、资源配置三者同时达到最优状态时，就是全局帕累托最优。与此相反，若有一方面没有达到最优，则是局部帕累托最优。事实上，现实生活中常常出现的是局部帕累托最优，而非全局帕累托最优。因为人们不会知道未来发生的一切，当然也就不会知道什么是所谓的最优。我们能做到的是，不断地进行分析与尝试，找到当下的最适宜，不断地向最优靠近。因此，我们说，帕累托最优实际上只是一种理想的状态，是人类向往的乌托邦。我们所能够做的，就是不断地进行帕累托改进，无限靠近帕累托最优。帕累托改进的途径指引着我国公共体育服务优化的路径，是不断优化公共体育服务供给的积极尝试。

（二）优化的设计

我国在体育发展的方式上面临的一个问题是需求和投入之间的矛盾，即有限的资源和广泛的、变化的需求之间的矛盾，要解决这一矛盾，得有一个优先选择或者优先突破的战略问题，那就是绝不能够平均使用有限的资源。伴随着老龄化的到来，老年群体在国家总人口中所占的比例在迅速上升，老年群体是公共体育服务的主要受体，在公共体育服务供给中，老年群体应该得到相应的关注与关照。借鉴国外的先进经验，参考新公共管理理论、新公共服务理论和帕累托改进理论的先进理念，以我国老年人公共体育服务供需现状为依据，对公共体育服务供给系统进行如下优化（图4-4）。

1. 多层面识别老年人的公共体育需求

新公共管理的核心理念是根据公民的需求而不是政府的需求来供给公共服务，即要提高政府的服务积极性，根据公民的需求及政府的支付能力来为公民供给服务。近年来，从政策的制定到场地设施的投入再到社会体育指导员的培养等诸多完善公共体育服务的行为来看，政府对公民的公共体育需求越来越关注，同时对公共体育服务的建设也越来越重视。但是，老年人对公共体育服务不满意的呼声却与日俱增。第一，政府在进行场地设施供给时，没有充分考虑地域、人文等环境因素，场地设施的供给或供不应求，或供过于求。例如，全

```
┌─────────────────────────────────────────────────────────┐
│                      供给系统                            │
│  ┌──────────────┐   ┌────────┐   ┌──────────┐           │
│  │优化具体操作流程│   │参与主体 │   │方法、途径 │           │
│  └──────┬───────┘   └────┬───┘   └────┬─────┘           │
│  ┌──────────────┐   ┌──────────┐   ┌──────────────┐     │
│  │识别公共体育需求│←──│政府、公民 │   │问卷、访谈、实地等│     │
│  └──────┬───────┘   └──────────┘   └──────────────┘     │
│  ┌────────────────┐   ┌──────────┐   ┌──────────────┐   │
│  │确定公共体育服务内容│←──│政府、专家 │   │研讨、课题、会议等│   │
│  └────────┬───────┘   └──────────┘   └──────────────┘   │
│  ┌──────────────────┐ ┌────────────┐ ┌──────────────┐   │
│  │筹措公共体育服务发展经费│←│政府、企业、公民│ │财政、彩票、捐献等│   │
│  └──────┬───────────┘ └────────────┘ └──────────────┘   │
│  ┌──────────┐ ┌──────────┐ ┌──────────┐                 │
│  │选择供给主体│ │设计供给模式│ │配备供给机制│                 │
│  └─────▲────┘ └─────▲────┘ └─────▲────┘                 │
└────────┼────────────┼────────────┼──────────────────────┘
    ┌────┴───┐  ┌────┴───┐  ┌────┴───┐  ┌────────┐
    │规划系统 │  │保障系统 │  │评价系统 │  │监督系统 │
    └────────┘  └────────┘  └────────┘  └────────┘
                     公共体育服务体系
```

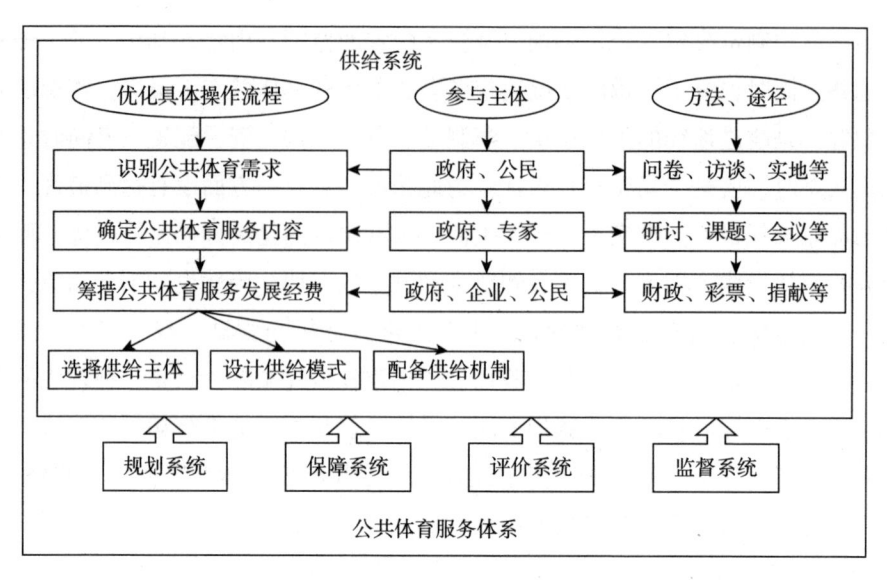

图 4-4　公共体育服务供给系统优化流程图

民健身路径的统一配备，既丰富了公民的体育锻炼手段，也呈现出了过多的闲置浪费问题。第二，从近期的公共体育服务现状调查及公共体育需求现状调查的结果来看，场地设施服务的供给并非老年群体最需要的。例如，与场地设施服务供给相比较，老年群体更不满意的是健身指导服务供给。或者说，大量供应场地器材，或许只是政府的一厢情愿，而非公民的主观意愿。第三，对于组织管理服务等供给，只是流于形式，街道社区作为政府的基层单位，却没能履行好日常体育活动的组织管理职能。政府应及时掌握现有公共体育服务供给与公民实际公共体育需求之间的偏差，并以此制订下一步的工作计划，集中财力、物力和人力，努力实现供需平衡。

西方社会由于民主制度的确立，公民的声音和需求才能够顺利地进入政府决策体系。英国工党执政以来，将扩大公民参与作为政府行动议程的中心内容，通过各种途径为公民的民主参与创造新机会。英国政府较常使用的参与形式有以下19种：意见或建议会、满意度调查、民意调查、公民大会、评议会、共同选择委员会、咨询与回答会、服务使用者论坛、地区或社区论坛、热点问题论坛、共同利益论坛、互动网络、公民座谈会、公民投票、执行小组协商、社区规划商、提出意愿和用户管理等。在西方发达国家，公民需求表达已经完成了制度化建设过程，很多经验值得我国政府参考。

2. 以老年人需求为导向设计服务供给

长期以来，公共体育服务决策采取的是自上而下的方式，政府往往根据自身的偏好或政绩导向来决定公共体育服务的供给总量、供给结构和供给方式，导致部分公共体育服务供给与老年群体的公共体育需求发生错位。公共体育服务是对公民的服务，其中老年人的公共体育需求满足程度，是检验公共体育服务实施效果的主要因素，是检验政府工作质量效率的评估标准。因此，要构建畅通的老年群体公共体育需求表达渠道，使老年人能够正确地表达自身的需求，这是公共体育服务供给的前提，也是最为重要的环节。以公民的公共体育需求为蓝本设计出来的公共体育服务体系，才能真正实现其服务的本真价值，才能满足公民日益增长的公共体育需求。那么，政府必须摒弃完全自上而下的供给路径，应先花大力气征求、收集、整理、分析、归纳不同地区及不同层次公民的公共体育需求，以需求为导向设计公共体育服务供给实践。政府在提供公共体育服务时，既要考虑到老年人的需求层次，又要考虑到自身能力的限制，从而实现公共体育服务"需求"与"供给"的平衡。

3. 大范围筹措公共体育服务的供给经费

新公共管理理论指出，要改变照章办事的工作程序，对于对公民有益的事物，要给予优惠政策。在公共体育服务供给的资金筹措方面，除政府投入以外，一方面，要积极制定优惠政策，鼓励企业捐资捐物。企业拥有大量的资金、人力资源和物力资源，要从税收等政策方面给予企业优惠，吸引企业捐资捐物。另一方面，要积极引导事业单位、公民开展志愿服务。

4. 形成较完善的公共体育服务供给系统

公共体育服务的供给包括供给主体、供给内容、供给模式和供给机制等重要组成部分，应全面分析每个部分的现状，找出优点与缺陷，针对性地进行设计与整改（见表4-1），形成完善的公共体育服务供给系统。进而在规划系统、保障系统、评价系统和监督系统的支持下，形成满足公民公共体育需求的公共体育服务体系。

表 4-1 公共体育服务供给系统的整改设计

供给系统	存在问题	优化目标
供给主体	政府的直接、间接供给居多，其他主体参与较少	多元化主体参与
供给内容	一方面反映场地设施量少、质低、便利性不够、开放、公益性不足。另一方面闲置较多	按需供给，场地设施适合不同年龄、不同健康程度的老年群体
供给内容	多数无人指导，不满意度最高	每社区至少配备一名具有资质的社会指导员，指导老年群体日常体育锻炼
供给内容	组织管理缺乏，多为老年群体自发	有人组织日常锻炼，协调场地使用
供给内容	锻炼形式单一，常规娱乐体育活动少	锻炼形式多样，娱乐体育活动丰富
供给内容	信息咨询内容少，手段单一	内容丰富、手段多样
供给内容	体质检测指导体育锻炼的有效性差	科学检测体质、监督体育锻炼
供给模式	政府供给模式居多，市场模式、志愿模式少	多种模式并存

（三）优化的目标与内容

1. 优化的目标

在我国的老龄化背景下，借鉴国外的先进经验，参考新公共服务理论、帕累托改进理论中的先进理念，以我国老年人公共体育服务供需格局为依据，对公共体育服务供给系统进行优化，力求通过优化任务的达成，实现以下三个目标：第一，最大化地满足老年人的公共体育需求，使老年人获得公平、公正的公共体育服务。第二，实现公共体育服务供需均衡与契合，避免现有供给中不必要的铺张浪费。第三，尽可能地减轻政府的压力，使政府部门有精力做更多其他群体无法介入的工作。

2. 优化的内容

帕累托改进理论强调通过资源分配方式的变化带来更好的资源供给效果。改进的途径有三种：首先，制度的创新。其次，分工组织结构的调整。最后，资源的重新配置。在老龄化背景下，我国老年人公共体育服务的优化主要从以下几个方面进行考虑：公共体育服务供给制度的完善、公共体育服务供给结构的调整以及公共体育服务供给资源的调配（图4-5）。

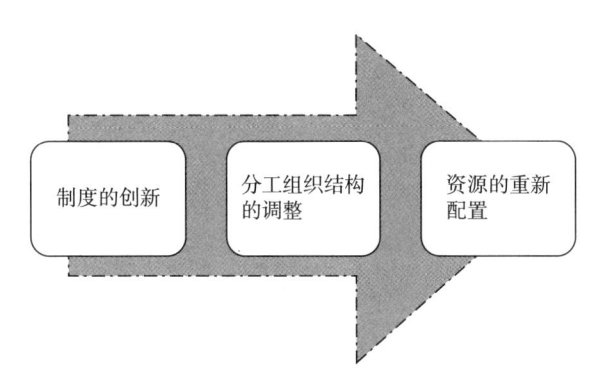

图 4-5 老年人公共体育服务供给优化视角层次示意图

（1）公共体育服务供给制度的完善

解决我国现阶段公共体育服务的主要矛盾，不但要从财政投入方面着手，而且需要进行制度创新。制度是一切事物进行改革的根本因素，唯有不断创新与完善符合我国现阶段国情的公共体育服务体制机制，才能确保科学、有效地供给公共体育服务，满足老年人日益增长的公共体育需求。而公共体育服务制度的完善需要建立相应的体制与机制，包括财政支撑体制、多元参与机制、有效监管机制和供需协同机制。

财政支撑体制：公共体育服务供给离不开政府的财政支持。因此，必须不断地建立健全与本阶段相适应的公共体育服务财政体系，形成有效的财政支撑体制。第一，要确立适宜的财政补贴政策，并将补贴指标逐级细化。第二，要确立适宜的购买服务政策，对符合优先条件的项目优先考虑。具体而言，老年人体育协会等社会组织获得的政府财政支持当与传统的财政拨款有所区别，可以采用政府向各级老年人体育协会购买公共体育服务的方式投入资金。通过建立以政府购买为中心的政府支持体系，逐渐将政府承担的涉及老年人公共体育服务的社会职能分化出去，转交给老年人体育协会来承担。政府再根据老年人体育协会组织管理和服务的效果来决定购买什么项目，购买多少，以此来供给公共体育服务并逐渐地发展壮大老年人体育协会等社会组织。

多元参与机制：在公共体育服务的可能供给主体中，政府部门虽为核心主体，但是财力、人力资源毕竟有限，难免有供不应求、服务缺失的现象。而市场的特点也决定了其在公共体育服务供给过程中会存在"失灵"的现象。因此，需要有效区分政府与市场的责任边界。对于基本公共体育服务，为了避免出现市场失灵的状况，应由政府直接供给，或者由政府通过向企业、社会组织及事业单位等购买的间接供给方式来完成，要确保老年人获得所需的公共体育服务。对于准公共体育服务与经营性公共体育服务可以考虑交给市场来独立完成，企业或社会组织都可以作为它的供给主体，但是，也要发挥政府的引导和监督等作用，防止"过度市场化"的发生。公共体育服务供给的多元主体参与，发挥不同主体的不同优势，优势互补，以实现在有限的投入范围内，向老年人供给最大化、最优化的公共体育服务。

有效监管机制：随着社会的进步，公共体育供给主体逐渐丰富起来。无论是政府的直接、间接供给，还是企业、社会组织等主体供给，如果不在供给的过程中加以监督，第一，容易造成供给实际与供给方案的脱离，严重影响公共体育服务的供给效果。第二，容易造成专项经费的挪用、滥用，滋生腐败。第三，不利于在供给过程中及时发现问题，会造成不必要的浪费，使公共体育服务的供给难以为继，无法实现可持续发展。在监管设计与执行的过程中，监管的主体应尽量回避公共体育服务生产者，避免既是供给者又是监督者的状况发生，导致无效的监督结果。最好的方式是引入第三方作为监督者，譬如，政府直接供给，可由社会组织或高等体育院校或公民个人作为监督者，以实现监督的科学性、有效性。

供需协同机制：公共体育服务供给设计既要充分考虑到公民的实际需求，也要顾及政府等供给主体的财力、物力和人力等情况。供给方案的设计，首先要对涉及公民的需求进行广泛调研，加以甄别、归纳和总结。其次，政府要会同相关专家、学者根据需求的具体情况对可能的供给进行设计。再次，以公民听证会等形式，在涉及公民的参与下，讨论设计中存在的不足。最后，在反复的协调统一后，由政府部门撰写供给方案，进入具体实施环节（图4-6）。

这里应注意两点：第一，要不断培养老年人表达公共体育服务需求的意

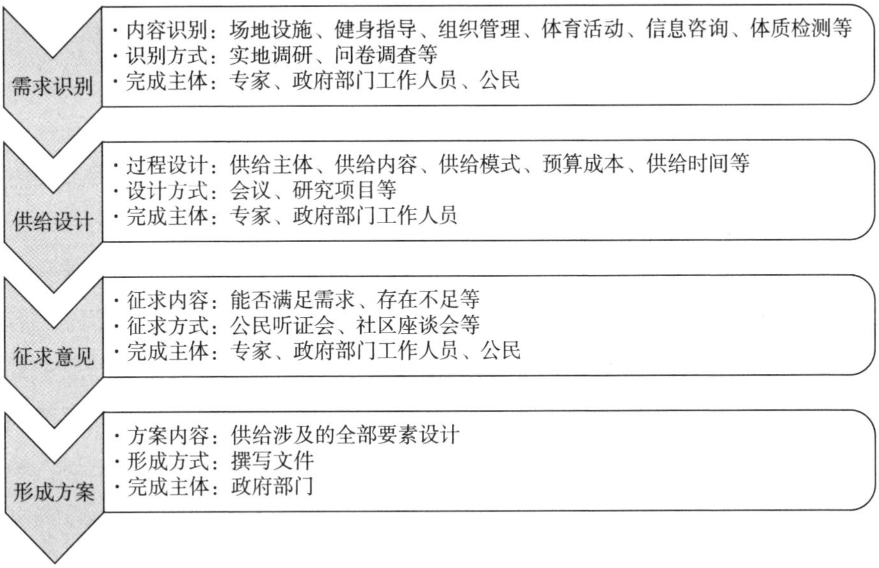

```
需求识别
  · 内容识别：场地设施、健身指导、组织管理、体育活动、信息咨询、体质检测等
  · 识别方式：实地调研、问卷调查等
  · 完成主体：专家、政府部门工作人员、公民

供给设计
  · 过程设计：供给主体、供给内容、供给模式、预算成本、供给时间等
  · 设计方式：会议、研究项目等
  · 完成主体：专家、政府部门工作人员

征求意见
  · 征求内容：能否满足需求、存在不足等
  · 征求方式：公民听证会、社区座谈会等
  · 完成主体：专家、政府部门工作人员、公民

形成方案
  · 方案内容：供给涉及的全部要素设计
  · 形成方式：撰写文件
  · 完成主体：政府部门
```

图 4-6　公共体育服务供给供需协同流程图

愿，积极表达自身对已有供给的评价及未来之需求。实际上，随着人们生活水平的不断提高，人的自我意识不断觉醒，人们普遍关注个人利益的得失，即便"搭便车"的状况依然存在，但人们的表达意愿定会更将强烈。第二，要不断建立老年群体表达意愿的畅通渠道。公共体育服务供给主体要通过实地调研、问卷调查、座谈会、电话访谈、各级政务网和公民听证会等多种渠道全方位掌握老年人公共体育服务需求动态。

（2）公共体育服务供给结构的调整

关于政府是公共体育服务的核心主体这一命题，目前已经无可争议。然而，政府到底应该在公共体育服务供给中处于怎样的角色位置，是值得深思的。在大的公共体育服务体系中，政府应该是规划者、倡导者和组织者，要鼓励更多的群体参与到公共体育服务供给实践中来。而在具体的公共体育服务供给过程中，政府应主要做提供者，将生产任务交给企业、社会组织等其他群体（图 4-7）。

而目前我国的企业、事业单位和社会组织等，都存在不同程度的缺陷，因此，首先应该考虑的是完善制度，积极地给公共体育服务的可能供给主体的发

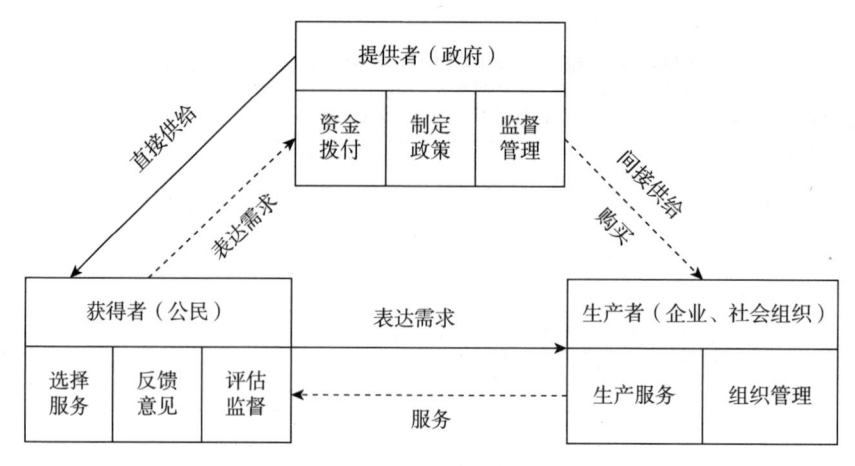

图 4-7 公共体育服务政府供给模式分工结构示意图

展创造有利的条件。对于在理论与实践都证明过可以出现的公共体育服务供给主体，政府要积极地扶持，最终形成政府主导、多元参与、社会监督和公民满意的供给格局。

政府供给模式分工组织结构调整：已有的实践告诉我们，无论是政府的直接供给还是间接供给都会存在这样或那样的问题。直接供给势必会给政府的财政、人力带来较大的负担，而对于间接供给，事实上政府的供给成本也并非必然降低，政府只是从烦琐的细节工作中解脱出来，供给前的规划、供给过程的监督以及供给后的评估仍是政府无法避免的职责。因此，无论采取哪种方式，关键点是政府要立足实际，有针对性地确立公共体育服务的责任重点和供给范围。

市场供给模式分工组织结构调整：企业具备准公共体育服务与经营性公共体育服务供给的人力、物力等先决条件。在国家经济不断发展、公民生活水平不断提高的时代背景下，老年人的公共体育需求也在不断地发生着变化。在差异性、层次性的公共体育需求面前，企业可以供给有偿的公共体育服务，以满足不同条件老年人的多元公共体育服务需求。企业在准公共体育服务与经营性公共体育服务的供给中，可以充分发挥自身的人力、物力资源优势，是政府供给基本公共体育服务的有益补充。在市场模式下，政府可以不参与供给过程，而由老年人自由选择公共体育服务供给的内容与方式，但是政府要出台相应的政策、法规，从而保护老年人享有公共体育服务的权利。

志愿供给模式分工组织结构调整：志愿供给模式是许多发达国家惯用的公共体育服务供给模式，然而在我国，志愿供给模式还较少运用。主要原因是：①社会组织发育不良；②企业责任感不强；③事业单位参与不足；④个人缺乏有效组织。这些因素不但导致了志愿模式运行困难，也使政府无法获得应有的社会助力。但是，从较为微观的视角来看，目前的社会组织、事业单位和企业等仍可以承担一定的公共体育服务供给任务与责任（图4-8）。

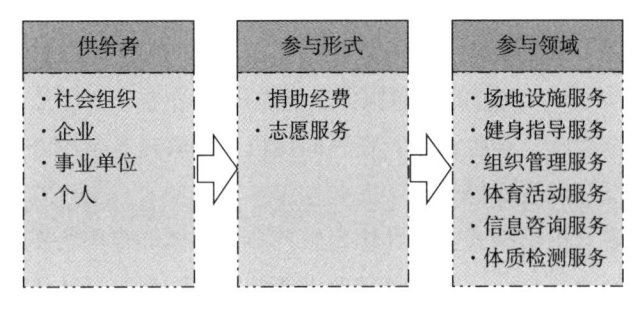

供给者	参与形式	参与领域
·社会组织 ·企业 ·事业单位 ·个人	·捐助经费 ·志愿服务	·场地设施服务 ·健身指导服务 ·组织管理服务 ·体育活动服务 ·信息咨询服务 ·体质检测服务

图4-8 公共体育服务志愿供给模式分工结构图

第一，社会组织是公共体育服务志愿供给模式的核心主体。从发达国家的先进经验来看，政府主导、社会参与的多元供给形态是公共体育服务逐步完善的必备条件之一。在公共体育服务供给过程中，社会组织一般采用志愿服务的形式供给公共体育服务，如单项体育协会，利用其强大的专业人员优势，供给健身指导服务。另外，各级老年人体育协会可以在组织管理服务供给中发挥作用，组织老年群体进行日常的体育锻炼，组织老年人开展娱乐性、竞赛性的体育活动。但是，我国的体育社会组织自身存在资金困难、人员不定等问题，要想让它们发挥作用，首先要完善制度，在供给中发展社会组织，在发展中实现公共体育服务供给。第二，企业应该是公共体育服务志愿供给模式中的一员。虽然企业具有营利性的特征，但是也要承担一定的社会责任。因此，要强化企业的社会责任感，发挥其特有的资源优势，积极进入公共体育服务供给领域，这是企业践行社会公共责任的内在要求和行为表现。企业除了要实现利润最大化的经营目标，还应热衷于社会公益事业，这也是企业扩大影响、长足发展的有效路径，是其在现代社会生存、发展之必须。企业作为公共体育服务的可能供给主体，在志愿供给模式中，可以通过捐资、赞助等方式，支援公共体育服务供给。第三，在公共体育服务领域，本文的事业单位主要是指高等体育院校及普通高校的体育院系。我国普通高校院校（系）拥有的场地设施、师资等体育资源，它们应该作为公共体育服务的生产者，供给公共体育服务，以弥补政府、企业和社会组织等主体的不足之处。一方面，政府要积极引导，制定相关政策，鼓励高等体育院校（系）在完成自身的教育职能外，参与到公共体育服务供给中来。另一方面，要加强对高等体育院校（系）的扶持，使其更具备供给公共体育服务的能力。公共服务供给是全社会的公有责任与义务，高等体育院校（系）也不例外，而公共体育服务供给也会作用于高等体育院校（系）的发展。例如，教师的志愿服务、学生的实习等，不仅是公共体育服务供给，更是提升教师、学生社会责任感的良机，能够提高学校办学水平的优势条件，营造出双赢的良好局面。

多元主体混合供给模式：公共体育服务多元主体混合供给模式是指以政府为主导，吸引个人、企业、社会组织及事业单位共同参与公共体育服务提供和生产的混合供给模式。具体而言，即指政府做出决策，制订公共体育服务供给计划，运用竞争机制，吸引个人、企业、社会组织及事业单位的广泛参与，以期完善公共体育服务供给。公共体育服务多元主体混合供给模式包含以下几层意思：第一，公共体育服务多元主体混合供给的核心是发挥各组织的优势，取长补短，满足老年人的公共体育需求。第二，决策与执行分开。第三，市场检验效果。第四，以公民需求为导向。第五，生产方式的多样化。实践证明，仅靠政府、市场或社会中的任何一方力量都不能有效解决公共体育服务供给中存在的诸多问题。只有多元主体相互配合，尽量减少自身缺陷并充分发挥自身的优势，才能走出公共体育服务供给的困境。

（3）公共体育服务供给资源的调配

经费的调配：在经费的筹集方面，考虑到体育在公共服务体系所处的地位，短时间内，国家的投入不会有大幅度增长。政府应该考虑制定类似税费等的扶持政策，鼓励企业与社会志愿捐资、捐物，提高公共体育服务经费的总体水平。在经费投入方面，领导、官员要放弃现有的个人政绩、短期效益等思维，真正从利民的角度出发，将有限的经费投入到公民亟须解决的问题中去。例如，不可否认，场地设施是公共体育服务开展的基础，而我国群众体育可利用的场地设施与发达国家相比还远远不够。但是实地调查的状况也表明，场地设施的供给中，有很多是不符合公民需求实际的，因此造成了一方面疾呼场地设施不足，另一方面场地设施闲置的乱象。根据帕累托改进理论的理念，在原有经费不变的状况下，由于健身指导服务是目前老年人不满意程度最高的内容，政府可以考虑将场地设施服务的部分经费投入到健身指导等其他服务内容中去，达到不使场地设施等服务变坏，而使健身指导服务变好的效果。另外，要强化经费投入的透明化，要在政府网站上及时公布具体的支出内容和数额。

人员的调配：人员的调配主要包括以下三个方面的内容：第一，高等体育院校（系）要加强对老年体育专业人才的培养。培养一大批既懂老年人又懂体育，并致力于老年人体育事业的专门人才。社会体育专业要增设老年人体育的相关课程，为中国老龄化社会的老年人体育工作储备人力资源。第二，加强与高等体育院校（系）的合作，让现有的体育教师、社会体育专业学生走进社区，走到老年群体身边，参与健身指导等服务的供给。这样做，既可以使学生获得实践经验，又增加了公共体育服务供给的人力资源，可谓双赢。第三，加强对农村社会体育指导员群体的培训，指导老年人参与体育锻炼。同时，应制定相应的政策，鼓励老年人在体育事业中发光发热，从而在一定程度上解决公共体育服务供给的人力资源问题，同时调动老年人体育参与的热情。

物资的调配：体育场地设施的配置不是一劳永逸的，应该根据经济社会发展和公民场地设施需求的变化进行相应地调整和改进。当前我国供老年人使用的体育场地设施严重不足，要想改变这种现状，应主要从两个方面着手：一是新建一批适合老年人体育锻炼的场地与设施。由于老年群体是体育锻炼的主要群体，因此，在体育场地设施建设和改造中应优先考虑老年人自身的特点。建立老年人活动中心、小广场、乒乓球室、门球场、棋牌室和健身路径等老年人室内活动室和户外活动场地。另外，相邻农村应该考虑联手共建，这样既可以避免不必要的浪费，又可以扩大老年人的活动范围，以多种形式共享社会资源。二是向老年人开放现有的场地设施。从目前来看，除个别地区外，学校体育场地设施开放率普遍很低，尤其是在周末或节假日，造成了不必要的浪费。另外，一些体育场馆，也应该无偿或低价向老年人开放，使老年人能够根据自身的情况选择体育锻炼场地与设施。

(四) 优化的重点与措施

1. 优化的重点

(1) 以效果为依据选择公共体育服务供给主体

新公共管理理论中提到,要按效果进行公共服务经费划拨,而不是采用定额拨款的形式投入公共服务经费。在公共体育服务供给主体的选择上,也要遵循这个原理,即要根据供给的效果、公民的满意程度来选择公共体育服务供给主体。在公共体育服务可能的供给主体中,政府、企业、事业单位和社会组织都有其自身的优势。也就是说,政府在确定生产者的时候,要按照其功能的不同,结合公共体育服务供给内容的特点,选择公共体育服务的生产者。在公共体育服务供给主体多元发展的改革过程中,政府必须在三个层面上做选择:第一个层面,根据政府部门、企业、事业单位和社会组织的各自优势,确定由谁来提供公共体育服务。第二个层面,确定公共体育服务提供者以后,再来决定由谁来生产公共体育服务。第三个层面,确定相应的供给模式,是市场模式,还是志愿模式。总之,就是要遵循谁供给的效果最好,便由谁来供给的原则。

(2) 以需求为导向设计公共体育服务供给内容

以需求为导向是按照市场经济规律运行公共体育服务供给的共性。因此,公共体育服务供给过程中应加强公众的参与,切实做到根据需求进行供给。一方面,公共体育服务供给标准的编制环节应该保持与时俱进的态度,开展供给状况与需求情况的调研,定期对供给的内容和标准进行修订和调整;另一方面,在供给实施环节,引入市场经营机制,提供适应需求的特色化、多样化服务,推动服务质量的提升。

2. 优化的措施

(1) 加强多元供给主体培育

我国公共体育服务的供给主体中,政府主体不堪重负,应接不暇。政府应制定优惠政策,吸引企业参与供给。政府应在帮扶社会组织的同时,给予供给主体一定的自治权,使其早日脱离政府的庇护,独立参与公共体育服务供给。瑞典、芬兰、英国和日本,都是社会组织发展较好的国家,政府要积极学习国外的先进经验,使我国的社会组织快速成长起来。另外,政府应在供给主体中给高等体育院校（系）留有一定的份额，组织学生、教师利用课余时间志愿进行健身指导、信息咨询和体质检测等服务是完全可以实现的。学校可以把社会实践作为评职、学生毕业的条件之一加以引导，使志愿服务逐渐成为一种习惯，实现社会与学校的双赢。

（2）调整供给内容优先次序

虽然在公共体育服务的六项供给内容中，场地设施是重中之重，也是公共体育服务的基础性要素。但是令老年人更不满意的是健身指导服务、组织管理服务。政府在制定供给方案时，应考虑该现状，加大健身指导、组织管理的经费和人员投入的力度。或许，会得到更好的公共体育服务供给效果。优先发展健身指导、组织管理服务，不能只靠大量培养社会体育指导员，第一，要想办法让已具备社会体育指导员资格的人员在其位、谋其职，提高上岗率。第二，要把那些现在从事健身指导工作而不具备社会体育指导员资格的人员通过培训纳入到社会体育指导员队伍里来，使他们的健身指导更具科学性、安全性和系统性。

（3）坚持供给模式试点先行

在公共体育服务供给模式的选择上，要坚持试点先行的措施，鼓励地方积极进行实践。在实践中总结经验，归纳出不同地区、不同群体的公共体育服务适宜的供给模式，并将其推广至全国的其他省市，增加公共体育服务供给的针对性、有效性。例如，可以结合东部、中部、西部、东北部的地域特征，分别选出典型地区作为试点，进行公共体育服务供给过程及其他体制、机制改革的实验。通过实验发现问题，并及时制定解决方案，为后续的推广积累宝贵的经验。要始终将公民的公共体育权益放在第一位，运用科学的手段与形式供给公共体育服务。

（4）按老年人健康程度分组

由于需求受经济、文化等多方面因素的影响，因此即使是同一区域、同一年龄段的老年人，对公共体育服务的需求也不尽相同。借鉴芬兰的特殊群体的专门计划，应将参与体育锻炼的老年人分为娱乐组与康复组。老年人患有脑梗等慢性病、后遗症较多，他们需要通过体育手段进行康复。可以组织体育院校（系）的师生，尤其是运动医学、运动康复等专业方向的师生以志愿服务的形式为患有慢性疾病的老年人提供公共体育服务，既促进了其康复，又体现了全社会的人文关怀。但是，街道、社区等基层政府要承担保险服务，保证师生安心供给服务。

(5) 开设老年人体育等专业

人口学研究表明：21世纪，我国将始终处于人口老龄化状态。体育是促进老年人身心健康，缓解老龄化引发的社会问题的有效手段。而目前我国从事老年人体育研究、学习的人员并不多，不能给公共体育服务供给提供有力的支撑。因此，借鉴老年学、老年医学和老年人口学等已有专业的办学经验，开设老年人体育专业是面临老龄化体育院校（系）专业建设的必要之举。培养的老年体育专业人才要具备体育学、老年学、保健学和医学等相关领域的理论知识，要能够在老龄化快速发展的社会背景下，胜任老年体育指导、老年体育组织与管理以及老年体育产业经营等各项老年体育工作。

(6) 与老年日间照料站合作

老年日间照料站是近年来随着老龄化的逐渐加重，由国家资助开展的社区养老新形式。政府作为公共体育服务供给的核心主体，可以考虑对公共体育服务供给与老年日间照料站的工作进行整合，使日间照料站在用餐、休息和娱乐等功能的基础上，实现锻炼与康复的功能。尤其是面对众多的脑梗后遗症患者，可以动用部分运动医学专业人员的力量，组织他们集体进行康复训练。在集体中，不但能够使他们增加康复的信心，还能够使他们免去独自锻炼的惰性，获得集体的力量，增强对生活的信心。

第三节　数字赋能老年人体育公共服务

从人民群众的实际需求出发，提供其所需的供给内容是当前我国公共服务事业发展的第一要义。我国老龄化趋势加剧，迫切需要老年公共服务事业发展向更高水平迈进。其中，体育公共服务是提高老年人身心健康的重要手段。《"十四五"体育发展规划》指出，要深入贯彻落实"推动全民健身与全民健康深度融合""开展老年人非医疗健康干预"，以及为老年人"提供有针对性的运动健身方案或运动指导服务"等举措，推动老年人体育公共服务供需双侧动态均衡适配已经成为题中应有之义。与此同时，新一轮的科技革命与产业革命为我国老年人体育公共服务带来了前所未有的发展契机，国家体育总局下发《关于进一步做好老年人体育工作的通知》也强调要"充分考虑老年人的需求，拓展老年人健身活动空间，提供更适合老年人特点和需求的健身场所""为老年人使用场地设施和器材提供必要帮扶，解决老年人运用体育智能技术困难问题"，旨在通过丰富供给形式、强化供给质量的方式提升老年人体育公共服务的整体水平。然而，传统单向供给模式极易诱发"无效产能过剩"风险，且由于老年群体健康信息收集滞后、类别缺失与体量不足等局限，地方政府与体育局等行政决策部门难以对老年人实际健身、咨询需求进行合理的科学判断和分析，从而出现老年人体育公共服务供给脱节、资源配置不合理与供需失衡等问题。因此，借助当下数字时代的东风，在数字赋能下全面把握、精准回应老年人体育公共服务实际需求，按需提供精准服务，是促进老年群体积极参与体育公共服务、推动老年人体育公共服务事业向更高水平迈进的必然选择。

一、数字赋能老年人体育公共服务供需适配的学理构成

（一）内涵阐释

伴随着数字时代的兴起，数字化、智慧化浪潮已逐渐深入全国各地老年人体育公共服务领域中。如上海市体育局在下发的《关于开展"智慧助老"行动加强老年人体育服务的指导意见》中指出，要充分考虑老年人的健身需求，通过在各级各类体育场馆普遍建立亲民便民的智慧助老服务体系，增强老年人运动健身的获得感、幸福感和安全感，进而提升老年人体育公共服务供需适配效能。具体而言，老年人体育公共服务是指以政府、体育社会组织与居委会等部门为供给主体，以各类体育场馆、健身设施为供给载体，为满足老年人健身指导、健康咨询、医疗保健与文化娱乐等方面的需求而提供的多元化、综合性公共服务。所谓供需适配，"供需"指服务的供给侧与需求相似"适配"则主要强调供给侧产品服务与用户需求侧的契合程度。供需适配概念起始于企业管理研究领域，随着服务个性化、精准化所带来的良好经济收益趋势，原有的市

场营销 4P（产品、价格、渠道、促销）理论逐渐转向 4C（顾客、成本、便利、沟通）理论，以往传统"以提升企业供给规模为主"的服务营销模式也逐渐开始向"以用户需求为中心"的按需生产转变。日本学者赤尾洋二构建的质量功能展开模型是早期较为成熟的促进企业供需适配的理论模型，他指出应将用户的实际需求、偏好差异以及未来期望作为改进企业供给产品与服务的标准依据。而后，美国供应商协会将该模型进一步改进，模型的内涵扩展至"一种将顾客需求转变为提升企业生产运营阶段质量要求的方法"，其中的"生产运营阶段"主要包括产品的设计、开发、制造、销售与售后服务等过程。可见提升供需适配水平应从服务的售前、售中与售后等多个阶段入手，通过售前需求信息收集感知、售中需求聚类与测量以及售后需求反馈监测等举措来提升用户个性化需求，从而进一步促进产品服务供需适配程度的提升。

受相关企业管理理论的启发，传统公共服务理论以扩大供给规模为主的思想观点逐渐受到质疑，以群众"需求导向"为核心的新公共管理与新公共服务理论相继出现，并着重强调要以群众需求侧实际要求、满意度反馈等指标作为公共服务供给侧改革的主要依据。与此同时，相关研究指出，促进公共服务供需两端适配应着重做好群众对公共服务的需求管理，即从完善供给侧服务效能入手，对大众在参与公共服务过程中所呈现的"现时需求"与未呈现出的"潜在需求"进行调查、分析、整合与传递，并以此作为推动公共服务供需适配的核心环节，聚焦老年人体育公共服务领域，伴随着当前智慧场馆、线上健身指导和个性化运动数据管理等项目逐渐深入老年群体的日常锻炼生活，数字基建、数据信息、数字技术与数字平台所带来的精准性、即时性与高效性等显著优势也为精准回应实际需求、推动服务进一步供需适配创造了条件。因此，在数字赋能下，老年人体育公共服务供需适配的内涵要以老年人实际体育公共服务需求为导向，通过不断优化提升供给侧数字基建、数据信息、数字技术与数字平台服务水平，促进需求精准收集感知、需求精准统计聚类、需求精准分析测量与需求精准监测反馈等环节的质效提升，并以此作为调适老年人体育公共服务供给侧的标准依据，从而推动供给侧精准回应需求，以推进老年人体育公共服务供需进一步动态均衡适配。

（二）逻辑框架

建立在企业管理理论基础上的老年人体育公共服务供需适配，即政府与体育社会组织等供给主体将老年人对体育公共服务的需求进行精准感知、精准聚类、精准测量与精准监测，作为优化老年人体育公共服务供给内容与形式等方面的决策依据。

当前，数字基建、数据信息、数字技术与数字平台是赋能老年人体育公共服务供需适配的4个主要方面，具体分别赋能的是老年人体育公共服务需求精准感知、精准聚类、精准测量与精准监测4个环节（图4-9）。

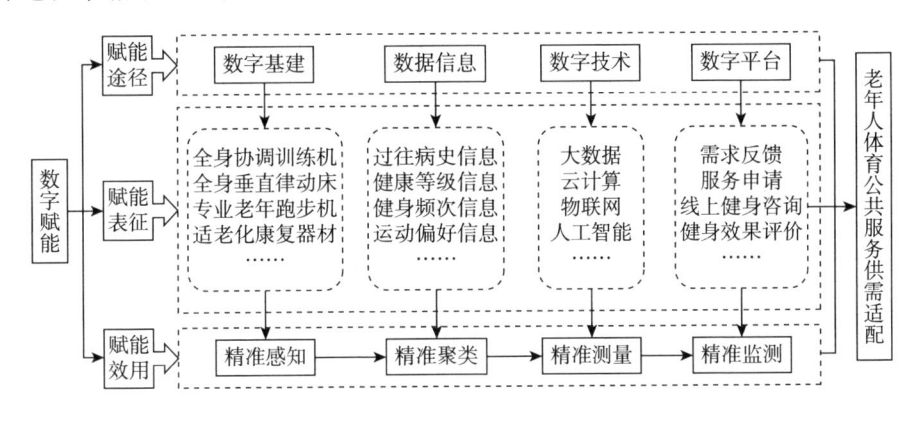

图4-9　数字赋能老年人体育公共服务供需适配的逻辑框架

1. 基建赋能需求精准感知

数字基建是数字技术、数据与平台发挥效能的基础与载体，不仅涵盖了网络、存储和计算等硬件基础设施，还包括老年人体育公共服务专属资源管理平台以及各类与数据采集、预处理、分析和展示相关的方法和工具，如全身协调训练机、全身垂直律动床、专业老年跑步机与适老化康复器材等，完备的数字基础设施能够充分发挥数据增值效应以及技术集聚效应。与此同时，集成化、普及化的数字基础设施相对于电话调研、实地走访等传统需求感知方式具有无法比拟的天然优势。通过对体育公共服务中相关数字基建进行坐标定位、射频聚类等方式，能够对老年人体育公共服务需求偏好、需求差异等全域信息进行感知捕获，为数据、技术与平台发挥效能提供充足的决策原料，是促进老年人体育公共服务供需适配的前提。

2. 数据赋能需求精准聚类

数据作为数字赋能过程中的关键生产要素,主要通过"自身增值效应"和"融合增值效应"赋能老年人体育公共服务需求的精准聚类。自身增值效应即数据在其自身生产过程中会不断增值,通过对大量有关老年群体参与体育公共服务过程中的信息收集,大量数据汇聚将比原有零散单一、非结构化的老年人体育公共服务需求数据更具参考价值和分析价值,这更有利于对老年人体育公共服务需求展开精准聚类;融合增值效应是指将不同环节、不同领域内所产生的数据进行融合汇聚,能够有效地放大原本独立数据集的作用效能。在老年人体育公共服务中,通过对老年人参与体育公共服务事前、事中与事后环节的信息汇聚,如过往病史信息、健康等级信息、健身频次信息与运动偏好信息等,或对健身指导、健康咨询与活动参与等多源数据进行融合,使得老年人体育公共服务需求信息在交互碰撞中产生新的高价值数据,从而助力需求精准聚类的进一步实现。

3. 技术赋能需求精准测量

在精准感知、聚类之后,需要依托数字技术对老年人体育公共服务展开精准测量,即利用大数据、云计算与人工智能等数字分析技术,以老年人体育公共服务需求数据库为依托,通过特定算法构建需求测量任务,从而完成对老年人体育公共服务需求的多维度解析与测量。

4. 平台赋能需求精准监测

通过构建老年人体育公共服务需求数字化平台,为老年人提供线上的需求反馈、服务申请、健身咨询与健身效果评价等平台化功能,有助于加强需求的精准监测、有效反馈和充分表达,显著提升服务的便捷性、主动性与积极性,为数字基建赋能新一轮需求精准感知创造条件,促进数字赋能老年人体育公共服务需求形成"精准感知—精准聚类—精准测量—精准监测"的良性闭环,从而促进其供给侧与需求侧进一步加快精准适配。

二、数字赋能老年人体育公共服务供需适配的阻滞壁垒

(一) 数字基建薄弱掣肘老年人体育公共服务需求精准感知

数字基建是赋能老年人体育公共服务供需适配的基础与载体,在现有老年人体育公共服务基础设施内扩充具备数据感知、采集、存储和传输等功能的数字基础设施圈,是进一步推动其需求精准感知的关键环节。然而,囿于我国数字基建工程仍处于初步探索阶段,尚未形成"规模优势",进而掣肘健康指导、体质监测等方面需求的精准感知。当前数字基础设施建设薄弱主要体现在两个方面。

1. 整体规模稍显不足且区域、城乡间供给失衡

虽然在《"健康中国2030"规划纲要》《智慧健康养老产业发展行动计划(2021—2025年)》等国家政策的推动下,数字化、智慧化老年人体育公共服务基础设施规模有所壮大并初见成效,但梳理"智慧健康养老示范名单"后发现,目前数字化老年人体育公共服务基础设施入选的试点地区均集中于浙江、四川、上海与山东等地,地区间仍存在着不平衡的问题。与此同时,老年人体育公共服务数字基建供给在城乡之间也存在着一定差异。审视城市街道与乡镇的试点情况,发现目前城市街道试点有272个,而乡镇试点仅有70个,乡镇数字基建供给建设情况明显滞后于城市街道,这将造成老年人体育公共服务需求的快速分拣能力不足,老年群体难以通过数字化体育基础设施表达自身需求,导致需求难以全面、有效感知。

2. "重硬轻软"的问题较为严重

在体育公共服务基础设施建设过程中,地方政府与体育局更偏向于建设大型智慧体育场馆等"门面工程",但针对科学健身指导和体育信息咨询服务等方面的数字化改造尚不充分,致使"供需错配"现象在老年人参与体育公共服务过程中层出不穷。

(二) 数据不对称拉低老年人体育公共服务需求精准聚类效能

在老年人体育公共服务供给侧如火如荼发展的同时,老年人对运动损伤预

防、健身康复指导与营养膳食指导等方面的多元需求也在持续变化。然而，尽管在数字赋能效用下原有的老年人体育公共服务需求数据在整体规模、特征类型等方面得到极大扩展，但仍面临着新的数据不对称的问题。第一，受政绩导向或资本逐利等因素影响，决策者将更易于扭曲并逐渐放大原本老年人体育公共服务数据与需求，出现所谓的"柠檬效应"和"以政府取向为核心"的信息偏差问题，即地方政府、体育局及体育社会组织等供给主体偏向以"政绩"为导向，认为老年体育公共服务供给就是老年群体所需求的，致使服务范围内出现大量与老年人实际需求不相符的供给内容，导致老年人真正需要的体育公共服务空间愈发狭窄。例如，受近年来"门球热"的影响，不少地区在需求数据信息不对称的情况下，盲目修建门球场地，但囿于实际选择参与该项运动的老年群体较少，进而造成无效供给过剩、闲置资源浪费等情况。究其缘由，当前供给侧有关老年人体育公共服务需求在规模、类别与评价标准等方面尚未明晰，在当前全民健身公共服务供给形式与内容逐渐多元化的发展趋向下，老年人体育公共服务需求存在不同类型、不同模式与不同领域的需求数据与供给标准难以对称的状况。第二，缺乏切实、统一和可靠的老年人体育公共服务需求框架。在当前老年人体育公共服务需求规模急剧扩张的情况下，不同年龄层次、不同失能等级以及不同居住状态的老年人在体育公共服务需求方面均存在着一定差异。但囿于当前老年人体育公共服务需求框架模糊，极易发生需求信息数据不对称等问题，从而拉低需求精准聚类效能，导致难以按照老年人实际体育公共服务需求的重要度和优先级进行排序供给。

（三）多重因素制约老年人体育公共服务需求精准测量

利用数字技术能够有效驱动老年人体育公共服务需求数据精准测量。然而，造成老年人体育公共服务数字技术嵌入不佳的原因主要体现在政策落实力度不够、技术创新与资金投入不足以及复合型人才短缺3个方面。第一，当前有关体育公共服务数字化、智慧化发展政策制度的顶层设计尚不完善，目前没有国家层面的政策文件对我国数字体育公共服务进行机理阐述和战略引导。例如，《"十四五"体育发展规划》《关于印发全民健身计划（2021—2025年）的通知》等指导性文件均提出要"创新全民健身公共服务模式""提供全民健身智慧化服务"等宏观制度内容，在体育公共服务数字技术引进、技术应用等方面缺乏目标规划与指导细则，致使政策落实效果并不理想，掣肘各地区对推进体育公共服务数字化、智慧化转型的技术嵌入。第二，体育企业是我国体育公共服务技术创新的主要原动力，如莱茵体育、久事智慧体育与尚体健康科技等企业。技术创新效率与资金投入比例是决定数字技术在老年人体育公共服务中应用程度高低的关键因素。然而，当前我国大型体育企业对技术研发与创新等方面的资金投入强度仅为 0.25%~0.27%，且用于技术研发、技术创新等方面的资金投入比例尚不足体育用品销售收入比例的 5%~10%。就老年人体育公共服务而言，老年人在健身健康宣教、身体素质检测等方面愈发需要大数据、物联网等数字技术赋能，技术创新效率与资金投入比例低下正逐渐成为老年人享受智慧体育服务的主要阻滞因素。第三，老年人体育公共服务对一线服务人员的综合要求较高，除需要大批具有医疗护理、膳食营养和运动康复等方面的专业服务和管理人员外，还需要一定比例的从事智慧体育公共服务产品设计、创新研发与后期维护等方面的技术人才。这样一来，具备老年体育服务经验与专业数字技术知识的复合型人才更加稀少，阻碍了技术的有效嵌入，从而制约了老年人体育公共服务需求的精准测量。

（四）反馈机制不畅阻碍老年人体育公共服务需求精准监测

要想进一步促进老年人体育公共服务供需双侧适配，搭建需求表达与反馈渠道的数字化平台是极为重要的最终环节。然而，各地政府及体育局虽已有部分针对体育公共服务需求反馈的数字化平台构建趋势与实践成果，但实际应用效果并不理想，其问题主要体现在 3 个方面。第一，老龄化和数字化正成为当代中国社会转型过程中最突出的时代特征，老年群体所面临的"数字鸿沟"问题也必将成为掣肘需求精准监测的首要因素。老年人参与体育公共服务的"数字鸿沟"问题主要有两种表现形式：一是代际差异，即老年群体较中青年群体电子产品的拥有率及接受率低，多数难以涵盖当今日常生活中的必需应用场景，导致绝大多数老年人难以融入服务项目，拉低了其在精准监测环节中的需求沟通效率与反馈效率；二是受自身心理、生理因素影响，如身体机能逐步退化，视觉、听觉不够灵敏以及记忆力减退和学习困难等，对其使用与操作智能设备造成了直接影响，也加剧了老年群体对于体育公共服务需求反馈的无力感和抵触情绪，进而影响精准监测质量。第二，老年人体育公共服务需求反馈尚存信息失真问题。当前，大部分地区的老年人体育公共服务需求调研、反馈监督方面工作仍采取传统信访信箱、实地走访与热线电话等方式。但在人工记录需求数据的过程中，往往会受到信息接收者个人的态度、经验与期待等方面的影响，对老年人口述的体育公共服务需求的理解掺杂一定选择性与倾向性，并依据自身理解对需求数据进行传递，致使需求反馈出现信息扰动与失真现象，从而进一步影响需求的精准监测。第三，当前老年人体育公共服务数字化平台规模尚显不足。依据互联网空间的梅特卡夫定律，信息节点的提高能够促进数据价值提升，而数字平台正是凝聚信息节点的关键载体。然而，除上海、浙江等地的"来沪动"等数字平台发展初见成效外，我国其他地区的体育公共服务数字平台仍处于探索阶段，针对性较强的老年人体育公共服务平台板块开发更是凤毛麟角，从而阻碍需求精准监测。

三、数字赋能老年人体育公共服务供需适配的突破路径

（一）扩大数字基建规模，提升需求精准感知

1. 完善数字基础设施建设的投资体制机制，打通社会资本"参与渠道"

应积极吸纳市场力量参与政府数字基础设施建设，对在数字基建方面具有技术优势、资金优势的市场企业予以一定政策激励，在保证工程建设安全的前提下，尽可能消除企业参与投资数字基建的各类附加条件，引导企业以诸如股权、债权投资等方式加入数字基建工程，从而缓解资金短缺、整体规模不足的问题，以促进需求精准感知效能提升。例如，2022年印发的《浙江省老年人体育事业发展"十四五"规划》指出，按照政府投入为主、社会资助相结合的原则，多渠道筹集老年体育活动资金。省、市、县等各级财政要按照老年人口比例切实加大资金投入，适当安排体育彩票公益金用于老年体育活动、赛事和场地设施等方面的数字化建设，以提升老年人体育公共服务数字基建整体供给水平。

2. 在老年人体育公共服务数字软件建设方面

应从地方政府与体育局等行政监管部门入手，完善数字软件工程的财税政策机制。例如，软件研发初期，应以有限的财政支撑为杠杆，降低市场企业的研发风险，以提升社会力量参与老年人体育公共服务数字软件建设的积极性；针对数字软件的核心研发项目，地方政府与体育局等行政监管部门应秉承"应保尽保"的原则，以研发项目为单位、以研发阶段为权重给予参与单位无忧的资金保障，推进相关数字软件建设项目的顺利完成。

3. 在老年人体育公共服务数字基建供需平衡方面

针对老年人体育公共服务数字化发展相对成熟的区域，应"建创并重"，坚持智慧健身步道、智慧体育公园等老年人常用的数字基建供给侧和新业态创新侧同时发力；以老年人实际体育公共服务需求为导向把控数字基建布局建设速度和节奏，鼓励如省内大型医院、科研院所、普通高校和相关企业为老年人数字健身研发、生产和推广更多有实效、易操作的运动处方和器械设备，推进老年人数字健身成为体育公共服务建设的新亮点，从而避免盲目投资建设而滋生产能供给过剩的风险，助力数字基建进一步促进老年人体育公共服务需求精准感知的提升。

（二）强化需求数据收集监测，构建需求清单制度

强化老年人体育公共服务需求数据收集监测，建立健全需求清单制度，构建专属的"需求图谱""需求画像"，是精准聚类老年人在自身运动能力测试、运动风险评估、运动损伤预防和处理等方面复杂多样、动态变化需求的关键所在。因此，为及时、高效回应老年群体对体育公共服务的切实需求，应着重通过以下两种途径强化需求类数据的收集与监测，全面构建老年人体育公共服务需求清单制度。第一，从地方政府、体育局等行政监管部门着手发力，构建既定区域内老年人专属体育公共服务需求数据库。如通过多源数据抓取手段，解析当地网民与当地媒体在有关老年人参与体育公共服务过程中所遇到的疑难问题和改进期望等方面的观点与评论，利用数字网络发现大众舆情内所蕴含的老年人体育公共服务新需求。与此同时，也可通过对老年群体健康监测数据与标准数据进行比较的方式，挖掘聚类老年人自身尚未意识到的切实需求，且可对

诸如此类的结构化、半结构化与非结构化需求数据进行抽取和比对，按照统一标准进行储存，从而完成需求数据库构建。第二，精准聚类老年人体育公共服务需求的类型与特征。在完成老年人体育公共服务需求数据库构建之后，可通过语义分析、文本分析等量化分析手段对需求进行主题建模，同时应从关注度演化视角剖析老年群体对当地体育公共服务需求类型的变迁轨迹以及关注度的变化特征，从时间角度、服务类型角度厘清老年群体需求变化规律以及侧重点，分类绘制健身场地、赛事活动、健身指导和体质监测等方面的需求清单，明晰老年群体在健康促进、设施使用、健身指导、咨询交流与活动参与等方面的需求偏好，从而放大数据信息的价值，以促进老年人体育公共服务需求的精准聚类。

（三）夯实多方资源要素保障，助力技术赋能需求精准测量

加强老年人体育公共服务中有关数字技术在政策、资金与人才等方面的要素保障，是切实推进技术赋能需求精准测量的关键环节。第一，强化相关政策制度方面的顶层设计环节，为促进数字技术嵌入老年人体育公共服务营造良好的政策环境。地方政府及体育局等行政监管部门应在充分了解老年人体育公共服务发展的实际情况及需求特性前提下，制定与之相匹配的专业性、实用性制度条例和落实方案，进一步细化数字技术在嵌入过程中的布局规划、核心任务、预期目标以及具体实践环节。例如，为助力上海市老年人体育公共服务数字化、智慧化迭代升级，上海市体育局在明确"智慧助老"行动工作目标、提升体育场馆智慧助老服务水平、优化社区老年人体育健身环境与加强老年人科学健身指导服务等方面为服务工作人员与老年群体奠定坚实的制度基础，这为数字技术进一步嵌入上海市老年人日常体育活动创造了更大空间。第二，政府重视鼓励体育企业自主创新能力培养，通过扩大税收减免、退税和专项补贴等优惠政策，加大老年人体育公共服务数字技术研发力度，引进大数据用户画像技术、分布式处理技术、智能分析技术和NoSQL非关系型数据库技术等，以老年人体育公共服务需求数据库为决策依据，对需求进行多维解析与深度测量。在人才方面，应着重探索"政产学研用"一体化复合型人才培养与输送体系，鼓励高校在已有"社会体育指导"专业的学生群体内开设有关老年体

育公共服务数据分析、技术操作等方面课程。针对在岗服务人员，应进一步完善相关职业教育培训体系，增设老年健身指导、数字技术等相关课程，并在其实操过程中设立相应绩效评价机制与奖惩机制，提升服务人员向复合型人才转型的能动性与积极性，从而全面释放数字技术赋能老年人体育公共服务需求精准测量的巨大潜能。

（四）弥合老年"数字鸿沟"，完善平台功能驱动需求精准监测

1. 弥合老年"数学鸿沟"

就老年群体所面对的"数字鸿沟"问题，在《关于切实解决老年人运用智能技术困难的实施方案》等政策方针指导下，以社区为单位，提高"老年人智能技术运用能力提升"的各项教育活动的组织频率，让更多老年人会用、善用、乐用体育健身智能技术，加深老年人在参与体育公共服务前期、中期、后期对智能化健身器材与智能移动设备需求反馈的操作认知与运用理解。例如，在上海市闵行区"长者运动健康之家"，其不但在服务供给形式上全部采用智能化健身器材，还就老年人操作不便、沟通不畅等问题安排专业服务人员予以指导讲解；通过了解老年群体病史和病症，挖掘其中所蕴含的实际体育服务需求，以此完成"评估—指导—反馈"的良性闭环，从而切实缓解了老年群体在参与数字化体育公共服务过程中的"数字鸿沟"问题。与此同时，家庭层面应给予老年人更多关爱，通过开展家庭陪伴式、引导式和互动式数字健身活动，为激发老年人数字健身兴趣提供代际支持。

2. 打造需求实时反馈监测平台

应以数字基建与需求数据为建构基础，以平台搭建与反馈监测功能拓展两方面为核心抓手，通过政府、体育管理部门、社区、企业和体育非营利组织等主体的共同合作，整合老年体育公共服务各项资源，在服务供给、服务评价、服务监管与服务沟通等方面搭建数字化平台，对老年人在体质监测、健身咨询和设施使用等方面的需求予以平台化集成，为老年人体育公共服务需求的精准反馈与监测创造了条件。在反馈监测功能拓展方面，在平台搭建基础上，以数字基建、需求数据为依据，利用大数据、物联网与云计算等数字技术，调取、分析需求数据库的历史存量，构建需求反馈监测模型，实时研判需求的重点内

容及变化趋势，从供给侧主动发力，进一步畅通老年人体育公共服务供需双侧反馈监测渠道。

充分把握当前数字化、智慧化发展趋势，是促进老年人体育公共服务有效供给、消弭无效产能和加快供需适配的重中之重。产品服务形式的多元化供给与老年群体的多样化需求已改变原有老年人体育公共服务供需状态，应以数字基建、数据信息、数字技术与数字平台为核心抓手，通过扩大数字基建规模、建立健全需求清单制度、夯实多方资源要素保障、弥合老年"数字鸿沟"与完善数字平台功能等方面，层层递进、逐步落实，提升需求精准感知、精准聚类、精准测量与精准监测效能，以促进我国老年人体育公共服务供需进一步动态均衡适配。

第五章 健康中国背景下老年人体医融合

第一节 老年人体医融合实践进展

体医融合概念源于19世纪，美国健康专家就体育和医学融合的可能性进行了探讨，并付诸实践。21世纪初，运动与健康促进（exercise and health promotion，EHP）和运动是良医（exercise is medicine，EIM）等健康理念在全球范围内的广泛推行，深化了体医融合的理论内涵及实践应用。在我国，体医融合作为一种文件性用语，尚未得到明确的界定。2016年10月，中共中央、国务院印发的《"健康中国2030"规划纲要》，提出"加强体医融合和非医疗健康干预，推动形成体医结合的疾病管理与健康服务模式"，体医融合成为社会各界的热议话题。党的十八大以来，以习近平同志为核心的党中央把保障人民健康放在优先发展的战略位置，形成了以健康中国战略为顶层设计的全民健康促进体系。《"健康中国2030"规划纲要》提出"加强体医融合和非医疗健康干预"，充分发挥运动对健康的促进作用，这标志着体医融合正式被纳入国家战略，成为健康中国建设的重要途径。在健康中国建设的引领下，如何深入推进体育与医疗融合助推健康中国建设，成为了理论界所关注的热点。当前，我国正处于"十四五"发展规划起航的重要历史时期，以及健康中国战略实施的关键期，这对推动体医深度融合提出了新的历史要求。

《"健康中国2030"规划纲要》对健康中国建设的具体要求进行了战略性部署，要求"突出解决妇女儿童、老年人、残疾人和低收入者等重点人群的健康问题"。根据规划纲要，到2030年人均期望寿命达到79岁，人均健康预期寿命也将显著提高。健康中国建设体现了党和国家对维护人民群众健康权益的高度重视，但健康中国建设在为老年体育事业发展带来大好机遇的同时，也提出了一系列针对老年健康亟待解决的问题。特别是我国已经进入全面老龄化社会时期，老龄化社会对健康中国建设将会带来一系列深刻、持久的挑战。也正因如此，党中央和国务院近年来连续下发《关于进一步加强新形势下老年人体育工作的意见》等通过适度体育促进老年人身体健康的文件。而《"健康中国2030"规划纲要》提出通过发布健身活动指南，建立并完善针对不同人群、不同环境和不同健康状况的运动处方库，推动体育与医疗深度融合的疾病管理与健康服务模式。老年人是健康风险高发的群体，寻求体育与健康保健深度融合的有效路径，从全民健康战略高度实现有效应对老龄社会挑战，这是实现健康中国建设全民健康目标中亟待解决的问题。体医融合作为推进"全民健康"和"健康中国"战略的重要抓手和促进全民健康的重要手段，在未病先防、慢病防治和非医疗健康干预等诸方面具有独特的协同促进作用。

一、政策和制度逐步健全

政策制定与制度建设，主要指国家层面关于体育与医疗融合的顶层战略设计以及省市、县区政府扎实推进体育与医疗融合的统筹规划与配套政策制度。从国家层面来看，国务院印发了《关于加快发展体育产业促进体育消费的若干意见》，提出推广运动处方、促进康体结合的观点，这表明体育与医疗事业开始朝向结合化方向发展。《"健康中国2030"规划纲要》正式将体医融合纳入其中，确立了体医融合在健康中国建设中的功能地位。《中国防治慢性病中长期规划（2017—2025年）》提出"促进体医融合……开设运动指导门诊，提供运动健康服务"，给出体育促进健康在慢性病防控中的操作办法，也为体育等非医疗健康干预进入医疗机构提供了政策依据。《中华人民共和国基本医疗卫生与健康促进法》施行，其内容涉及"加强全民健身指导服务，普及科学健身知识和方法"，标志着体医融合实践工作的开展有了法律条款的保障。至此，我国体医融合政策在国家层面已经逐步建立起在中共中央、全国人大的统筹引导下，以国务院、卫生健康委和体育总局等为核心的多部门协同管理体系。

从地方层面来看，地方政府推动体医融合具体落实的专项政策制度纷纷出台，如《云南省体医融合建设工作方案》《扬州市关于进一步深化体医融合工作的实施意见》等政策，同时配套的政策制度内容也逐步细化和深化，针对性和指导性加强。例如，服务标准体系方面，《北京市体医融合机构服务规范》《广西医疗机构体医融合服务规范》《山东省体医融合服务标准化工作指南》等地方标准纷纷落地，规定了体医健康服务的基本要求、服务项目和服务质量控制。体医健康服务机构建设和资金投入方面，地方体育局会同卫健委和医保局发布一系列政策制度，如《江苏省运动促进健康中心建设试点单位专项资金管理办法（试行）》《江苏省运动促进健康机构建设标准》《江苏省体育运动专科医院建设标准》等政策制度相继出台。另外，体医健康服务项目纳入医保方面，《江苏省关于新增、完善部分医疗服务项目价格的通知》将"运动医学指导"纳入医保，由运动医学科医师制定个性化运动处方，对从事体育锻炼者或病人进行运动指导。

二、机制和平台不断完善

体医融合的推进离不开相关支撑平台与机制建设。随着体医融合实践工作的深入推进，其机制和平台不断完善，逐步构建了涵盖政府协商、知识分享、技术转移和人才培养的融合机制体系，并同步打造相应平台。第一，政府协商机制。2017年国家体育总局与原国家卫计委联合召开了体医融合工作座谈会，随后山东省、江苏省等地方政府的省体育局与省卫生健康委相继成立体医融合试点工作协调和领导小组，并设立工作办公室。第二，知识分享机制。通过成立体医融合学会组织、举办高峰论坛和建立联盟等支撑平台，开展体医融合对话交流和技术展示活动。第三，技术转移机制。一是组建体医融合协同创新中心、研究院和实验室，围绕科学健身、主动健康、疾病预防和康复治疗等重点领域，开展重大基础理论研究，推动关键核心技术攻关，促进成果转移转化，如国家体育总局体育科学研究所"体医融合促进与创新研究中心"、山东省体医融合研究院等。二是开展体医融合示范区建设，发挥试点地区组织制度创新的优势，为体医融合的深入推进提供可复制、可推广的经验，如北京海淀区"体医融合示范区"、厦门市思明区"体医融合示范社区"等。第四，人才培养机制。通过建立体医融合教学实习基地、运动处方师培训基地，培养体医复合型人才，如南京医科大学附属脑科医院体医融合教学实习基地、北京体育大学运动处方师培训基地等。

三、推进路径和模式逐渐清晰

借助不断完善的机制和平台，体医融合实践沿着政府推动和市场驱动两条路径持续推进，并逐渐形成医疗部门、体育部门和社会力量三种模式（图5-1）。

```
政府推动
├── 医疗部门科室为主型
│   ├── 患病人群治疗和康复，医疗为主 → 大中型医疗机构内设立运动干预中心、运动治疗（康复室）→ 将运动处方纳入专科医疗服务体系中
│   └── 高危人群精准干预，体育+医疗 → 基层医疗机构内设立科学健身门诊 → 将科学健身服务纳入基层医疗服务体系中
└── 体育部门社区体质监测站为主型
    └── 健康人群预防保健，体育为主 → 社区设立国民体质监测站点 → 将国民体质监测纳入全民健身公共服务体系中

市场驱动
└── 社会力量运动康复机构为主型
    └── 骨骼肌肉损伤人群功能复原，物理治疗 → 开办运动康复机构 → 将运动康复产业纳入健康服务产业体系中

路径……  模式……  覆盖人群……  平台……  体系
```

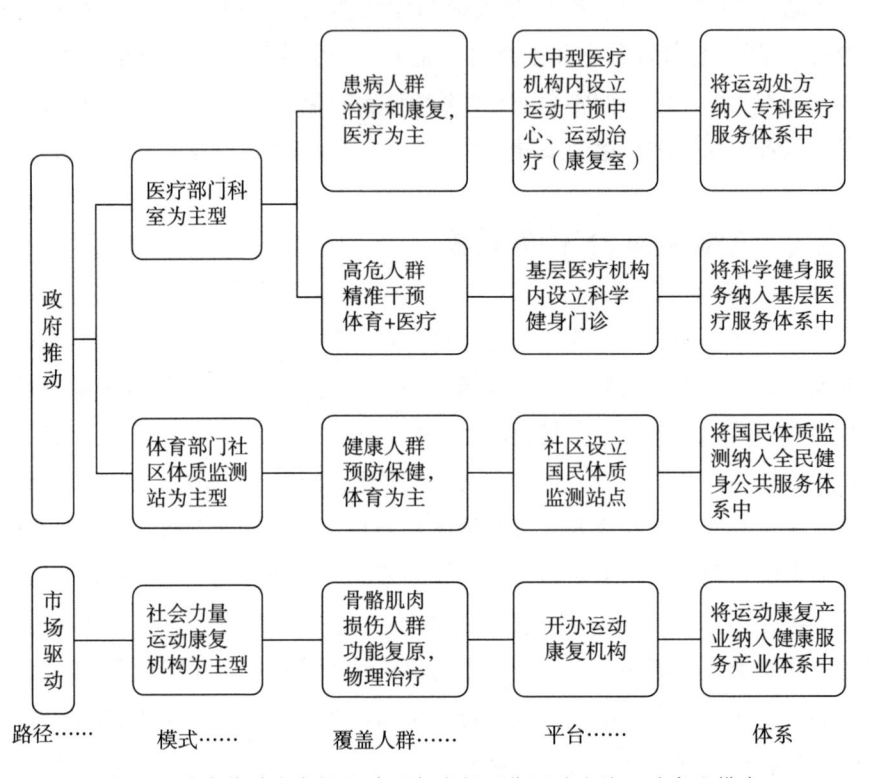

图 5-1　政府推动和市场驱动两条路径下体医融合的三种实践模式

科室为主型模式是在医疗部门的管理指导下，其主要依托医疗机构内的医疗资源开展运动促进健康服务。一种形式是在省、市、县级综合性医院内设立运动干预中心、运动治疗（康复）室，将运动处方纳入专科医疗服务体系中，服务对象多为康复患者，如北京海淀医院心内科设立慢病运动康复门诊；另一种形式是在社区卫生服务中心、镇卫生院内设立运动促进健康站，将科学健身纳入全科医疗服务体系，服务对象通常为高风险人群和慢性病人群，其中南京

市迈皋桥社区卫生服务中心依托慢病健康管理门诊试点开设的运动促进健康站最具有代表性。社区体质监测站为主型模式是在体育部门的管理指导下，针对健康人群预防保健的需求，通过在社区内设立国民体质监测站点，将国民体质监测纳入全民健身公共服务体系中，如上海嘉定区依托社区体质监测站构建了"1+1+2"的社区体医健康服务模式，试点成效十分显著。运动康复机构为主型模式是社会力量主导的，以营利为目的，开展运动指导和运动康复相关的有偿服务。目前，我国运动康复虽起步较晚，但发展势头迅猛。据运动康复产业联盟的统计，2018年我国运动康复门店数量首次超过100家，2020年年底已接近400家，3年的复合增长超过40%。

第二节　老年人体医融合协同创新发展

一、我国体医融合协同创新的内在逻辑

（一）政治逻辑：契合国家战略发展需要是体医融合协同创新的动力维度

政治逻辑依据是健康治理的预防价值。健康是人的基本权利和愿景，健康治理是全球各国政府的政治责任和义务。人的健康既是社会民生问题又是政府的政治问题。以人民健康为中心，保障人民健康是政府的政治立场、政治责任、政治任务和政治方向，也是最大的健康政治。当今世界正处于百年未有之大变局，世界正面临各种生存环境之变。在当今世界百年之大变局中，我国冷静面对百年变局，在健康领域求"新"，求"变"。在党和政府的主导下，先后出台并实施了"体育强国""健康中国""全民健身"等促进人民身心健康的一系列国家发展战略和宏观调控政策，助推了全民健康福祉的有力提升。秉持着全民健康的健康治理政治诉求，凭借党密切联系群众和"全国一盘棋"的政令畅通政治优势，抢抓"全民健身""健康中国"等健康发展战略的政治机遇期。作为未病先防、已病防渐、已病防变和预防为主特征的体医融合公共

服务，借助国家实施多个健康战略的强大推动力，实施体育和医疗资源的优化配置，发挥体医融合在健康关口前移、非医疗健康干预方面的独特作用和防治功效。正是在"健康战略—推进实施—动力促进—协同创新"的逻辑发展中，推进了国家健康战略的建设，倡导弘扬正确的健康行为价值观，体现了全民健康的健康政治价值。国家体育总局会同国家卫计委于 2017 年 5 月联合召开的"体医融合工作会议"强调，体医融合是加快落实习近平总书记关于"全民健身""健康中国"战略的重要指示精神，也是推进健康革命建设和回应群众健康关切的需要。此后出台的《全民健康生活方式行动方案（2017—2025 年）》《"十四五"健康老龄化规划》《中国防治慢性病中长期规划（2017—2025 年）》《健康中国行动（2019—2030 年）》《全民健身计划（2021—2025 年）》等行动计划（规划）均提出，积极促进"体医融（结）合""体卫融合"，构建疾病管理与健康服务发展模式。可见，国家政策机遇助推国民对运动健身、追求健康生活的迫切需求。

由于老年人面临身体衰老和慢性疾病等多重健康问题的影响，使得老年人对体育运动和服务有着特殊的要求，他们需要采用有针对性的体育手段和服务来有效改善他们面临的健康问题。因此，老年人体育应是基于体医融合的运动非医疗干预的体育服务形式，这也是《"健康中国2030"规划纲要》中提出的运动促进健康的新模式。体医融合并以运动非医疗干预手段促进健康，是现代医学和体育融合形成的新的健康治理模式，也是实现全民健康的重要举措。以医学、健康学和体育学等综合理论为基础的，并以体医融合和非医疗（运动）健康干预为核心的老年体育体系，这不仅是健康中国建设对老年体育提出的切实要求，也是有效降低当前老年人群健康风险，促进和改善老年人群健康的有效措施。

（二）社会逻辑：满足社会民众公共健康服务需求是体医融合协同创新的人本维度

社会逻辑依据在于满足社会大众健康诉求的人本价值。人们作为社会中"现实的人"，在物质生产活动（衣、食、住、行）的"首要前提"得以满足后，会自发追逐健康、文化、医疗和体育等高质量的精神产品和公共服务，即迫切追求艺术、健康和精神等更高境界的政治生活。人类的幸福来自健康，健康和财富是21世纪的两大主题，在当今世界百年之大变局中，机遇与挑战并存。通过科学的体育运动达到预防疾病、控制疾病、康复疾病的效果，这是实现社会民众身心健康的人生价值，也是人们追求生命（生存）质量和生命数量的工具和手段。体医融合协同创新是一个多元主体沟通和协作的一系列过程。在国家主体层面顺应人民群众的呼声，综合考虑政治、社会、经济和环境等影响因素，实施以"人民为中心"的整体健康观。特别是现在人们对健康及生活方式的重新认识和关注，全社会更加重视全民健身，注重体医健康服务供给和分配的公共性和公平性，满足社会民众公共健康服务的迫切需要，不仅体现了体医融合协同创新的社会动力需求，更体现了以人民健康为中心的人本价值理念。

老年人的健康问题，一般是由人体机能老化、免疫系统能力降低等原因造成的，而延缓人体机能和免疫系统下降，又与促进健康生活方式和健身活动等行为有着密切的内在关系。从老年人的健康风险特征来看，大部分健康风险是不可逆的生理规律，通常只能通过加强体育锻炼和提高免疫系统应对疾病风险能力，延缓不可逆健康风险的发生。也就是通过老年人群的健康风险治理，减少健康风险损失、降低健康损害程度和延迟不可逆健康损害的发生，提高有质量的健康期望寿命。相对于中青年和少年儿童因为工作或者学习等原因，不能经常参加体育锻炼，老年群体具有更加充分的锻炼时间，而当前参与体育锻炼人数的比例偏低，说明亟待提高老年人群适度参与体育锻炼，推动老年人群在体育锻炼方面的健康生活方式，形成"医、养、健"深度融合的老年健康生活方式的培养模式，也是未来健康中国战略下的必然趋势。

（三）经济逻辑：发展大健康产业是促进体医融合协同创新的产业维度

经济逻辑依据在于大健康产业的市场价值。依据协同创新理论，通过国家政策的正向引导和市场机制的制度性安排，引导政府、企业和市场等资源的互补整合优化，创新产业经济业态，拓展产业经济链。为直面我国中等程度的老龄化社会，国家鼓励社会资本投入"医养结合""康养融合""体医融合"等大健康产业，其政策脉络随着"加快发展养老服务业"（2013）—"农村养老服务+医养结合"（2011）—"中医药+医养结合"（2015）—"智慧养老+康养结合"（2016）—"医（康）养结合+智慧养老"（2019）—"智慧健康养老"（2020）等认知不断深化。多项利好政策有力撬动了万亿级体医服务健康产业和健康智慧产业市场。培育大健康产业需发挥与之适应的宏观和微观经济优势，抢抓国家支持体医融合等大健康产业经济的发展机遇期，通过市场机制的主导作用优化体育、医疗资源，构建"政府调控+市场调节"相结合的体医融合大健康产业宏观调控和市场监管机制，推进与体医融合相适应的大健康产业化、规模化，进而实现产业资源配置的帕累托经济最优效率。再者，协同创新是解决大健康产业发展困境的有效途径，其途径在于推动体医融合等大健康产业经济的自主创新能力，实现大健康产业集群创新链、产业链、政策链和资金链的协同创新，并促进其在市场经济中相互融合和协同创新，带动大健康产业市场竞争力的有效提升。

  老年人体医融合业态的发展要以产业化方式来实现，那么老年人体医融合产业的市场主体可以通过市场经济体制实现价值增值和盈利，通过增加相关商品或服务供给，更好地发挥促进老年体育消费、稳定经济增长、调整产业结构等功能。而政府在其中则要提供必要的政策支持，并通过宏观调控优化市场资源配置和促进老年人体医融合实现社会价值。老年人体医经营模式主要围绕老年人的常见慢性病、退行性疾病及心理健康问题进行运动干预，降低失能风险，同时也提供融合医疗、养老、保健和旅游为一体的服务，能满足老年人的社会交往需要和提高老年人的晚年生活质量。此经营主体主要有两类：一类是体医养机构。其主要将体医融合服务与养老服务进行融合，对患有特殊疾病的老年人和健康状况良好的老年人进行八段锦、太极拳、静态拉伸和适量有氧运动等小强度运动训练，并辅以医学知识进行健康促进教育。另一类是体育服务机构。其主要在有适宜的气温、湿度、海拔和空气质量的、适合进行体育活动的地区开展老年人体育旅游、休闲养生和康体保健等活动，促进老年人心情舒畅，增强社会交往，治疗或预防慢性病。此模式主要面向对日常生活品质要求较高的老年人，并且具有消费高端化、服务个性化、产业链长的特征。在我国人口老龄化加速的形势下，体养健康模式可以成为应对人口老龄化的一种积极方式。

（四）技术逻辑：促进科技与资源优化是体医融合协同创新的方式维度

技术逻辑依据在于协同创新的科技融合价值。协同创新是复杂的科技创新组织形式，国家意志和政府宏观政策的引导与激励，协作产业技术创新，加速技术推广与科技成果产业化，是技术创新的新范式。体医融合协同创新是与其所处的政治、社会、经济、技术和市场等环境高度融合发展的结果使然。技术是体医融合协同创新与科技融合的第一要素，体育和医疗是解决人们健康问题的技术核心，它是体育和医学资源在科技主导下的一种融合创新方式。在当今世界百年大变局的态势下，既有发展机遇又有风险挑战。发展机遇在于高新科技强大的推动力助推体医融合的协同创新发展，诸如智慧体育、智慧医疗等体医融合智能技术改善了人们的健康体质，并渗透人们健康生活的各个领域，不断催生新的体医融合服务运营发展模式。科技创新对世界各国健康促进、健康产业、健康模式产生了深远的影响并进行深刻的调整，也对我国的体医融合服务、健康促进以及大健康产业带来前所未有的发展机遇。一方面，5G、3D、AI、通信、新材料等高科技强有力助推新兴业态的产业协同与创新；另一方面，体育和医疗各资源要素与新材料、高科技的有机融合又催生更多的创新产品（服务）需求，由此生发更多的健康新兴业态和创新服务。这种良性循环的高新科技助推了体医公共服务资源的优化配置，强力带动体医融合技术的协同开发，实现技术信息的互惠共享。

老年人体医融合的技术优势主要体现在：一是随着大数据、5G、人工智能（AI）和云计算等高科技信息技术的突破与应用，凭借信息技术、数字经济强大的技术融合效能有力推进智慧体育、智慧医疗服务的创新发展，进而推动体医融合科技融合的内涵和模式。二是科技部明确将"运动伤病防治""运动营养""运动与健身指导服务技术""运动康复治疗""慢病运动预防与干预技术"等五种技术确定为高新技术，扩充了体医融合协同创新在技术服务领域的内涵与范围。三是当今社会生活中出现的"互联网+体育运动+医疗保健""互联网+医疗""互联网+体育+旅游""数字+体育""数字+医疗""智慧体育公园""智慧体育场馆"等智慧体育和智慧医疗相融合的创新业态，一方面智慧体育通过以物联网为代表的高新技术将"数字空间"同"体育+医疗"的"物理空间"有机融合；另一方面智慧医疗领域的"个人保健""医疗康复""医疗监护"等为实现智慧体育健康发展积累了新技术，这使得良好的技术环境能够很好地支撑体医融合协同创新发展。因此，强化科技赋能，将现代科技作为非医疗健康干预达到"治未病"的重要技术手段，这是未来体育健身和医疗信息化协同创新发展的战略需求。

老年人从事的体育活动项目，不仅受到年龄和体质的限制，而且受当地条件的限制，这就要求社会体育指导员具有更加扎实的专业能力去应对。为避免社会体育组织找不到服务对象和场地的问题，社会体育组织可利用"互联网+体育"开发一些有关社会体育指导方面的公众号或 APP，通过网络平台来统一管理，从而实现社会体育指导员和社区居民在全面公益健身服务与体育健身需求之间实现精准对接。对于病情较轻、需要运动来预防或改善疾病状况的患者，可将其介绍给当地医院的运动处方门诊。运动处方门诊的运动医学专家根据患者的情况开出有针对性的运动处方之后，患者可以在当地社会体育服务的小程序上发布自己的健身需求，并根据自身喜好选择运动项目。对有健身需求的老年人，可根据自身爱好和兴趣去选择和预约相应的教练、场地和课程，从而更好地促进全民健身和体医融合的深度发展。

二、影响老年人体医融合协同创新的因素

体育与医疗的有效结合，或者是"医疗、养老、健身"高度融合的老年健康促进模式，尽管有助于有效改善老年健康质量，但依然还面临思想观念、组织结构、资金和技术等方面的障碍问题，使体育与医疗保健的深度融合缺乏积极的心态、环境和政策资金保障。

（一）体医融合协同创新的观念因素

随着人口红利的逐渐消失，我国人口结构早于 1999 年已进入全球公认的老龄化社会。预计我国 60 岁及以上的老年人口在 2025 年达 3 亿人，2033 年达 4 亿人，2053 年达 4.87 亿人的最高峰值。当今，慢性病已悄然成为危害老年

人群健康的一个重要因素之一，慢病管理也相应成为医疗卫生的工作重点。慢性病因其病程长、病因多，治疗过程相对复杂。在慢性病的发病因素中，可变因素主要是缺少运动和生活方式不健康等。当运动是良医的理念提出以后，运动在治疗疾病中扮演了越来越重要的角色，体医融合概念也在运动治疗疾病的大潮中应运而生。体医融合，顾名思义就是集合了康复医学、保健体育和运动医学的一种多学科参与的、基于运动基础上的体育与医疗相互融合的一种模式。在实践体医融合模式中，老年人慢病患者的血糖、血脂及血压水平均能得到较好的控制。研究显示，老年人慢性病发病原因大多和个体生活方式有关，药物控制对缓解慢性病病情发展具有局限性，而集运动干预、饮食干预和医疗处方为一体的体医融合干预模式是药物治疗和非药物干预的结合体，这既能有效缓解慢性病症状，又能提升患者的身体素质，且对降低药物依赖性，具有突出优势。

我国作为世界老年人最多的发展中国家，社会民众重"医"（医疗）轻"体"（运动），对运动健身预防疾病和"治未病"的思想和意识不强，体医融合公共服务也缺乏根本性的认识和理解，老年群体基于体医融合的健康促进理念和健康素养亟待强化与提升。《"健康中国2030"规划纲要》提出到2030年经常参加体育锻炼的人数增加到5.3亿人，即至少有30%以上人口能够经常参加体育锻炼，保持每周参加每次持续时间不低于30分钟的体育锻炼至少为3次。老年人群的锻炼频率远远不足，老年人缺乏体育锻炼参与积极性的原因，除了身体健康等原因，还有一部分老年人担心被别人嘲讽。我国同时还是一个具有不同传统民间习俗的统一的多民族国家，受制于传统观念的影响，老年人尤其是老年女性人群缺乏积极参与体育锻炼的观念。与此相似，那些患有重大疾病的农村地区老年人，也往往由于缺乏科学的心理指导而难以形成积极应对疾病的健康促进心态。

（二）体医融合协同创新的组织因素

组织因素主要表现为老年人体医融合组织体制机制不协调、不协同性威胁。一方面，现行老年人体医融合管理主要由体育和卫生健康两大行政部门负责，但面临"体育治体""医学治医"各自为政、各自独立的条块运行管理体制性壁垒，因而在实践中面临"有启动、无监督，有协调、无结果，有议事、无决策"的低效行政执行问题。因未能形成合力，制约了老年人体医融合的机制协作与体制协同推进。另一方面，政府主管部门存在"掌舵"管理行为的"路径依赖"，体现在我国一些体育和医疗协会（学会）等非营利性组织具有较浓厚且半官方化的"行政化"色彩，致使其组织运作能力较弱，行政管理能力、运作宗旨、服务功能和作用职能等同社会民众的健康夙愿和高质量健康精神需求存在偏差。而且受经济体制改革的影响，老年人体医融合服务市场与监管部门权责仍不匹配、不健全，易造成相关政府部门间的"利益寻租"，这无疑对我国老年人体医融合协同创新发展产生了一定的威胁。

此外，由于我国老年人体医融合服务模式还处于探索阶段，体育和医疗卫生健康等行政部门的协同性不足，老年群体依然缺乏共同参与全民健身以促进健康的完善体制机制，特别是老年人康（医）养、体医（卫）等的融合服务机构及其服务项目面向街道、社区等社会基层覆盖延伸依然缓慢，这给体医融合协同创新发展埋下了社会隐患。《"健康中国2030"规划纲要》在加强体医融合和非医疗健康干预时，强调加强科学健身指导服务站点建设，开展国民体质测试和完善体质健康监测体制。缺乏系统的组织指导是影响老年人群通过体育锻炼促进健康的障碍。运动医学或者健康体育等专业的人才培养数量和质量，都不能满足体医结合促进国民健康的需求。

（三）体医融合协同创新的经济资金因素

一是从宏观经济形势看，全球经济复苏乏力，外部经济环境严峻复杂且不确定性加剧了全球经济下行压力，因而我国发展老年人体医融合来自外部经济环境下行的影响较大。二是从中观经济行业看，在我国老年服务市场培育环境仍未健全的境况下，进入老年人体医融合服务行业的市场壁垒显著增加，加之现行服务市场监督管理体制机制的不健全，加剧了行业市场间的无序竞争。再者，健康产业核心内容并未与体医融合服务业融合匹配，市场信息的不对称性导致多数体育和医疗行业的服务业被少数经纪中介企业垄断，也导致老年人体医融合服务市场交易成本的提高。三是从微观经济企业看，由于我国的健康产业仍处于幼稚产业的初级发展阶段，市场需求不足，供给不稳定，盈利模式不成熟，企业银行信贷和税负沉重，导致了健康产业未形成稳定且丰厚的盈利模式，给我国的老年人体医融合创新发展造成一定的经济威胁。

此外，制约老年人体医结合的主要因素在于健身场所不足。相对于中青年群体具有广泛的体育场所选择，老年人因为有较高的健康风险，选择的体育锻炼场所比较受限，尤其是商业运营的一些场馆和健身会所，对老年人具有一定的社会身份歧视。而要建设适合老年人体育锻炼，并具有体医融合的特殊场所，则需要大量的资金支持。而融合完善的医疗设施和体育锻炼设备的场所数量较为缺乏，大部分的医疗机构只配备简易的体育器材，而体育场所则通常只配备少量的急救设备。相对于《"健康中国2030"规划纲要》提出的"建设健康城市和健康村镇"要求，在公共设施体系、布局和标准方面，尚未把健康融入城乡规划、建设和治理的全过程。《关于推进老年宜居环境建设的指导意见》（全国老龄办发〔2016〕73号）提出，"引导市场、社会、家庭、个人多元参与，形成合力，发挥财政资金撬动功能，创新公共基础设施投融资体制，推广政府和社会资本合作模式"，到2025年建成"安全、便利、舒适的老年宜居环境体系"使"住、行、医、养"等环境更加优化。但在制定城乡规划时，综合考虑适合老年人的医疗卫生和文化体育等设施建设，并通过运用更加灵活的财政政策统筹政府资金、社会资本、集体收入及产业基金等，推动老年人体医结合设施更加完善，并对免费或优惠向老年人开放的公共服务设施给予财政补贴，制定更加具体可行的实施办法和细节。

（四）体医融合协同创新的技术因素

尽管5G、3D和AI等网络科技加速融入体育和医学实践应用中，但语音识别、人脸识别和5G等通信技术仍具有诸多的技术劣势。首先，"智慧体育""智慧医疗"等高技术应用仅停留在信息预约（看病挂号等）、初级数据检测、简单运动健康评估与管理阶段，真正与体育、医院等内部信息系统的技术融合有待强化。作为一种高新技术和新生事物，许多高科技精密智能仪器设备还未得到相关利益主体（医护人员、老年人）的认可和熟知，因而未能充分发挥科技在体育锻炼和医疗预防中的高效运用。其次，体育和医疗科技成果的市场转化率低。我国竞技中的体育训练和运动医学科技研发成果丰硕，但很少转化、指导、服务于全民科学健身之中，且科技成果的专利法律保护也严重不足。再次，缺乏科学统一、规范运行的监测标准、保健标准、行业标准、健康管理标准和执行标准等体医融合技术标准体系，这导致智能终端和慢病防治的数据信息平台交互标准不统一，监测数据准确性不高，体育和医疗信息数据未能高效互联互通。最后，老年体医融合复合型技术人才缺乏，特别是从事保健体育、康复医学、运动医学和健康评估等体医技术人才在基层社区、街道乡村非常短缺，因而在数量、规模、质量方面老年体医人才均有待保障和提升。

三、优化我国体医融合协同创新的发展

在健康中国、体育强国、全民健身、人口老龄化等"四大"战略指引下，在政治、经济、社会、技术等良好环境的加持下，立足我国老年人体医融合发展的现实国情，从四个维度优化了我国老年人体医融合协同创新的发展。

（一）转变发展理念，优化老年体育和医疗卫生行政管理体制机制

健康中国建设要以预防为主的大卫生、大健康为理念，开展全民健身促进行动，实现全民健身与全民健康深度融合。在此背景下，体育与医疗融合作为全民健身与全民健康深度融合的工作抓手，从"医"向"卫"的转变将成为必然。自《"健康中国2030"规划纲要》提出"加强体医融合和非医疗健康干预"的行动以来，体医融合的概念便被广泛用来指代体育系统和医疗系统的合作工作，并在这一理念下谋划和推进体育与医疗合作的各项工作。《中华人民共和国国民经济和社会发展第十四个五年规划和2035年远景目标纲要》首次用"体卫融合"的概念代替过去的"体医融合"概念，近期出台的《全民健身计划（2021—2025年）》《关于构建更高水平的全民健身公共服务体系的意见》也都将体卫融合纳入其中。纵观我国基本医疗卫生制度可分为基本医疗服务（通常简称"医"）和公共卫生服务（通常简称"卫"）两大领域，其中公共卫生体系在前端预防，医疗体系在中端治疗，而健康中国建设的核心目标是关口前移，坚持预防为主的卫生与健康工作方针，推行健康生活方式，减少疾病发生。所以，从"医"到"卫"，将更加契合健康中国建设的理

念与方向,也拓宽了体育锻炼增进老年人群健康的服务覆盖范围,今后在实践上应更加注重将卫生理论与方法应用于体育健身,贯彻预防为主、服务健康关口前移,发挥运动增强体质和疾病预防的作用,让大众不得病、晚得病或不得重病。

首先,借助国家和政府出台的一系列养老、医养、康养和体医(体卫)融合等宏观政策的支持,将体医融合协同发展积极融入各地的养老、健康等"十四五"规划中,提升老年人体医融合在区域健康发展中的普及及实施效用。其次,从国家层面实施顶层设计,优化政府主导老年体育医疗治理机制,建立跨部门、操作性强的类似"体医融合健康促进委员会"大部门管理机构,统筹领导全国老年人体医融合发展协调机制,构建以国务院相关部委为组织核心,地方政府、体育(医疗)社团组织、民间机构和社会民众积极参与的老年人体医融合协同管理组织架构,提高老年体医深度融合的组织执行效率和公共服务供给能力。最后,优化"服务型政府"职能,真正实现体育(医疗、卫生、老龄等)专门协会的"管办分离",明确政府监管权责,完善服务评价和问责机制,强化政府体医融合服务的市场监督,以法律法规法定保障我国体医融合公共服务的供给能力和供给水平。同时建立政府部门与行业企业多方联动的协调服务机制,提升政府和市场两个机制供给老年人体医融合健康服务的能力。

(二) 提升健康意识,健全老年人体医融合公共健康服务体系

体医融合协同创新需从社会发展的视角进一步完善我国的公共体育和公共医疗服务体系。一方面,深入推进"健康中国2030"、健康中国行动、全民健康生活方式等中期规划,加大对老年人群体医融合公共服务的财政投入与市场供给,努力实现体医融合公共服务的均等化;另一方面,深化我国社会养老体系与康养、康旅、医养、体医和体卫等大健康产业的融合创新发展。重视老龄化背景下的老年群体体育健身和医疗保健、养生服务的中长期规划;培育老年群体体育运动、健身养生的兴趣,促进学校体育、群众体育与体医融合服务协同发展。充分融合健康类学科与体育、医疗特色学科相结合,广泛培养健身指导、康复治疗(技术)、中医养生(康复)、智能养老服务等体医复合型专门

人才，为我国体医融合协同创新发展提供社会人才保障支撑。以传统体育和传统医学融合的典范为启发，促进老年人体医融合范式多元化发展。健康中国建设强调发挥中医药和中华传统体育在健康促进、慢病预防和机体康复等方面的独特价值。因此，体育与医疗融合的实践思路要摆脱完全照搬西方的单一做法，转为坚定文化自信，从中华优秀传统文化中汲取智慧与力量，以传统体育和传统医学融合的典范为启发。具体举措为：推广普及中医养生保健知识和太极拳、健身气功、八段锦等养生保健技术和方法；在中医医疗机构内设立运动康复门诊或科室，加强体育治病与中医康复理疗方面的融合，发挥中医药在老年人运动康复等方面的特色作用；总结、提炼和汇编中医药和中华传统体育融合的实践案例，并加强循证实践和推广运用。目前大家越来越重视中医药和传统体育相结合的方式，中医医生教授患者练习八段锦、五禽戏和易筋经等功法已经十分普遍。可以肯定的是，中医药和传统体育的结合必然会突破以现代体育和西医为主的体医融合范式，走中国特色的体医融合道路。

（三）优化产业结构，提升大健康产业经济规模和效益

体医融合服务作为一种准公共产品或服务，具有经济的外部属性，促进健康的经济行为使人受益，因而具有正向外部属性。在体医融合服务供给中，体现在对微观经济主体生产经济活动带来的积极影响。随着人们对疾病预防、运动健身、养生长寿观念和意识的进一步提升，对健康服务高品质精神需求的渴望，生产提供健康产品（服务）需与之对应的诸如养老、医疗（保健）、体育用品、体育休闲、保健品和健康管理服务等大健康产业协同创新发展。一方面，推进大健康产业的结构升级和产业经济规模扩大，优化大健康产业的地域空间布局，持续推进体医融合城市建设和大健康产业集聚区、产业示范基地等的协同建设，使之成为新的经济增长点。另一方面，充分利用大健康产业的优质资源提高产业的资本流动率。整合开发与体医融合新兴业态的融合创新，提升体医融合促进社会民众健康促进的精准化服务能力，为老年人群体提供个性化、特色化、精细化的公共健康服务。

(四) 强化技术创新，持续推进老年人体医融合健康产品（服务）的科技应用

1. 借助智能化技术，开发智能体医融合服务

借力大智慧体育、智慧医疗等智能技术交互信息服务平台，创新人工智能、语音互动、物联网和多人聊天等智能技术功能，与医养、康养、康旅等养老产业相结合，开发运动休闲、医疗保健、运动养生等智能体医融合服务。首先，创新开发智能化、傻瓜式、一键式的操作系统和便捷方法，既能提升老年人群智慧运动、智慧医疗、智慧养生服务的易用性，又能提高对体医融合智能信息平台服务质量的感知能力和水平。其次，将成熟的体育运动方法、成果、手段等进行转化和简化，并与群众体育、老年体育有机结合，创新推广至老年人群体健身领域，提升老年人健身的科学性和有效性。最后，拓展高新科技融入体医融合各领域的创新实践。创新高新技术在体医融合健康服务领域中的社会应用，特别是对公共体育场馆、公园、公共医疗和老年设备等基础设施进行技术改造和智能化升级，提供更多"智慧公园""智慧体育场馆""移动医疗""远程看护""智慧健身步道"等多元化、特色化的体医融合健康循环范式，发挥智慧体育运动和智慧医疗的健康促进功能，提高体医融合公共基础健康设施的智能化水平。

2. 通过数智赋能，研发体医数字化产品

在数字健康中国建设和数智化时代即将来临的大背景下，数智赋能将成为体医深度融合的新路径。一是探索建立体医健康服务云，推进老年人体质监测数据与居民健康档案数据互联互通，实现健身与健康数据采集、存储以及在管理上的共享。随着可穿戴智能设备的普及化，在加强医疗保健和体育健身有效融合的基础上，通过利用高科技信息交流和通信系统，构建基于老年健康大数据与"互联网+"的健康信息沟通平台，建立个体健康特征数据库，通过体育科技工作者与医务护理人员等多方面主体的合作，建立指导老年人身体锻炼的信息指导平台，使老年人能够实时了解如何进行科学适度的锻炼，老年人的家庭成员或监护人，体育与医务工作者，以及社区人员，都能够借助这个信息平台，实时跟踪、掌握老年人的健康状况。老年的健康状况变化较大，而且在体

育锻炼中容易发生很多突发情况。因此，需要对老年群体建立实时信息监控与沟通系统。《"健康中国2030"规划纲要》提出"开展国民素质测试，完善体质健康监测体系，开发应用国民体质健康监测大数据，开展运动风险评估"。二是开发老年人体适能健康测试、运动风险评估和健身服务等网上指导系统；搭建"体医融合+互联网"服务平台，平台项目包括体医融合专家介绍、科室设置、门诊预约、运动健康知识与老年人群运动处方、相关工作资讯等内容。对老年人体育锻炼和医学治疗后的健康状况进行科学评估，以制定锻炼后或治疗后的健康促进方案。参与健康促进的各方主体，要及时沟通交流专业判断信息，并及时地做出风险评估，提供有效应对和防范老年人健康风险的保险产品服务，并制定和完善在不同情况下的应对方案。三是鼓励企业创新研发可穿戴式、便携性、非接触式采集健康信息的智能化健康管理、运动健身等电子产品以及"互联网+体医融合"的健康促进和慢病管理软件系统等，提供运动促进健康信息化服务。

第三节　社区老年人体医融合治理

党的二十大报告指出"提高基层防病治病和健康管理能力"，为我国社区老年人体医融合治理提供了政策保障。面对老年人身体状况不容乐观、老年慢性病人数剧增等发展现状，如何积极应对由运动不足等原因引发的慢性病问题，有效遏制正在井喷的慢性病态势，减轻经济负担，构建更高水平的老年人体医融合健康促进模式，这不仅是政府的责任担当，更是集国家、社会、家庭和个人等于一体的综合性、复杂性问题。我国各省（市）深入贯彻国家政策方针，积极推进全民健身与全面健康融合发展，社区老年人体医融合治理实践活动取得了初步成效。

但整体来看，我国社区老年人体医融合治理的执行效果差强人意，究其原因，关键在于我国社区老年人体医融合治理运行的多元主体涉及数量多且较为复杂，政府内部的联动机制不够充分，地方政府能动性不足等因素。社区作为体医融合建设的关键环节，既是体医融合治理的落脚点，也是着力点。在健康中国背景下，社区老年人体医融合治理的良性运行需要多元主体的良性协同，以共享资源、经验和成果，提高治理效能。因此，在推进健康中国建设的进程中，探索社区老年人体医融合治理的理论内涵及治理机制，分析健康中国背景下我国社区老年人体医融合治理困境，理顺体育与医疗卫生等主体的资源整合与协同关系，提出相关治理方案，有利于提升健康管理效率，最终提高社区老年人健康水平。

一、健康中国背景下社区老年人体医融合治理的理论阐释

社区老年人体医融合治理作为一项民生工程，是纵深推进健康中国建设、加快体育强国建设的重要部署。探讨社区老年人体医融合治理概念的界定问题，要从理论与实践维度准确把握体医融合的本质，即从理论层面深入认识社区体医融合的内涵，从实践上全面解析社区老年人体医融合治理理念及社会现象。

（一）社区老年人体医融合的内涵

目前，学界对体医融合概念众说纷纭，但归纳起来主要分为以下几个方面：一是目的视角。老年人体医融合是将体育与医疗进行交叉、融合，其目的是为增强体质、防治疾病、改善心理和防护监控等提供支持，以充分发挥其在老年人群体预防、治疗和康复三位一体中的特殊功能。二是手段视角。老年人体医融合是以老年人的健康发展为出发点，旨在通过体育运动等手段促进机体的健康发展。三是要素视角。老年人体医融合是指把体育运动方式与现代医学技术方法有机结合，在"医疗"的概念中加入"体育"的元素，并在医疗的各个环节科学地、有针对性地融入体育运动的元素。可见，体医融合突破体育与医学学科之间的界限，它促进体育与医疗卫生系统的资源整合，以增强民生福祉、促进老年人健康为发展目标。社区老年人体医融合作为体医融合的下位概念，它是以社区为主的运动健康发展模式。社区老年人体医融合以社区老年人的身心健康为出发点，通过整合社区、医院、体育等多方优质资源，为社区老年人提供专业运动指导、全面医疗保障等体医健康服务，充分发挥其在老年人健身与健康深度融合过程中的桥梁作用，不断改善社区老年人的体质健康状

况，提高生活质量。因此，社区老年人体医融合并不是将社区、体育与医疗卫生等简单组合，该发展模式的基本内涵是从体育视角看医疗卫生，重新认识老年人健康的本质诉求；从医疗视角看社区体育，重新发现社区体育的功能价值；从社区视角看体育与医疗，重新优化整合多方资源享赋。

（二）社区老年人体医融合治理的理论基础

社区是社会治理的基本单元，推进社区老年人体医融合治理现代化是健康中国建设的有力抓手。借鉴治理理论的基础内容及发展要素，对厘清社区老年人体医融合治理内涵及发展思路具有重要意义。治理理论产生于20世纪末期，其基本含义是权力去中心化，由此形成多元化主体构成、网络化结构、互动化过程和协同化方式等基层治理内容。治理理论倡导"多主体、多中心"治理模式，其强调治理依靠各方利益主体的自主自治而不是政府的权威。可见，治理是一群组织或者若干群组织的联合体，该联合体将相互依赖的资源聚集在一起。行动者、链条、边界等基本要素构成了治理理论的基础内容。行动者的构成包括政府公共机构、社会组织和私人等主体，链条的作用是连接和沟通各协同主体的桥梁和纽带，边界由行动主体的功能与结构认知情况决定。简言之，治理以多元主体持续互动为研究目标，探究各个主体如何基于关系稳定、利益均衡和整合资源，形成合理而科学性的公共治理。治理理论的特征可以归纳为以下4点：①涵盖公共机构、私人主体和第三部门等主体的行动者；②治理主体提供相互依赖的资源，这些资源也是相互连接的纽带；③治理运行的过程构成了多元主体参与的协同机制；④协同结构主体基于谈判、博弈、协商和妥协来实现治理目标。

社区作为现代社会的基本构成单元，是体医融合监管、防治的重要载体，推进社区老年人体医融合治理不仅反映了基层社会治理能力，还给基层治理实践带来一系列挑战。依据治理理论内容，结合社区体医融合的基本内涵，把社区老年人体医融合治理定义为社区老年人体医融合治理是指以社区为基本单位，通过整合医疗、体育、社区和家庭等多方力量，以多层次、多维度方式全面提高社区老年人的健康水平，实现社区健康治理的有效模式。社区老年人体医融合治理强调了医疗、体育、社区和家庭等多元主体协作互动，合力推进社区体医融合建设，有效发挥全民科学健身在健康促进、慢性病预防和运动康复等方面的功能；随着健康关口前移，该治理模式着重于预防和早期干预，注重提高老年人的健康素养，减少医疗负担，提高社区的整体健康水平；该治理模式还注重协调和整合社会资源，建立社区健康管理的长效机制，使社区老年人能够更好地享受优质、便捷、高效的健康服务。

二、健康中国背景下社区老年人体医融合治理的机制建设

（一）体医融合的理念认同机制

理念认同具有认识、指导、激励与文化价值，是一种行动指南的思想认识或观念看法。社区体医融合的多元主体之间形成价值统一的健康促进理念，能够产生强大的动能聚变，这是体医融合治理的前提。在健康中国和全民健身战略的指引下，全社会要充分认识到健康促进的大健康观与大卫生观，认识到体育的健康促进功能与实现健康的多重路径。要把体育与医疗共同促进健康的理念认同落实在社区健康文化与活动开展的方方面面。在社区的健康文化传播、疾病预防筛查、疾病治疗与康复等活动中，以社区老年人的健康需求为中心，充分认同体医融合的多重样态。在社区健康促进的前端，遵循"以体为主、医务监督"的理念，以充分发挥体育锻炼促进健康关口前移的作用；在社区健康促进的中后端，遵循"体医并重"的理念，以充分发挥体育非医疗干预的治理与康复作用。通过体医融合供给与需求两端的理念认同，使体医融合理念深入人心，并将其作为提高社区老年人健康水平的优先干预手段。以政府治理理念转变为指引，社区医疗卫生体系强化体医融合理念认同，社区医疗服务中心大力推广"运动是良医"的健康理念，要结合不同的医务科室，把体育非医疗手段与医疗手段融合应用，营造医疗卫生人员与社区体育指导员合作的共生界面。基于社区老年人健康状况，分级、分层提供体质健康监测和运动处方干预等精准化服务，彰显出体育在各个健康层面的功能。在社区体育服务领域，社区体育组织推进"运动是良医"的理念向纵深发展，重塑"体育促进健康"的价值认同，针对社区的老年人群体，促进其形成科学健身的内在动

力,着力提高其科学健身的水平。

(二) 体医融合的协同发展机制

社区体医融合是指将体育和医疗卫生领域相互融合,共同为社区老年人的健康福祉服务的模式。通过社区体医融合的协同发展机制,可以更好地整合体育和医疗卫生领域的资源,为人们提供更全面、更优质的健康服务。例如,体育可以帮助老年人保持身体健康和预防疾病,而医疗卫生部门则能够提供针对身体疾病的治疗和康复服务。第一,社区体医融合的协同发展机制建设,需要政府、体育、医疗、卫生和家庭等不同主体的权责匹配之间有效协同,建立具有协同性和可持续性的合作机制,包括建立健康教育和健康促进的协同机制、加强体育健身和医疗康复的协同机制、实现健康数据共享和协同分析的机制等,为社区老年人提供更加优质的健康服务,推动体育和医疗卫生部门等共同开展健康促进活动、合作开发医疗体育产品、共同推动体育医学研究等。第二,建立以健康服务业为核心的社区体医融合发展机制,将有助于整合医疗卫生资源,提高医疗卫生服务的效率和质量,进一步推动全民健身事业的发展。一方面,社区老年人体医融合治理应遵循市场经济发展规律,通过融入社会资本增添健康服务业市场活力,不断拓展以市场为导向、行业为主体的融资渠道,以促进体医融合的各类生产要素深度合作,改善现有体医融合各类生产要素匮乏的问题,形成体医融合服务产业规模。另一方面,完善社区老年人体医融合治理的制度供给,发挥政策的监管规范,推动社区老年人体医融合治理形成层次分明、重点突出的发展思路。例如,重点从区域体育产业与医疗康复业融合、区域体育产业与养老服务业融合、区域体育产业与旅游业融合等领域展开多角度的合作,提升健康服务新业态交叉融合深度。

(三) 体医融合的治理保障机制

第一,跨部门统筹协作的保障机制建设,其根本宗旨是为社区老年人体医融合治理提供组织机构和发展保障。体医融合治理在制度化组织机构的约束下,相关跨部门组织机构具备了参与体医融合的明确责任、主动意识与积极行为,因此,理应成立以基层政府为主导、职能部门为主体、社会组织为辅助的社区老年人体医融合治理委员会。第二，明确社区体医融合多元服务主体的工作责任，厘清其行为范围及工作对接技术规范，明确多元主体的利益关系，并落实治理问责制度。多元主体的治理保障以社区管理部门为统领，社区体育与卫生部门牵头，养老机构与社区健身俱乐部等主体参与治理，以共同价值为追寻凝聚各方力量，增进相互信任，强化多方联动保障作用。尤其是要消解体育、医疗管理部门之间的条块化治理隔阂，打通政府、社会组织与产业机构的堵点，发挥各主体自身的优势，降低治理成本。第三，建设社区老年人体医融合治理的信息保障平台，社区管理部门充分发挥在搭建和推广信息保障平台中的积极作用，明晰信息资源管理的责任主体和协同关系，畅通信息资源共享交流渠道，收集体医融合相关健康信息资源，及时发布政策指引、典型案例、治理经验等信息资源。同时，社区管理部门要充分利用数字技术赋能社区老年人体医融合治理，一方面要完善社区老年人个人健康档案信息的收集、整理；另一方面要对相关健康信息进行精准分析，及时、有效地反馈给社区，形成信息流动闭环管理。

三、健康中国背景下社区老年人体医融合治理的困境审视

（一）基层治理权责设置失衡

基层治理是社区老年人体医融合治理的基石，基层治理权责设置涉及社区老年人体医融合治理的组织结构、职责分工和权力分配等方面，直接影响基层治理的实践效果。目前，在社区基层治理过程中，由于相关权力、责任未能合理配置，产生了医疗资源分配不均、社区主体参与不足、卫生资源整合不充分等问题，进而造成了社区老年人体医融合治理"重管理、轻治理"等权责失衡现象。

1. 地方政府配套衔接方案不全，影响体医融合协同落实成效

地方政府对社区体医融合缺少明确、统一的指导思想和治理理念，尤其是体育、卫生、医疗等不同职能部门的权责不清，过分强调地方政府的主导地位，这将难以推动不同部门间的有效衔接，导致社区老年人体医融合协同治理

缺乏动力。例如，地方政府认为，作为一项新型服务模式，体医融合服务相对于纯粹的专业医疗服务和竞技体育而言，不属于我国体育事业和医疗事业的主体构成，也和地方社会经济发展关系不密切、直接成效不明显等相关，导致社区老年人体医融合治理游离于上级部门考核的核心业绩范围之外。因此，推动体医融合的相关工作时，一些地方政府缺失大局观念与责任担当，部署多、落实少，影响了体医融合的协同落实成效。

2. 缺乏有效的配套衔接方案，导致资源的浪费和决策的混乱

我国体医融合的宏观性和原则性强，但社区体医融合协同治理的可行性、操作性不够强，这导致地方政府无法具体落实细则。尤其是在体制机制、经费保障、责任划分等方面没有厘清中央政府与地方政府的关系，缺失定量化的质量评价指标与监督考核体系，无法保障体医融合在实践中的准确性，使地方政府举棋不定。

（二）综合性治理工具运用匮乏

社区体医融合综合性治理是一种将社区卫生服务与社区治理相结合的管理模式，社区体医融合需要运用多种综合性治理工具，以实现整体性、协同性和可持续性的管理效果。长久以来，我国体医融合零星地服务于政府主导的体育管理体制中，业务开展依赖强制性的治理工具，其相关公共服务主要依赖于政府供给，健身服务相对单一，健身服务的多样性与精准性有待于进一步提升。第一，尽管国家和地方政府出台了相关治理制度，鼓励运用市场手段，如通过委托关系、公私合作关系、政府购买服务等，提升老年人体医融合服务的供给能力，但是缺失相应具体的配套措施与可操作办法。第二，由于社区老年人体医融合治理是一种新兴的管理模式，社区管理者、医护人员以及社区老年人对其重要性和运用方式的认知不足，在社区老年人体医融合治理实践中主要采用社区条例、居民公约等传统治理工具，其导致在实践中无法充分发挥综合性治理工具的作用。第三，政府拥有话语权，掌控着治理的规则与利益诉求的渠道，占据治理的核心位置，是治理中的主动方。在治理中，中央政府、地方政府与服务主体之间的权责和地位不对等，其他合作伙伴，如社会组织、营利机构、社区老年人、志愿者等，基于自身利益考虑加入体医融合治理的意愿性不强，混合型治理工具运用不够，自愿性治理工具的运用更加缺失。

（三）服务主体协同供给能力薄弱

相对封闭的治理结构边际，服务主体的成员数量少，必然导致老年人体医融合服务的市场化程度不高。市场在体医融合资源配置中的决定作用得不到充分发挥，多方资源的共生互惠效应不足，进而降低了体医融合执行效能。虽然我国在支持社会力量开展老年人体医融合方面出台了一系列配套政策，但体医融合服务归属于公共服务范畴，其具有准公共产品属性，投资回报率较低。再者，体医融合游离于竞技体育和学校体育服务之外，缺失相应的激励举措，造成社会组织及民间机构开展老年人体医融合的意愿不足、投资老年人体医融合的愿望不强。受基层政府财政支出有限、科层管理体制等影响，老年人体医融合公共服务的多样性不足，无法满足老年人的多样化健康需求，影响了老年人体医融合服务的亲密性和获得感。另外，老年人体医融合的相关制度条款都存在于纲要规划、统领性文件之中，缺乏针对老年人体医融合的专业性立法，导致开展老年人体医融合缺乏权威法律支持与保障，引发了老年人体医融合的治理运行效能不足。

（四）专业职能部门和社区老年人话语权缺失

相对而言，专业职能部门和社区老年人处于弱势地位，话语权缺失、影响力不足，主要体现在以下几个方面。第一，体育、医疗专业性主体的参与程度有限，体育、医疗专业性主体基于两会提案、专家座谈会、专业文章和内参报告等多种途径，为加快促进体医融合发展提供意见与建议，是政府部门的重要智力支撑；但是由于其主体构成较为分散，治理存在困难。近些年，很多人大代表、政协委员和专业领域的学者提议出台融合相关配套政策，把体医融合纳入基本公共服务领域，但是信息和权威的支持不足，导致建言献策的"吸纳不够充分"。第二，体育、医疗专业性主体与社区老年人协同的互动不充分，沟通欠缺，加之社区老年人缺乏专业知识，导致社区老年人的意见、提议都很难通过媒体反馈给相关政府部门。第三，社区老年人的参与程度不足。在实践中，参与主体中最为关键的合作伙伴是社区老年人，他们是体医融合治理运行最终的受益者，其受益程度决定了治理的执行成效，在体医融合的实施中最具发言权，但其参与体医融合治理运行的能动性仍然不高。

四、健康中国背景下我国社区老年人体医融合治理的实施方案

通过审视体医融合治理的现实困境，结合社区老年人体医融合治理机制建设，提出健康中国背景下我国社区老年人体医融合治理的实施方案，以期不断优化体医融合治理的执行效果，推进健康中国建设进程。

（一）优化基层治理权责匹配，强化治理运行监督力度

政府在我国社区老年人体医融合治理中处于主导地位，发挥着统筹指导、宏观调控与监督制约作用，造就了我国社区治理"以上率下、上下联动"的显著特征。因此，要充分发挥治理优势，进一步厘清国家与地方、地方政府之间的权责匹配，形成"上下联动"的治理运行模式，将"自上而下"与"自下而上"的治理方式相结合，形成"一盘棋"的治理局面。

1. 改变体医融合"政出多门、多头管理"的局面

当下，我国社区老年人体医融合治理的推进主体涉及体育、卫生、医疗、工商、土地和税务等多部门，因此应建立健全权责清单和考核机制，明确各部门的职责范围和权力边界，保证基层治理过程中的权责匹配，加快社区体医治理权力下沉，促进全民健身与全民健康活动的有效开展。例如，江苏省苏州市为了加强社区老年人体医融合的治理工作，建立了社区体医融合工作领导小组，由社区卫生服务中心、社区居委会、医院等部门组成，负责统筹协调社区体医融合工作。在信息化背景下建立社区管理信息平台，有助于患者病历、医疗资源等信息的共享和交流，提高了医疗卫生资源的利用效率。

2. 倡导以健康为中心的理念

把体医融合定位为基层政府的一项民生健康工程，将体医融合服务纳入我国基本公共服务范畴。基层部门要严格执行《国家基本公共服务标准（2021年版）》等相关制度，将"提供科学健身指导""健康医疗与健康素养促进"

纳入基层政府基本公共健康服务的重点任务范畴，明确各级体医融合相关机构的分层分级管理责任，设计体医融合公共设施与健康资源的建设标准，在经费支出、机构设置和人员编制等方面给予协同倾斜，在政府绩效考核中纳入体医融合成效的考核项目。同时，细化老年人体医融合协同条目，构建精细化的责任清单，把具体权责逐项呈现，以此明晰国家与地方、府际之间的权责匹配。

3. 建立考核机制，督促各部门履行职责健康

中国背景下老年人体医融合治理面向全体老年人、覆盖全过程，因此需要设立专门监督委员会，负责统筹协调社区老年人体医融合治理工作，强化事前、事中、事后等不同阶段的监管能力。同时，也要开展广泛性的外部监督，加大社会舆论、新闻媒体对体医融合治理运行的监督力度，以确保治理成效落实到位。另外，国家要出台体医融合的相关立法，进一步明晰社区体医融合的性质、管理体制机制、资金投入、保障举措和监督评价等具体事宜，健全行政问责制度，构建体医融合质量评价指标，健全立体化、多层次的体医融合治理运行监督协同体系，防范治理运行中的不良行为。

（二）组合运用多类型治理工具，优化体医融合治理结构

1. 政府要充分运用强制性治理工具

通过制定相关法律法规，规范社区老年人体医融合治理行为，充分发挥法规制度、规划编制与指导监督等职能作用。例如，江苏省南京市出台了《关于推动体医融合发展的实施意见》，对于规范该地区体医融合治理行为、推动健康产业的发展具有积极作用。同时，政府还可以建立健全监管机制，加强对社区体医融合组织机构和从业人员的管理和监督，加快构建体育、卫生、医疗等部门协同，全社会共同参与的体医融合治理模式圈。

2. 政府要强化使用混合型治理工具

由于政府的资源和能力有限，需要通过强化制度供给、促进市场竞争、采取服务外包等形式，加大社区体医融合服务的购买力度，逐渐过渡到由市场经济提供的社区体医融合服务。例如，政府可以通过开展竞争性招标、委托相关机构、服务外包等方式，鼓励和引导社区医疗机构和体育健身机构的进入，增加体医融合服务供给，促进市场有序竞争。尤其要出台费用补贴、税收减免等

激励性配套协同政策，充分挖掘社区体育服务机构、社区卫生中心、私营康复企业和社区基层组织等主体在人才、设备与资金等方面的优势，协同推进社区体医融合服务的供给。

3. 政府要促进自愿性治理工具充分发挥作用

利用媒体力量加大宣传社区老年人体医融合服务的社会价值，鼓励不同专业领域和不同阶层的志愿者融入社区体医融合服务之中，通过社区服务活动来促进社区老年人健康，还可以增强社区老年人对社区体医融合服务的认同感和信任感。同时，应激励私人企业和社会组织发展老年人体医融合公益发展基金和服务项目，为老年人体医融合服务增添资金来源。另外，鼓励社区老年人提高体育非医疗干预的知识与能力，发展自我健康获取的能力和推进体医融合的行为经验分享。由此可见，通过组合运用强制性、混合型与自愿性治理工具，达成政府、市场、社会与民众在社区体医融合服务中的协同共治，以共生互惠的理念消解利益博弈困境，进而提升社区老年人体医融合服务治理功效。

（三）深化体医融合供给侧结构性改革，完善多元主体参与的供给路径

社区老年人体医融合治理离不开基层政府职能部门、企业组织、社会机构与社区老年人等合作伙伴的行为互动，而且政府协同的开放程度决定了合作伙伴治理运行中的互动程度：开放程度越高，互动行为越频繁，治理运行成效就越突出。在具体策略方面，政府要强化协同支持和制度供给力度，基于项目合作、委托代理等方式，开展体医融合的服务购买，可以有效降低医疗成本，实现资源重组，并提高体医融合服务的可及性。优化体医融合服务的供给路径，各个合作伙伴基于平等、公开和理性对话，不断深化彼此间的理解与信任，通过互动博弈，实现互惠共赢。要实现体医融合供给的治理绩效，目标统一、利益共赢与信息共享三大核心要素是关键。

1. 达成治理目标统一

目标是公共协同的核心价值，也是治理运行的引领。健康中国背景下老年人体医融合治理的目标是提高社区老年人的健康水平和生活质量，降低医疗卫生服务成本，推进医疗卫生事业的可持续发展。在社区老年人体医融合治理

中，各合作伙伴的积极参与和协作尤为重要。为避免各合作伙伴的目标偏离或者异化，政府有必要从顶层设计着手，进行实时的行政干预，在管理与放权中寻找结合点，在制约监管、评估考核的制度供给中以确保各合作伙伴回到既定的治理目标轨迹上来。

2. 达成利益共赢

社区老年人体医融合治理是健康中国建设进程中的重要举措。在社区老年人体医融合治理中，各主体如医疗机构、社区卫生服务机构、保险机构和政府机构等价值取向可能不尽相同，但是他们需要通过合作来实现共同的目标，即提高社区老年人的健康水平和医疗服务质量。为了实现利益共赢，要构建交流平台，公开理性对话与价值诉求，听取各方意见与建议，促进各方的沟通和协调。

3. 强化信息共享

消除信息孤岛，实现信息共享，是保障体医融合服务供给的基本前提之一。政府体育职能部门、社会组织与私人部门之间长期存在着信息不对称的现象，这阻碍了治理运行协同关系的形成。为满足各合作伙伴的诉求表达与资源整合等方面的需求，构建社区老年人体医融合相关信息平台尤为必要。例如，北京、上海、河北等地社区建立了体医融合平台，推动多元主体参与社区体医融合协同治理，对社区老年人实施体质健康监测、全民健身指导、运动康复服务等，以预防和控制慢性疾病的发生和发展。

（四）畅通利益表达渠道，保障专业职能部门和社区老年人的话语权与参与权

社区老年人是体医融合治理的关键参与者和最终受益者，如何有效满足社区老年人的价值诉求，保障专业职能部门和社区老年人的话语权、参与权成为了一项重要议题。因此，让社区老年人参与到治理的实践中，充分表达自身的利益诉求，是体医融合有效治理的基础性保障条件。"政府主导、精英参与"是我国体医融合治理的主要模式，社区老年人参与的程度不足且成效欠佳。这种"自上而下"的运作方式忽视了社会公众尤其是社区老年人的参与，对社区老年人真实需求的洞察不足，引发体医融合服务资源的供给与需求匹配不一

致。因此,以国家与地方政府为统领、以社区老年人为中心,构建主体协同、利益均衡和信息对称的体医融合治理尤为重要。

1. 强化舆论环境的营造

各级地方政府要进一步扩大体医融合的宣传范围与宣传力度,通过体医融合专家专业讲解以及电视、广播、手机等媒体传播体医融合的价值与意义,持续提升社区老年人参与体医融合的意识。把体医融合参与作为社区老年人生活方式的组成部分,让更多的人了解和参与体医融合实践。例如,在社区开展全民健身、健康促进等社会活动,通过组织体育锻炼、营养讲座等活动方式,让更多的人了解体医融合的价值和意义,增强社区老年人参与体医融合的意识。

2. 听取关键群体的声音

充分接触治理运行中的关键群体,邀请体医融合领域的专家、城乡社区老年人代表、体育融合相关服务机构、政协委员与人大代表,定期召开座谈会,就体医融合治理中的现状与存在问题进行研讨,汲取基层治理智慧,帮助政府及时纠正治理偏差。

3. 面向社会民众开展调查

借助现代信息技术,政府通过电子问卷、电话访谈等形式,开展大数据调查,广泛地收集社区老年人关于体医融合治理的建议与信息反馈,为调整体医融合相关决策提供参考,以需求为导向优化体医融合服务供给体系。

第六章　健康中国背景下老年人体养融合

第一节　老年人体养融合发展

随着老龄化进程的加速，养老成为中国社会一项重要的民生问题。养老服务作为一项能为老年人提供特殊需要，满足其物质和精神生活需求的基本公共服务，随着家庭养老功能的弱化和社会养老观念的转变，其内容也由单纯满足"老有所养"的物质需求上升到"病有所医"的社会保障及"老有所乐""老有所学""老有所为"的精神慰藉。我国当前养老服务尚存在服务模式多元化不足、个性化服务缺乏和支持性政策执行效果不理想等问题，难以满足老年人健康养老的需求，进而迫切需要转型升级。体育健身具有"治未病"和"疗心病"的功能，有利于改善老年人行为能力和生存质量，也是健康养老的基础保障。推动体育健身与养老服务融合（以下简称体养融合），是指在体育健身和养老服务资源有机整合、服务功能综合拓展的基础上，充分发挥体育促进健康的作用，创新养老服务内容，形成健康的养老模式。其中体育健身要以养老服务为目标和指向，养老服务要以体育健身为途径和手段，以形成相互渗透、相互补充、相互促进的发展新格局，最终满足老年人日益增长的多元化、多层次的养老服务需求，助力健康中国战略目标的实现。

一、体养融合的现实意义

（一）提高老年人的体质和心理健康，增强老年人的幸福感

体养融合的本质在于通过体育干预改善老年人的行为能力和生活质量，提高健康余寿，增强老年人的幸福感。一方面，体养融合可以充分发挥体育强身健体的本质功能，增强老年人体质，预防和减少疾病的发生，为老年人生命质

量保驾护航。老年人随着年龄的增长，身体机能的下降，出现各种慢性疾病，严重威胁到健康。体育"治已病"功能可以对慢性病进行康复治疗，恢复肢体功能，改善老年人行为能力，以确保老年人生活质量和生命尊严。另一方面，体养融合可以发挥体育娱乐身心的衍生功能，是增强老年人心理健康的重要手段。退休后，生活方式的改变和社会作用的降低容易造成老年人安全感缺乏，进而会产生孤独、寂寞的情绪，影响心理健康。体养融合有利于促进老年人体育锻炼生活化的形成，对缓解因孤独、寂寞产生的不良情绪具有重要的意义，同时也是老年人增强幸福感不可或缺的精神食粮。

（二）发挥体育的经济和社会价值，促进健康养老的实现

体养融合的关键是通过体育服务和体育产品实现体育在养老领域内的经济价值和社会价值，促进健康养老的实现。一方面，体育"治未病"和"疗心病"的功能可以预防和减少疾病的发生，降低医疗费用的支出，实现健康养老的经济价值。2018年发布的《健康管理蓝皮书》指出，我国慢性病患者约为3亿人，并呈现出患病人口基数大、持续时间长、医疗费用支出大等特点。同时，老龄化的加速发展，大量失能、半失能老年人的医疗照护更是加剧了医疗负担。运动是良医，科学合理的运动是预防疾病发生的重要手段，也是降低医疗费用支出的重要途径。世界卫生组织调查显示，预防多投入1元，治疗费可减少8.5元，抢救费可节约100元。另一方面，科学技术的创新可以研发出兼具体育属性和养老功能的新产品，既能满足老年人日益增长的多元化体育健身需求，又能提升养老服务的质量，有助于实现健康养老的社会价值，如运动App、运动手环等智能化健身服务产品，可以为老年人的科学锻炼提供帮助。体育医疗仪器、体育康复设备等体育科技产品可以为高品质的养老提供物质支撑。

（三）促进健康资源融合，助力健康中国建设

健康中国建设立足于全人群与全生命周期两个着力点，力求实现全民健康。无论是惠及全人群还是覆盖全生命周期，老年人健康问题都是建设健康中国不可回避的挑战。体养融合有利于促进体育、医疗和养老资源在老年健康领

域的融合，是推进健康中国建设的重要途径和手段。首先，能将体育与养老服务的人力资源进行整合，形成既能对身体健康状况进行诊断、制定合理运动处方，又能对科学健身进行指导的"亦体亦医"的复合型人才，为健康中国建设提供人才支撑。其次，将体育与养老服务的学科知识进行整合，使制定的运动处方、指导的科学健身活动和身体康复训练更加精细化、多样化和精准化。最后，能够将体育设施资源与医疗卫生资源进行整合，为体质监测、运动负荷监测及康复保健提供更加科学的保障。因此，体养融合可以充分发挥体育对健康的促进作用，丰富"体医融合""医养结合"等健康养老模式的内容，以此助力健康中国建设。

二、体养融合的实践成效

（一）出台推进体养融合发展的政策

近年来，为积极应对人口老龄化，满足日益增长的健康养老需求，党和国家出台了一系列政策鼓励和支持体养融合的发展（见表6-1），并提出把健康融入政策当中，加快建设"以人民健康为中心"的顶层设计，如《国务院关于加快发展养老服务业的若干意见》把体育健身纳入养老服务的内容。《国务院关于加快发展体育产业促进体育消费的若干意见》和《"健康中国2030"规划纲要》均提出养老服务要往多元化的方向发展，在资源共享的基础上促进养老服务与医疗、健身、旅游等相关领域的融合，通过普遍性服务与个性化服务相结合的方式满足多元化、多层次的养老服务需求。另外，党的十九大和《体育强国建设纲要》都对积极应对人口老龄化做出了具体的部署，如构建养老、孝老、敬老政策体系和社会环境；制订并实施老年人体质健康干预计划；支持符合条件的乡镇（街道）、城乡社区依法建立老年人体育协会、社会体育指导员协会和单项体育协会等。由此可见，相关政策的出台，不仅为人口结构变化和社会需求多元化背景下养老服务的发展指明了方向和提供了思路，也为建立多元化、多层次养老服务体系提供了政策保障。

表6-1 国家推进体育健身与养老服务融合发展的政策文件概览

年份	文件名称
2013	《关于加快发展养老服务业的若干意见》
2013	《关于促进健康服务业发展的若干意见》
2014	《关于加快推进健康与养老服务工程建设的通知》
2014	《关于加快发展体育产业促进体育消费的若干意见》
2016	《"健康中国2030"规划纲要》
2017	党的十九大报告
2019	《体育强国建设纲要》

(二) 形成具有代表性的体养融合实践模式

本研究立足于体养融合的系列政策和当前的养老服务体系，借鉴已经成为老年人体育服务重要供给路径的"医养结合""体医融合"的成功经验，并结合当前学术界关于体养融合研究的理论与实践成果，归纳出4种类型的实践模式，以促进体育、医疗卫生和养老资源在老年健康领域交互融通。第一种以社区为平台的实践模式。以体育场地和设施为基础，以体育服务为核心满足老年人健康养老的需求是该实践模式的主要特点，如上海社区推行的"老年人专属健身房"作为体养融合示范点，坚持适老化与智能化并举，在提升硬件、软件和服务水平的基础上，整合体育、医疗、养老等公共服务资源，为老年人提供"一站式"的运动康养服务。但管理部门在具体服务过程中存在"条块分割"的障碍，降低了体养融合的服务效能。第二种以养老机构为平台的实践模式，在提供体育健身基本保障的基础上，通过增加保健与康复、体质健康监测等体育干预手段，以满足老年人特殊需要，并为老年人差异化体育需求提供针对性的服务。但受政策、资金及人力资源不足等的影响，很多养老机构中的体育健身服务尚不能满足健康养老的需求。第三种以体育场馆为平台的实践模式（也称为体育健康综合体）。通过将体育场馆和医疗服务机构的资源整合，为老年人提供健身指导、康复保健等服务，满足老年人的体育与健康需求，如常州奥体中心通过开设运动康复综合门诊，消费者在接受诊疗及体测后，可根据结果和建议，接受运动健康干预服务。但体育健康综合体作为

"医体养"融合型服务的新形式,目前国内外建设的实例较为匮乏,还未形成一种常态化的服务模式。第四种以旅游为平台的实践模式。在旅游度假中增加娱乐健身、拓展训练等富含体育元素的服务内容,将休闲度假、品质养生养老与老年体育保健有机结合,开展适合老年人身心健康的活动,满足多样化的养老需求。但面对我国"未富先老"的老龄化群体,它的服务范围仅局限于经济基础较好的"精英阶层"。

(三) 体养融合的现实困境

1. 理念认知不足,认同感缺乏

体养融合并非是简单的"体育健身+养老服务",而是体育资源通过渗透、重组及延伸等途径和养老资源进行整合,实现资源效用1+1>2的效果。目前,体养融合的发展理念已引起了学界的初步关注,但存在社会基础薄弱、认同感缺乏的问题。人们虽然对运动促进健康的认识有所提高,但体育锻炼生活化的习惯还未养成,数据显示:2017年全国经常参加体育锻炼的人数比例为41.3%,明显低于英国、澳大利亚等发达国家60%以上的水平。体育作为一种绿色的医疗手段还未得到群众的理解和接纳,由"被动治疗"向"主动健康"的理念还未形成共识,养老服务还处于低端的"托老托养"阶段。此外,政府和社会对体养融合的理念宣传不够,老年人对体养融合的知晓度偏低。相关调查显示:没有听说过体养融合的老人高达64.6%,听说过的比例也仅为35.4%。而且,营造运动促进健康的氛围不够浓厚,对老年人健康综合评估的研究还未开展,高质量的健康长寿才是健康养老的最终目标的理念还未在全社会范围内形成共识。因此,应加快体养融合的发展,充分发挥体育"治未病""疗心病"的作用,使养老服务向中高端的"健体康复保健"方向发展。

2. 制度不健全,缺乏长效机制

体养融合要求打破体育、医疗和养老等部门之间的界限和市场、社会组织之间的行业壁垒,形成合纵连横、协同创新和跨域治理的融合机制。当前体养融合还处于探索阶段,尚未形成完善的体制机制。从政策保障机制看,近年来我国政府部门出台了一系列政策(表)推进体养融合的发展,但这些政策都呈现碎片化、部门化的特点,且多以间接形式出现在个别行政法规、部门规章中,并不能有效地发挥政策的导向作用,如《国务院关于加快发展养老服务业的若干意见》,明确提出把体育健身作为非医疗干预手段纳入养老服务的内容,但缺乏具体的实施细则,导致政策执行成效不足。从协同参与机制看,由于"大健康""大卫生"的顶层设计尚不完善,体育、医疗与养老3大系统因业务范围、管理体系结构及财务制度不同,在内部还没有形成跨部门的协同治理机制,尚不能有效解决部门间"条块分割"的局面。虽然2019年国家卫健委增设了老龄健康司,但其拟订的政策标准和规范主要倾向于"医养结合",体育部门参与促进健康养老的职能没有得到重视。在外部还未同市场、社会组织建立合作关系,不能实现部门和行业之间资源的有效整合。从财政机制看,体育和养老服务的公共属性决定了政府财政投入应该是体养融合资金来源的主要渠道,由于缺乏具体的财政投入机制,各级政府对体养融合配套资金投入力度不大。《2018中国统计年鉴》显示2013—2017年我国公共体育服务财政投入规模不足国内生产总值的0.1,占国家财政总支出的比重不足2%,与倡导的加大对公共体育服务财政投入力度的要求不匹配;此外,由于社会资金注入不足,未能通过合理的政策引导,需借助社会力量,拓宽体养融合筹资渠道。

3. 复合型人才短缺,培养体系不完善

复合型人才是实施体养融合服务的关键因素,也是推动体养融合高质量健康发展的重要支撑。复合型人才既要具备医学护理知识,又要懂得体育健身知识,能够针对慢性疾病患者开具"运动处方",提供个性化锻炼指导。但目前,医疗卫生人员不具备体育健身指导技能,无法开出精准的运动处方。社会体育指导员缺乏运动康复保健知识,难以为群众提供健康干预内容。由于缺乏系统、专业化培训体系,从而造成复合型人才短缺。一方面,人才储备不足,从业人员匮乏。社会上具有老年康护保健知识、健康管理知识等战略性人才储备有限。数据显示:目前中国具备康复治疗师资格的有3.6万人,每10万人口中只有2.65名康复治疗师,与社会需求相差甚远,严重制约了体养融合的发展。此外,我国社会体育指导员等级偏低,专业化水平不高,在指导老年人及慢性病患者过程中无法做到"量体裁衣、精准施策",无法满足老年人个性化的健身需求。另一方面,后继力量薄弱。高校作为复合型人才培养的主要阵地,受招生政策、招生规模等因素的影响,人才培养模式单一,毕业生数量有限,不能满足社会需求。目前只有少数高校开设了针对"体养"需求的专业和课程，但课程结构的安排不合理，存在"重理论，轻实践"的现象，导致学生实践动手能力较差，无法满足社会对复合型人才的需求。此外，"校企合作""订单培养"的作用没有得到充分的发挥，这也是造成该领域后继力量薄弱的原因之一。

三、体养融合发展的推进路径

（一）实施理念创新工程，提高融合的能动效能

体养融合是健康养老的重要组成部分，不仅能实现社会资源效用的最大化和养老服务模式的精准化，而且能破解老龄化带来的压力以及减轻医疗负担。"理念创新"是实施体养融合的前提条件，通过"内部增能、外部赋能"的方式营造融合的内部土壤和社会支持环境。

1. 内部增能方面

一是培养老年人的体育健身意识，提升健康素养。通过在公园、绿地广场、全民健身路径等休闲健身功能区的宣传栏配备用于宣传、指导和帮助老年人进行健身活动的图示或指南，引导老年人主动进行体育锻炼，帮助老年人形成科学、规律的健身习惯。二是弘扬主动健康理念，通过举办健身与疾病预防的专题讲座、组织小型的体育竞赛活动等途径来增强老年人对体育预防慢性病的理解和认识，促进老年人将科学运动作为非医疗干预健康的手段融入生活。

2. 外部赋能方面

一方面，各级政府部门要转变观念，从提高老年人的行为能力、心理状态、社会参与等指标为出发点审视体养融合对健康养老的作用和价值。基于"大健康"理念，整合部门资源，充分发挥宣传、卫生、体育和养老等部门的协同效能，促进服务理念的转变。另一方面，从体养融合的内容、实施步骤和政策入手，在社区、医院、养老机构采取主流媒体和非主流媒体相结合的方式进行宣传，引导老年人建立科学、健康的生活方式，同时提高社会对体养融合的关注、认可及参与度，为体养融合的传播、推广营造全社会关心和支持的舆论氛围。

（二）实施跨界合作治理工程，提高融合的有效性

体养融合是体育健身与养老服务供给的新模式、新业态，其发展实施需要政府部门给予合理的政策支持和科学的引导。实施医疗、养老及体育部门的跨界合作治理是推进体养融合发展的基础保证。在"大健康""大卫生"思想的指导下，需建立权责明确、定位清晰的跨部门协同治理机制。

1. 建立宏观、微观相结合的政策保障机制

在宏观的决策层加强法律顶层设计，以新时代健康养老的需求为引领，构建体养融合的政策体系，为进一步推行体养融合的发展提供政策支持和法律依据。在微观的操作层，政府部门应协同社会组织、高校科研人员通过实地调研来制定体养融合发展的具体指导意见、建设模式、建设标准，并完善人力、物力和财力等各项支持的保障制度，为体育和养老部门融合搭建对接平台。

2. 建立多部门、跨领域的协同参与机制

一方面，在制定体养融合相关政策、规划的过程中体育、医疗和养老等部门应通力合作，破除壁垒、明确权责，做到多部门的协同治理，解决"集体行动"的难题。另一方面，加强部门与行业间的沟通合作，利用行业优势，在资源信息共享的基础上实现利益协同。政府部门在确保多方共赢的基础上，激发市场与社会组织参与体养融合供给的活力，如充分发挥市场在资源配置和服务过程中的决定性作用，创新服务形式，促进社会资本参与体养融合的共建共享；充分利用社会组织志愿服务性、组织灵活性等特点来提升体养融合的关联度。

3. 建立稳定的财政支持机制

首先，针对当前体养融合还处于探索阶段，在资源重组和供需上还不匹配，应制定税收优惠、信贷支持、场地建设等扶持政策，降低体养融合发展成本。其次，通过政府出资购买社会服务的方式组建体养融合专项发展基金。最后，通过制定相应的优惠政策，充分调动慈善机构、非营利组织等社会力量在募资方面的经验和优势，鼓励、吸引社会资金的注入，从而拓宽资金来源渠道。

（三）实施人才支撑工程，提高融合的质量

跨学科的复合型人才是推动体养融合的重要保障，既能够担任"全科医生"的职能，又能扮演"健身活动指导者"的角色是人才培养的基本目标。在顶层设计层面，紧密结合国家战略和社会发展需要研制出台"运动健康指导员培养和普及方案"，并明确培养目标、量化培养标准、细化培养措施，为复合型人才培养提供政策支持和规范标准。在实践操作层面，应从盘活人才存量和培育人才增量两方面着手，加强专业人才培养战略。盘活存量主要是对现有体育、医疗人才通过进行继续教育来优化知识与能力结构。一方面，加强医疗卫生人员的培训，提高"全科医生"制定运动处方的能力，强化基本体育锻炼指导技能，增强医护人员在体育健身中的"话语权"和指导监督作用，如"浙江省全科医生（体医融合—运动健身促进健康）业务培训"通过"运动、预防、治疗、康复"于一体的培训，增强了全科医生和社区医生制定运动处方的能力。另一方面，加强体育社会指导员的培训，增加其运动医学知识储备，提高科学健身指导能力。通过聘请临床医生开展"运动促进健康"的专题讲座以提高健身指导的针对性、有效性。此外，建立"复合型人才进社区、进养老机构"制度，定期选派全科医生、社会体育指导员、运动康复治疗师进驻社区养老服务中心和养老机构，对养老服务从业人员进行健康养老的职前教育和职后培训。培育增量主要是通过教育改革增加后备人才的数量和提高后备人才的质量，为健康养老行业储备和输送高素质人才。首先，通过相关政策的引领与扶持来扩大招生规模，增加人才培养的数量。其次，转变教育理念，创新学校人才培养模式，如体育院校和医学院校可通过联合办学、联合培养等方式，依托各自办学特色和优势，组成跨学科的专业团队，从而实现复合型人才培养。最后，以社会需求为导向设置专业和课程内容，强化实践创新型人才培养，做实"校企合作"和"订单培养"，促进体育与养老部门的有效衔接，提高人才培养质量。

（四）实施科技创新工程，提高融合的精准性

科学技术的创新发展催生出的新技术、新产品打破了体育健身与养老服务

的边界，是影响两者融合深度和广度的主要"推手"。通过实施运动促进健康的科技行动计划，推动融合的理论与实践创新，以提高融合的精准性。理论创新方面：发挥科研机构在体育、医学领域内的实验和应用研究，促进科研成果的积极转化。通过运动医学、运动人体科学关于运动促进健康的实验研究，建立满足老年人个性化需求的运动处方库和科学健身指导资源库。通过科学循证细化和完善老年人体育锻炼标准，改进运动健身的方法，提升老年人科学健身的有效性、安全性和精准性。实践创新方面：通过科技创新加强健康养老的软硬件建设，提高健康养老的物质基础和管理效率，推进体育健身和养老服务治理能力现代化。一方面，利用科技创新加大对体育、医疗设施、设备及老年人健身用品的研发，为健康养老提供物质支撑；另一方面，深化"互联网+"服务，在体养融合的基础上增加互联网的创新思维，提升健康养老的管理效率，如通过大数据信息，推进智慧化体育场馆的建设，为老年人健身提供更加便捷、安全的场地设施。建立国民体质健康监测系统，通过大数据的监测及时掌握老年人体质健康的变化，为老年人提供更加精准的运动干预方案。打造智能化养老服务平台，通过"线上""线下"相结合的服务方式，提高服务效率，降低服务成本，使养老服务更加便捷、精准、高效。

（五）实施"典型示范"建设工程，提高融合的规范性

体养融合作为健康养老的新模式、新业态，目前还未形成固定的服务内容、服务标准和适合普遍推广的模式，政府部门要树立发展典型，打造标杆、示范，通过以点带面的方式引领当地政府因地制宜地探索、选择适合地方居民需求的体养融合服务模式，是有效推进养老服务健康发展的重要举措。一方面，相关政府部门可将上海社区推行的"老年人专属健身房"树立为典型，给予更多政策引导以及场地、资金的支持，增强其创新能力，形成具有一定影响力和知名度的体养融合特色品牌，进而将其打造成"典型示范"。另一方面，政府部门对体养融合的"典型示范"模式开展跟踪调查和经验总结，研究制定出适合推广的体养融合发展的指导意见、服务模式和服务标准。其中指导意见应包含体养融合模式建设的意义、目标及特征要求；服务模式应包含建设过程中的运营、投资模式、激励约束机制及社会经济效益的指标；服务标准

应包含场地建筑面积、设施质量标准、服务内容及规范要求等。并通过组织宣传、经验交流等方式，向全国发挥辐射作用，示范引领其他地区根据当地的经济、文化、社区体育发展现状，有序地参与体养融合服务模式的建设。

第二节 老年人体养融合模式

一、体养融合模式构建的理论基础

（一）我国体养融合模式构建的价值分析

1. 生理学价值

体养融合能够从生理学方面提升老年人的健康指数。步入老年后，最大的变化就是从"多动"到"少动"，活动量的减少，加速了老年人身体机能的衰老。体育锻炼可以改善老年人的身心健康；提高心脏功能；改善呼吸系统功能，增大肺活量；增强机体各组织器官的生理功能，提高免疫力。体育锻炼也能够增进身体健康，使疲劳的身体得到积极的休息。

研究发现，积极的身体活动对增强老年人肌肉力量、增加有氧耐力水平、减少骨折风险的价值已被研究证实。通过长期坚持体育锻炼可以改善骨骼的血液供应，增加骨骼的物质代谢，保持骨骼的弹性、韧性，以提高骨骼的抗断能力，延缓和减少骨骼的老年性退化。进行抗阻力训练过程中能促进蛋白质合成、增加肌肉体积及力量、防止肌肉萎缩、保持关节韧带的韧性和关节的灵活性，使老年人的动作保持一定的幅度和协调性，防止跌倒发生。提高运动能力就意味着机体的生理功能得到增强和改善，对预防老年人跌倒骨折发生、抑制医疗费用的增长也有着积极的影响。

2. 心理学价值

体养融合能够改善和提升老年人的心理健康水平。早有研究发现，抑郁症随着老年人年龄的增长呈上升趋势。老年人离、退休后，离开了长期从事的工作和熟悉的集体，打破了原有的生活轨迹，生活失去了重心，其心理会产生孤独感、失落感。体育锻炼具有调节人体紧张情绪的作用、陶冶情操、提高自信心、保持健康的心态，使人获得满足感，从而能有效地改善生理和心理状态。通过体养融合，可以改善老年人的心理状态，释放老年人的不良情绪，增进老年人的身体健康，从而对生活充满自信心。丰富多彩的体养融合，可以增进老年人之间的交流，消除老年人抑郁感、孤独感和失落感。体育锻炼作为治疗心理障碍的一种有效手段已经被心理医生广泛认可。美国学者Kyan曾对1750名心理医生做过调查，其中有80%的人都认为体育锻炼是治疗抑郁症的有效手段，有60%认为用体育锻炼来消除老年人的焦虑情绪是一种非常有效可行的治疗手段。

人的心理健康是以身体健康为基础的，而健康的体魄来自持之以恒的健身运动。对于老年人来说，活动量的减少不仅加速了老年人身体机能的衰老，也导致了老年人心理的衰老。一个健康发展的社会需要的不仅仅是人们健康的体魄，还需要一个健康的心理。在当下高速发展的社会中，老年人正承受着前所未有的压力，抑郁症、妄想症和焦虑症等心理疾病也越发地凸显出来。体养融合能够提高老年人自我认知的能力，使锻炼者逐渐恢复自信心，有效提高老年人的心理健康水平，延缓心理衰老，这也是心理养生的有效手段。老年人可以根据自身的能力、喜好等选择适合自己的体育活动，以实现身心健康的目的。

3. 社会学价值

体养融合在改善和提升老年人健康水平的同时，也缓解了社会养老和医疗等方面的压力。体育活动为老年人的晚年生活提供了一个愉悦身心、强身健体的新领域。老年人本身就是社会中的弱势群体，随着年龄的不断增长，老年群体自身的生理机能逐渐衰退，易患常见的老年疾病，而且常常容易产生悲观、抑郁、孤独和焦虑等一系列不良的心理和情绪，他们对于家庭和社会的依赖也越发强烈。然而，家庭结构的趋于小型化，子女忙于工作，往往疏于对老年人的照料和交流。因此，很多老年人的精神状态和健康状态不是很理想，他们需要社会的关心和理解。科学的身体活动越来越成为各国提高人们生活质量的措施之一。通过体育锻炼可以增进老年人的心理健康，转移不良情绪、意识和行为等方面，帮助老年人摆脱烦恼和痛苦的精神状态，以及延缓老年人认知功能的衰退和预防老年痴呆等方面都有积极的作用。体养融合在老年人的身体健康到精神慰藉方面都发挥着积极有效的作用，这不仅减轻了家庭负担，也抑制了医疗费用的增长,从而缓解了社会对养老服务的压力。

(二) 我国体养融合模式构建的理论依据

1. 马斯洛需求层次理论

美国著名心理学家马斯洛将人类的需求按层次从低到高分为五种,分别是:生理需求、安全需求、社交需求、尊重需求和自我实现需求。在一个国家里,大多数人的需要层次结构,直接关系着这个国家的经济发展水平、科技发展水平、文化和人民受教育的程度。在发展中国家,生理需要和安全需要占主导的人数比例较大,而高级需要占主导的人数比例较小;在发达国家,则刚好相反。我国正处于发展中国家,而且随人口老龄化的快速发展趋势,老年人口占比越来越高,所以针对老年人的需求问题也越来越受到高度重视。以著名心理学家马斯洛提出的需求层次理论为工具,立足于老年群体所特有的心理和生理特征,业界学者对老年群体的各层次需求总结如下。

(1) 生理需求:体育健康服务

老年人随着年龄的增加,他们的思维判断能力受到大脑细胞逐渐减少、大脑生理功能日渐衰退、身体器官调节能力减弱带来的负面影响,身体健康情况也不容乐观。依据国内外已存的研究数据,可以发现,运动可以促进健康。参照发达国家在本国制定积极老龄化战略的经验,老年人的身体健康情况可以得到显著改善。我国可以参照发达国家的经验,为老年人提供体育健康服务,进而激励老年人改善自身的健康情况。体育健康服务的对象广泛,对老年人而言,他们对身体健康的需求可以通过服务得到满足,具体包括轻体育活动、宣传体育保健知识、开展体育健康讲座、养生指导服务和讲授运动康复技能等服务。

(2) 安全需求:体育技能指导服务

纵向研究表明,积极的生活方式可能会将人体机能的衰老过程延缓。定期参加体育训练项目,老年人身体素质下降的幅度会降低,而且可能在一定程度上逆转老龄化的影响。机体功能退化,会给老年人带来患慢性疾病的安全隐患,他们需要得到安全保障。老年人得到体育技能指导服务,他们运动的安全指数将被提高。这一服务内容包括:常规活动的动作技能指导、防摔知识指导等。

一般而言，老年人参加体育锻炼的时间以 30 分钟为宜、体育活动的种类以有氧运动为宜。他们参加体育活动的频数主要分成三种类型：无间隔（6~7 次/周），短间隔（4~5 次/周），长间隔（2~3 次/周）。活动强度以（<3METs 或<4 千卡/分）为主，消耗热量为 150 千卡/天，具体可依据个人的情况进行相应更改。为老年人提供运动技能指导服务，可以让他们了解坚持适量运动的原则，把握进行体育运动的度和量，从而提高运动效果。老年人的身体健康水平与体育活动之间存在积极的联系。这表示老年人身体感觉不适时，活动体验程度会降低，部分甚至会选择将文化熏陶类活动当作体育活动的替代品，而无法达到预期运动的效果。部分老年人因身体状况不理想，加上疏于了解运动技能，所以为他们提供活动技能指导服务可以降低盲目进行活动带来的运动风险。

(3) 社交需求：集体活动机会服务

对老年人来说，积极参加社交活动是必需的，老年人适当参加社交活动有助于提高生活质量。我国空巢老年人总量大，老年人的行动能力不断退化，加上社交场合也减少，他们进行集体活动交流的次数不能得到满足。老年人的社交圈大部分源于亲戚之间的往来，家庭中子女与老年人之间的有效沟通缺乏，这会增加他们的心理压力和孤独意识。老年人在参加集体活动的同时能够强化自身的社会地位，尤其是对因自身身体状况不好、出行不便，平时也无法参加体能锻炼的老年人来说是一种福音。服务的具体内容可以包括：组织体育活动的服务、友谊比赛服务、老年趣味运动会、文化体育精神交流会等服务。

体育养老服务可以为老年人带来诸多便利之处，其中集体活动交流机会服务可以提高老年人活动的组织性，增加他们参与休闲体育活动的比例。闲暇时间不充足的老年人可以打破传统活动时间上的限制，可以选择耗时少的活动。事实证明，老年人与志同道合的好友一起参加活动时，他们参与的积极性更高。在上海，老年人将在体育活动中担任志愿者的行为看作一种奖励措施，并形成了一种支持性氛围。老年人通过参与体育活动可以增加与不同年龄层次人群之间的沟通，继而扩大自己的社交圈。

(4) 尊重需求：心理疏导服务

心理健康影响人们老化的情况，其中包括智力因素和认知能力因素，这也成为积极老龄化和长寿的有力预测因素。这有助于老年人改善新陈代谢，提高精神度。身体健康对心理健康会产生一定的影响，他们从心理上渴望得到尊重，希望获得社会的认可。鉴于此，精神健康促进服务、体育卫生保健服务可以提供心理疏导的服务，保障老年人的心理健康，降低他们抑郁的倾向，帮助他们愉快地度过老年生活。

老年人因工作退休等原因，社会地位被边缘化，他们期望被以礼相待、与其他人平等相处。尊重老年人，给予他们必要的社会认可度，老年人的学识、生活经验和对未来的预见能力，可以为年轻人生活中的抉择提供有价值的见解。但目前年轻人尊重老年人的行为不够深入，仅停留于偶尔拜访老年人及提供定式的服务。由于有效沟通不足，老年人的真实需求实际上无法得到满足。老年人期望减少清闲生活的落空感，体育活动不分年龄、性别、种族和收入，老年人参与其中可以实现"老有所乐"。同时，体育养老服务可以普及健康理念、降低老年人参与活动的难度，提高老年人赡养主体的关注度，让老年人在参与体育活动的同时也获得社会尊重。

（5）自我实现需求：精神赡养服务

精神卫生服务是满足老年人自我实现需求的前提条件。他们的需求内容指的是，帮助他们实现生活幸福感，这也应该成为长期综合护理的一部分。一方面，老年人的基本生活有保障，即身体健康，吃饱穿暖；另一方面，老年人"老有所为""老有所盼"。依据积极老龄化理论的相关内容，老年人的精神健康情况同样重要。为达到此目标，精神赡养服务可以提供体育文化交流活动服务和情感照顾服务。对年轻劳动者而言，他们可以从工作单位中获得集体归属感和合适的社会角色定位，而老年人的归属感来源比较单一，仅依赖于子女的关注度和家庭和睦度，我国现存的养老服务保障老年人的这些需求相对较难。体育养老可以为老年人提供相对应需求的服务，而体育活动也属于预防疾病的有效手段。体育养老服务也可以提高老年人的健康道德，调节人与环境、人与社会之间的关系。

综上所述，老年人同样拥有多种不同层次的需求，这不仅包括生理层面和物质层面的需求，还包括社会层面与精神层面的需求。在社会不断进步和经济水平不断提升的推动下，老年人的需求也朝着细致化、人性化的方向不断发展，而体育健康服务恰好能够在某种程度上弥补老年人的这些需求。

2. 社区照顾理论

社区照顾提倡把需要照顾的人士留在原本居住的社区接受照顾，而以种种正规社会服务及非正规支持系统去为他们提供照顾，并努力在社区环境中改善他们的生活质量。它是在福利国家政策变化下倡导的一种社会工作模式，也是各国推行社会服务的一种方法。社区照顾最早由英国提出，并在长期的探索和实践中已经形成了较为成熟的体系。英国政府提供的这些服务种类繁多、包罗万象，满足了社会各阶层不同层次的需求。这种以社区为核心的养老服务，让老年人在原本居住的社区享受到运动健康、体育休闲、运动康复和文化娱乐等服务，这种养老服务模式不仅弥补了老年人在活动范围上的缺陷，还减轻了老年人在经济上的负担，由于是政府主导型服务模式，而更增加了老年人的安全感。

3. 新公共管理理论

新公共管理作为一种新的管理模式，以现代经济学和私营企业管理理论和方法作为理念基础，并认为私营部门或企业的成功管理方法，完全可以运用到公有部门的管理中，发挥市场机制在公共服务领域中的作用，积极借鉴私营管理的技术和方法，提升政府的管理能力和公共服务能力，同时体现公开透明、公平公正、强化效率、合理利用资源和责权明确等特点。体养融合作为一种公共产品，政府对其行使公共行政管理的职能。从公共管理的角度来讲，就是履行政府使命和社会保障的职责，政府对于养老服务需要做出更精确的阐释和划分，进一步明确责权，促使养老服务朝着良性方向发展。

新公共管理理论对于开展体养融合有以下几个有利的方面：一是政府部门是政策的制定者，对于政策的制定和实施应该承担主要责任。二是实行绩效考核，明确目标的判定标准和具体量化的测量。以此为依据，对其进行目标完成程度的绩效考评。三是注重资源的合理利用，强调资源利用要具有更大的强制性和节约性。

（三）我国开展体养融合的基础

1. 体育养老的理论基础

依据马斯洛需求层次理论，体育养老可以满足老年人不同阶段的需求。它可以帮助老年人实现强化身体机能的目的，促使他们能够更安全的运动，获得必需的社交活动时间，以缓解内心的空虚寂寞。

通过分析图 6-1 中的数据，我们可以清楚地发现，在受访老年人中，有 80.3%的人群认为体育养老可以增进身体健康，有 64.9%的老年人认为体育养老具有丰富精神生活的功能，有 59.9%的老年人同意可以促进心理健康，有 57.7%的老年人认为体育养老可以排解孤独寂寞，有 17.2%的老年人认为这可以帮助他们实现自我价值。体育养老能为老年人提供体育健康服务，老年人参与其中可以增强对活动的兴趣；老年人随着年龄的增长，安全需求的比重加大，不少人群因骨质疏松等原因容易摔跤，体育养老可以为他们讲授防摔知识，降低老年人的运动风险，增加安全值；社交需求是不同年龄层人群都期望获得的需求，老年人作为弱势群体，以参与体育活动的途径收获社交可以获得双赢；老年人期望获得社会的尊重，体育养老可以通过体育文化交流增强家庭对老年人的关注，促使他们获得相应的关注度；老年人可以准确定义自己的社会地位，不会感到空虚寂寞。

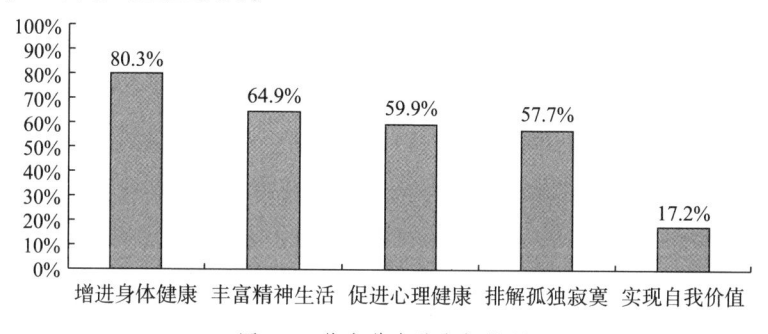

图 6-1　体育养老的积极作用

2. 体育养老的群众基础

近年来，老年人对生活健康质量的关注度不断提升，他们的基本需求也由吃饱穿暖转变为能够健康生活。健康养老是广大老年人生活的基本需求，以此为目标，体育养老旨在培养专业的从业人员，为其提供健康指导服务。在我国，体育养老属于一种新型的养老方式，大部分老年人尚未接触到这种方式，而大部分受访者表示对其服务内容了解程度甚微。因此，发展体育养老需要优先考虑老年人接受新事物的能力，为老年人提供通俗易懂的宣传方式。此外，由于我国不同片区老年人生活的特点和需求倾向不同，需结合我国国情和区域特征对服务内容进行相应调整。例如，对老年人增加防摔预防知识，可以减少出现意外事故的比例，为他们晚年生活得健康快乐加上一道安全锁。体育养老服务在不同年龄阶段的老年人期望获得的服务种类存在区别，这也可以体现出体育养老服务可以满足老年人不同阶段的需求。老年人积极应对养老，表现出了他们积极的老龄化态度，为体育养老的开展培养了扎实的群众基础。

3. 体育养老的物质基础

从地域分布来看，可以将体育健身场所划分为四个部分，市（地）、县（区）、街道（乡镇）和社区（行政村）。从资金来源来看，体育场地建设的经费中，8成以上的来源是财政拨款，政府是我国大型体育场馆建设的主体。我国老年人参加体育活动的场所多样，从高到低依次为：公园广场、街道、公共区域、社区老年活动中心、家中、体育馆、学校和收费体育场地。

二、体养融合模式的框架构建

基于体育锻炼和健康自评对老年人生活满意度存在着正相关的重要影响，本研究提出构建我国体养融合模式，以科学合理的体育锻炼提高我国老年人的健康水平和生命质量，缓解人口老龄化带来的挑战，进而实现健康养老、健康中国的宏伟战略目标。

（一）我国体养融合模式构建的原则

1. 需求导向原则

体养融合是为了满足老年人的体育健康和养老服务需求。老年人的个体差异比较大，需求自然也千差万别，然而，体养融合模式建设要坚持以老年人的体育健康需求为核心，体养融合的内容和项目要以满足不同层次的老年人对体育健康的需求导向为原则。

2. 区别对待原则

体养融合的对象是老年人，主要目的是满足不同层次老年人的不同养老服务需求。由于服务对象的身体状况、经济情况和家庭环境等因素不同，其服务需求也存在一定的差异，所以在体养融合供给方面，必须坚持满足不同老年人的不同需求的区别对待原则。

3. 资源优化配置原则

构建体养融合模式主要来源于政府部门的支撑，特别是政府财政和政策方面的支撑。由于政府投入养老服务体系中的资金是有限的，所以构建体养融合一定要坚持资源优化配置的原则，结合政府和社会的资源，并吸纳社会资源参与，从而实现资源的最大整合与利用，发挥其最大合力。

（二）我国体养融合模式构建的目标

根据马斯洛需求理论，老年人的需求主要集中在较低层次的生理需求和安全需求，在满足基本需求后才能向更高层次的社交需求、尊重需求和自我实现需求延伸。然而目前，我国老年人口寿命质量并不乐观，约有七成老年人健康状况较差，处于亚健康或患病状态。我国老年人慢性病的患病比例较高，几乎一半的老年人从不锻炼、睡眠质量不高。从老年人的照料护理服务状况来看，老年人照护服务需求持续上升，老龄服务需求旺盛。健康需求已成为制约我国老年人更好地生活和生存的瓶颈。我国老年人对体育健康养老服务的需求很大，而且很多老年人有能力购买体育健康养老服务，但是目前政府和社会能提供的服务内容还很局限，大部分老年人的健康养老服务需求还得不到满足。构建我国体养融合模式，完善养老服务体系，促进专业化的体养融合机构建设，提高我国养老服务水平，满足老年人不同层次、不同方位的体育健康养老服务需求，从而提高我国老年人的生活和生命质量，实现健康老龄化。

（三）我国体养融合模式构建的框架

结合我国的经济状况和老年人的需求，本文试图构建适宜我国的体养融合模式。其总体框架结构为：以养老服务供给和需求评估为基础，以政策和资金保障、行业监管为支撑，构建以分层次、多元化的体养融合模式，并形成从体育运动康复到运动养生，从生理健康到精神文化；从单一服务到多方参与的立体式体养融合内容，涵盖不同年龄、不同层次和不同需求的老年人。在整个模式的运行中，政府和社区应坚持对低收入群体中的高龄、空巢、生活不能自理的老年人优先提供体育健康服务，减轻家庭和社会的负担。首先需要对社区内有体养融合需求的老年人进行服务内容的评估，形成服务项目，然后由对志愿者、社会公益组织和社会机构等服务提供者进行统一管理和调配，并将服务项目和服务任务下发给服务提供者；在社区的组织下由服务供给者向服务对象提供服务。在整个模式运行中，服务对象、服务提供者、政府和社会等需要对服务质量进行监督和评价，并将意见和建议反馈给社区，再由社区定期将反馈意见进行整理，纳入到服务评估体系，优化服务内容，形成动态的良性服务运营模式，其构建的总体框架如图 6-2 所示。

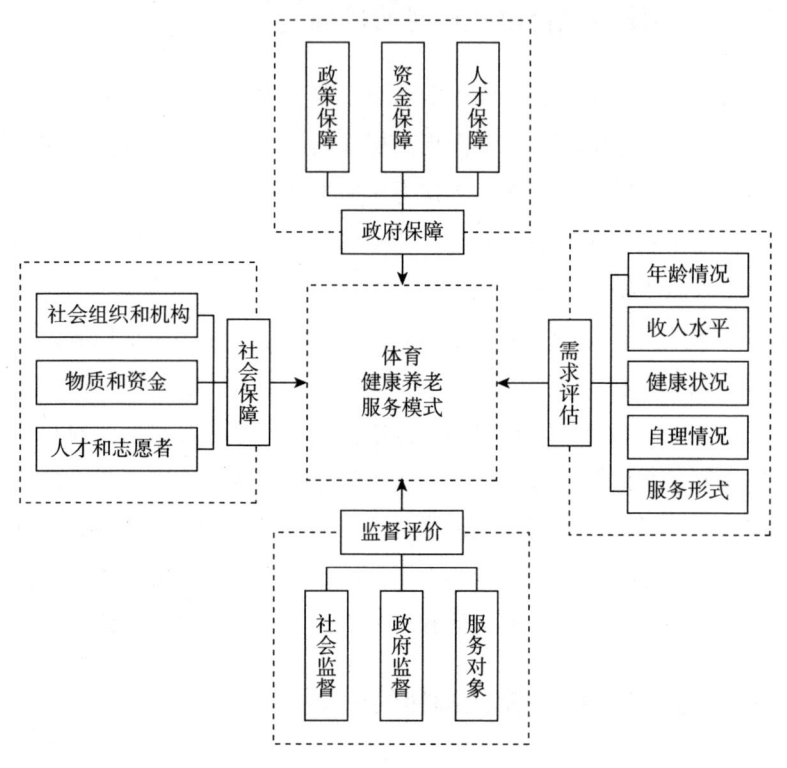

图 6-2 我国体养融合模式的框架图

体养融合是一个多方共同参与的动态系统，政府部门在服务模式中起着主导作用，政府为体养融合模式提供了政策、财力、基础设施和行业监管等保障；社区作为整个服务模式的核心，则需整合多方资源，保障体育健康服务供给，为老年人提供体育健康服务，保障各环节的顺利运行。服务内容从科学健身指导到康复运动，从主动锻炼到被动运动；服务对象全面覆盖老年群体，既包括生活完全能够自理的老年人，也涵盖失能、半失能老年人；既能够照顾贫困老年人，也能够服务于中产和富裕的老年人，增大了服务的受益面。该模式在我国体养融合构建目标的前提下，根据我国养老服务相关政策，建立体养融合的基本功能，整合政府、社会和家庭资源，形成以政府为主导、社区为核心、家庭为依托、社会为辅助的"多元化"的服务供给模式。坚持以政府为主导，拓宽资金的筹措渠道，建立专业化的服务团队和志愿者队伍，按照老年人的年龄和健康状况、家庭类型、收入水平等不同维度，满足老年人多层次的体育健康养老服务需求，并逐步培养老年人形成体育健康的生活方式。

（四）我国体养融合模式的服务要素

本研究认为，根据体养融合构建的目标与原则，建设体养融合模式主要包含的服务要素有服务群体、服务对象和服务内容三个方面。把政府作为服务主体，整合家庭和社会资源，为不同层次不同需求的老人建立起以政府为主导、社区为核心、家庭和社会相辅助，以及无偿、低偿、有偿服务等全方位多层次的服务。

1. 服务群体

（1）管理人员

管理人员主要负责对体养融合模式的资源、服务项目和服务人员等进行调配和管理，以及负责协调该模式在运行中出现的问题，确保该服务模式不断优化和良性运行。

（2）主要工作人员

体养融合的主要工作人员包括社区的工作人员、体育工作者和医务人员等，他们作为养老服务的骨干力量，在养老服务中起着关键的作用。

社区工作人员，尤其是负责老年人活动中心的专职工作人员，作为一线工作者，了解老年人的需求和工作中存在的问题，并及时沟通和汇报，将体养融合理念和内容贯彻、落实到每位老人，切实从老年人的角度出发，保证服务质量，为老年人的健康保驾护航。体育工作者是构建体养融合模式中不可或缺的要素。

体育工作者作为体育运动技能和知识的掌握者，对于体育运动康复和运动训练有一定的认知，在实际工作中能够更准确地指导老年人，如何通过体育运动达到预防和康复的目的。体育工作者的加入保障了整个体养融合模式的正常运行。

(3) 志愿组织和个人

志愿团队对于目前的养老服务业来说，无疑是注入了一股新的血液。人口老龄化的快速增长给养老服务业带来了空前的压力，志愿组织和个人的加入在一定程度上能够缓解人力不足方面的压力。但是与世界其他国家相比，我国的志愿服务还处于发展初期，还缺少专业化指导和培训，还没有成为我国公民的常态化生活方式。

2. 服务对象

体养融合的对象主要是居住在的老年人，我们可以借鉴英国比较成熟的社区照顾模式，将社区需要照顾的老年人进行分类管理，根据他们的健康状况和自理情况可划分为：完全自理、部分能自理和完全不能自理。根据经济状况可划分为：低收入群体、中等收入群体和高收入群体。根据老年人年龄结构又可划分为：低龄、中高龄和高龄老年人。综合老年人的不同年龄结构、不同消费层次及生活自理情况，采用区别对待原则，对于低收入和特殊老年人采取公益无偿服务；对于中等一般收入的老年人实行低偿服务；对于较高收入的老年人采取有偿和定制式服务。

3. 服务形式

体养融合主要针对老年人开展，其服务形式要根据老年人的健康状况而定，对于低龄、完全能够自理的老年人，以集体活动为主。对于高龄和生活不能自理的老年人以上门服务为主。同时利用体养融合平台实行线上服务和线下服务等形式。此外，根据老年人的经济状况的不同，通过志愿者和志愿组织采取无偿公益服务形式和康复机构有偿服务等形式。

(五) 体养融合模式的监督评价机制

体养融合属于我国基本公共服务体系的一部分，建立和完善体养融合的监督评价机制是保障政府履行基本公共服务职责和公民享有基本公共服务权利的重要机制设计。建立有效的监督评价机制,规范各层级政府的公共服务供给行为,合理构建监督问责主体、清晰界定监督问责对象、明确规范监督问责内容,建立统一的体养融合监督评价机制,对于监督评价机制的重点内容和实施方法实现明确的统一标准。通过服务监督评价进一步明晰体养融合领域存在的问题,对于完善我国基本公共服务供给制度,健全养老服务体系,提高公共资源的使用效益,提高政府服务效能,保障基本公共服务"底线均等"具有重要的作用和意义。

1. 政府部门监督评价

政府内部监督包括上级政府部门对下级部门的垂直监督和政府内部专业监督机构对其他部门的平行监督两种形式。随着政府职能的转变,政府部门的监督可以由政府部门内部施行,也可以转交给第三方评价机构,即外包给社会组织或机构。转变政府职能,充分发挥政府的主导作用,对体养融合模式进行实时和高效的监督评价,促进养老服务事业健康有序发展。政府部门在行使监督职权的同时,又可以作为客户身份,对该服务模式进行评价,政府部门作为体养融合主体部门提供政策等保障,确保资金、政策、人力和物力等方面落实到位,同时听取服务对象和社会反馈的意见,对服务结果做出公平、公正的评价,将评价结果向社会公布,并作为该服务项目运行与预算的重要参考依据,建立服务动态调整机制,以促进该服务模式更加完善、良性运行。

2. 社会监督评价

体养融合的实施离不开社会的监督评价,由政府相关部门建立监督评价机制,由不具有国家权力的各政治党派、社会团体、群众组织、公民个人和大众传媒等社会力量进行监督评价,起到对体育健康养老服务的指导作用,并积极听取老年人的合理意见和建议,提供给政府主管部门和服务机构进行改进,推动养老服务的优化发展。同时管理层也应该科学地制定体养融合绩效考核机制,委托专业的评估机构进行监督评价,为体养融合工作的开展提供一个公正的评价标准;建立社会信息反馈渠道,积极推进体养融合建设,关注社会信息反馈,搭建社会信息反馈的绿色通道,加强监督管理,形成长效机制,促使体养融合模式更加符合老年人的需求。

3. 服务对象监督评价

老年人作为体育健康养老服务的直接体验者,可以直观地对体育健康养老服务做出监督评价，该监督评价结果将直接纳入体养融合模式的评估程序。老年人在接受服务后的直观感受能够真实地反映服务开展的有效程度，老年人可以根据自身的实际情况提出自身的服务需求，并针对目前服务内容提出自己的意见和建议，以服务对象满意度为衡量标准，能够促进体养融合的有效运行。监督评价的过程也是促进服务质量不断提升的过程，以服务对象的真实需求为出发点，形成良性的服务对象监督评价机制，不断提高体养融合的质量，提升体育健康养老服务水平，促进体养融合健康有序发展，从而让更多的老年人受益。

三、体养融合模式

我国体养融合事业的发展离不开国家政策的引导和扶持，政府和社会都无法单方面地满足老年人的多元化养老服务需求，只有政府、社会和家庭有效地整合资源，才能构建起真正满足老年人需求的体养融合体系。因此，建立体养融合模式需要整合各方面资源，形成以政府为主导、社区为核心、家庭为基础，社会和个人相辅助的联动互补的有机体，形成多层次、多元化的服务供给形式，共同满足老年人对体育健康服务的需求。根据老年人的生理和心理学特点，并结合老年人的年龄、健康状况、自理情况和经济承受能力等实际因素，这里提出科学健身和康复运动两种体育健康服务模式，通过科学的体育健康服务，逐步培养老年人形成体育健康的生活方式。

（一）科学健身模式

科学健身模式是以老年人的医学检查结果和健康状况为基础，结合老年人的生活环境和个人运动爱好，由专业的体育运动指导人员为老年人提供专业的科学健身指导，包括运动种类、运动时间和运动频度等指导，明确运动中的注意事项，长期有计划地进行锻炼，达到运动保健的目的。科学健身模式主要针对低龄和完全能够生活自理的老年人，以体育服务中心为服务场所，采用无偿公益服务的形式，根据老年人健康档案和健康需求，为老年人提供专业的体育健身指导，以减少老年人因不当运动而引起的运动创伤和运动风险；在方便老年人进行体育运动的同时，逐步培养老年人形成科学健身的生活方式，其具体内容和实施流程如图 6-3 所示。

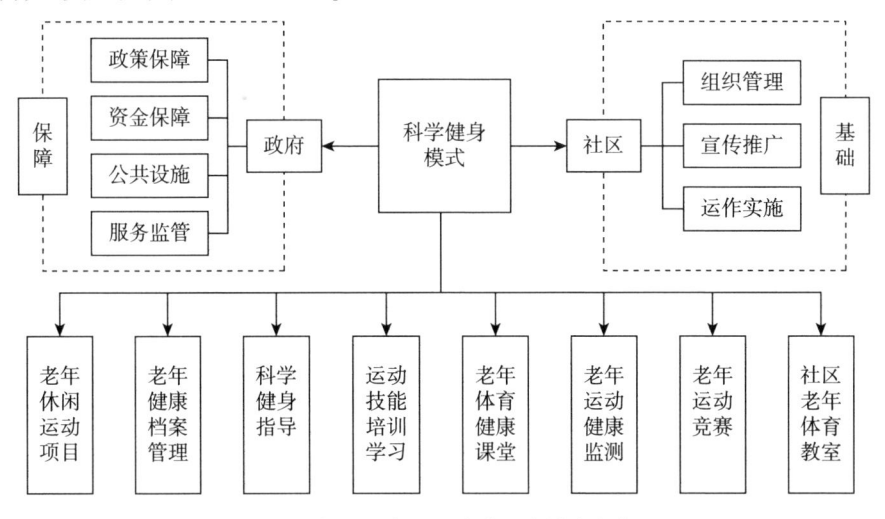

图 6-3　我国体养融合科学健身模式框架图

1. 政府部门是科学健身模式实施的保障

政府部门为科学健身模式提供政策、资金、公共设施、人才建设和服务监管等基本保障。首先，政府应为科学健身模式提供宽泛的政策支撑，在老年体育政策方面加强政策倾向和引导。例如，要求新建小区具备合理规划的运动场地设施等，为老年人参与体育锻炼提供政策方面的保障。其次，应加强对公园、广场和活动中心等公共体育设施的建设和维护，随时随地方便老年人进行体育锻炼。政府还应多方协调周边的学校、体育场馆等免费对老年人开放，为老年人提供体育锻炼的便利条件。最后，政府应加强科学健身专业人才建设，为科学健身模式提供专业的人才保障。此外，政府还应做好服务监管，确保科学健身的模式健康、有序地发展。

2. 社区是科学健身模式的基础和核心

社区承担着组织管理、宣传推广和整个服务模式的实施等实际工作内容。首先由社区整合资源，联络和协调体育志愿者、医务志愿者、体育组织和医疗机构等资源，搭建体养融合平台，为社区老年人建立健康档案并统一管理，同时在平台上发布科学健身的相关知识和视频等，为老年人提供科学的健身指导途径。实现社区内集中指导和网络在线指导等形式，方便老年人子女随时了解老年人的运动情况和健康状况等。其次，社区应加强体育健康养老方面的组织建设，加强宣传引导，积极构建体养融合组织，加强志愿者服务团队建设，为科学健身模式提供多元化的服务主体。最后，社区是整个科学健身模式具体实施的核心部门，对于多方面资源的统筹和服务的开展起着决定性作用，应在全面整合资源的同时，多方面征求老年人的意见，让科学健身服务真正符合老年人的实际需求。

3. 科学健身服务模式开展的具体内容

科学健身服务模式的开展主要依托于社区，其服务内容主要包括老年健康档案管理、科学健身指导、老年体育健康课堂、老年运动技能培训学习、老年运动健康监测、老年运动竞赛、社区老年体育教室和老年休闲运动项目等针对老年人科学运动的服务内容。

（1）老年健康档案管理

老年健康档案管理是由社区工作人员对社区老年人统一建立健康档案，并时时更新管理，便于随时查阅和根据老年人的健康状况有针对性地进行运动干预。

（2）科学健身指导

科学健身指导是指在社区和公共活动场所等，由社区组织志愿团队为老年人提供专业的科学健身指导服务，针对老年人开展的一项普及性运动健康服务，旨在调动老年人的科学健身积极性。例如，由体育志愿者和志愿组织每天在公园、广场等公共场所为老年人提供科学健身服务，如教授健身操、广场舞、太极拳和气功等健身运动，培养老年人的健身爱好和热情，营造科学的健身氛围和环境，从而影响和带动周边老年人进行科学健身。

（3）老年体育健康课堂

老年体育健康课堂是指社区定期为老年人提供运动健康、防摔知识、生活方式和运动常识等相关知识的健康讲座，培养老年人的体育健康意识，树立科学的体育运动观念，引导老年人通过科学的体育运动提高身心健康水平，达到延缓身体机能衰老、实现运动养生保健的目的。

（4）老年运动技能培训学习

老年运动技能培训学习是指社区通过免费的讲座、培训、学习等方式，对老年人进行知识更新和技能培训。同时也为身体健康的低龄老年人提供培训和再就业的机会，在低龄老年人中培养老年体育工作者，解决体养融合人才供给的问题。

（5）老年运动健康监测

老年运动健康监测是指通过运动监测仪器清晰了解老年人在运动过程中的各项健康指标，以便更有针对性地为老年人提供健身指导，以免因不当运动造成的身体伤害。

（6）老年运动竞赛

老年运动竞赛是指社区为丰富老年人精神文化生活，提高老年人的运动积极性而开展的竞技类活动。开展老年运动会、老年歌舞表演赛等老年体育活动，能够促进老年人间的相互交流交往，丰富老年人的晚年生活。

（7）社区老年体育教室

社区老年体育教室或称老年体育活动中心，社区为老年人提供体育活动的场所及运动设施和运动指导员，以方便老年人进行体育活动。目前很多社区都已设有老年体育活动中心，倡导老年人进行体育活动。

（8）老年休闲运动项目

增加老年休闲运动项目，广泛开展老年体育运动，发挥体育工作者和志愿者的作用，在老年人积极开展和组织各类的休闲体育项目，如太极拳、广场舞、健美操、徒步和健身跑等老年体育项目，增进老年人健康的同时，丰富老年人的精神文化生活。

4. 社区应加大科学健身服务宣传工作

有些老年人对于科学健身的意识淡薄，意识不够，社区应加强科学健身服务的宣传力度，让社区的老年人深入了解科学健身的益处和必要性。此外，还应针对社区每个家庭进行广泛的宣传，将科学健身的理念带入每个家庭，通过环境影响、代际反哺等多种方式，逐步培养老年人形成科学健身的意识和体育健康的老年生活方式。

（二）康复运动模式

康复运动模式是指结合老年人的医学检查结果和健康状况，针对老年人的患病情况和功能障碍状况，采用适量的、定向或者有针对性的机体运动来帮助老年人治疗，使其尽可能恢复正常或接近正常，消除或减轻老年患者功能上的障碍，进而最大限度地恢复老年人的生活与劳动能力。康复运动模式可以促使体弱的老年人体魄强健，提高老年人的机体抵抗能力，调解老年人的情绪状态；在实践锻炼中，必须结合老年人的病情和体质状况，以健康监测数据为依据，结合医学检测结果，对症制定运动处方，进行运动干预训练，达到治疗和康复的目的。在建立体养融合平台的基础上，以老年人健康档案为依据，首先对老年人进行体养融合需求评估，充分吸纳老人的服务需求，以满足老年人多元化的体育健康需求为出发点，根据老年人患病情况和健康状况，组织体育、医疗等方面的专家形成有针对性的运动处方，然后协调各服务机构统一调配服务任务。康复运动模式主要针对患病老年人，体养融合提供的服务内容直接影响到其服务的成效，因此针对老年人的需求提供多层次的体育健康服务内容至关重要，根据老年人的生活自理状况，这里分为主动运动和被动运动的服务模式，该模式实施的具体流程如图6-4所示。

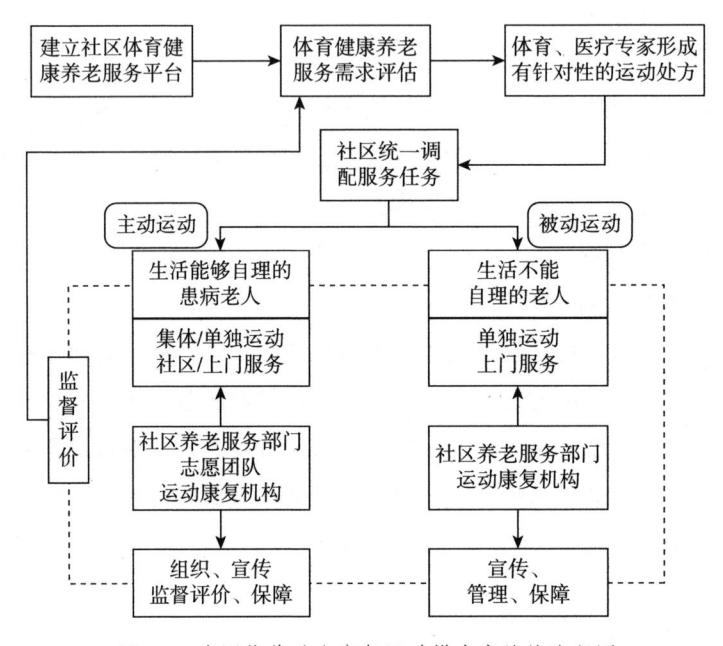

图6-4 我国体养融合康复运动模式实施的流程图

1. 主动运动

主动运动模式主要针对生活能够自理的患病老人，对于低龄并且完全能够自理的老人，可以由专业体育指导员教会后由老年人自行练习；对于高龄老人和生活部分不能自理的老人需要在专业体育指导员或老年人家属陪同下才能练习，以免发生意外或运动损伤，而对老年人造成二次伤害。主动运动形式旨在通过专业的康复运动消除或减轻老年人的活动障碍，恢复生活自理能力。主动运动模式主要采取社区服务和上门服务两种形式，在整合资源的基础上，联合养老服务部门和运动康复机构等提供保障性服务；由社区牵线社会体育指导员、健康指导员、体育健康培训员、康复师和医务工作者等志愿团队，解决专业服务人员的来源问题，根据服务内容适当收取服务的人工等成本费用，进行低偿便民服务。此外，还要加强组织和宣传工作，确保服务惠及全体老年人。社区担任整个服务模式的枢纽作用，为老年人提供方便、廉价、安全的体育健康服务。使社区的核心作用在社区体育健康养老服务中得到最大化发挥，以便更好地满足老年人对于体育健康的服务需求。

2. 被动运动

被动运动主要针对失能、半失能等生活不能自理的老年人。被动运动是一种完全依靠外力帮助来完成的运动。外力可以是机械的，也可以是由他人或本人健康肢体协助完成的。被动运动适用于老年人因各种原因引起的肢体运动功能障碍，能起到放松痉挛肌肉，牵引挛缩的肌腱、关节囊和韧带，恢复和保持关节活动幅度的作用，防止老年人因长期不活动而导致的肌肉萎缩、关节活动障碍等。由于被动运动是在肌肉放松状态下进行的，其动作幅度、手法和强度等都要根据病人实际情况进行，如果操作不当，极易造成病人的二次伤害。所以被动运动主要采取上门服务的形式，由运动康复机构提供专业性服务保障，根据服务内容进行有偿收费服务。此外，由联合养老服务部门，申请政府补助的形式或政府购买服务的方式，对于低收入、生活不能自理的老年人要予以倾斜；或对这部分老年人适当采取公益性服务或低偿便民服务的方式，减轻低收入、生活不能自理的老年人的经济负担。

四、体养融合的路径

(一) 政府购买体育养老服务

《"十四五"公共服务规划》明确了以标准化推进基本公共服务均等化的路径,首次将覆盖面更广、服务内容更丰富、需求层次更高的非基本公共服务和能够与公共服务密切配合、有序衔接的高品质多样化生活服务同步纳入规范范围,提出了系统提升公共服务效能的支持政策。推进基本公共服务均等化,政府购买公共服务可以提高服务水平,各地政府广泛应用于实践当中。

政府购买体育养老服务有利于整合体育与养老资源,让老年人感受到体育文化,在体育活动的滋养下,其获得健康的身体和愉悦恬静的心境,帮助他们实现老龄化的养老愿望。政府购买体育养老服务的行为,有助于优化服务的供给方式,转变政府参与体育养老的角色,进而保障体育养老服务的稳定性和持续性。

1. 政府购买体育养老服务的优势

政府购买公共服务,政府从直接运作的角色转变为承担供给主体的角色,政府作为监督者和资助方,由该主体落实公共服务。随着我国经济的高速发展,社会以及人口结构有了较大的变化,人民群众要求高质量的公共服务,面对不同的公共服务需求,目前我国养老服务和体育服务都存在着供应与分配不均的矛盾。

鉴于政府购买公共服务的操作方式,政府购买体育养老服务具有以下比较优势:其一,由社会组织或机构作为供应主体,增大了供应主体范围,摒除了垄断的弊端,使得各主体之间存在相互竞争的关系。这就可以提升运营效率、降低成本,为老年人提供高质低价的体育养老服务,进而获得群众的认可,老年人得到平等的服务内容,并可以从中受益。其二,政府提供了必要的财力保障,保证了体育养老服务的连续性,使体育养老能够长期地、大规模地开展下去。其三,政府作为服务的监督方,能够起到稳定服务市场的作用,实时监督服务质量,以确保体育养老服务的品质,促进供给质量与效率的提升。

2. 政府购买体育养老服务的行为主体

（1）购买主体

政府购买体育养老服务可以由政府及相关部门作为购买主体，政府是责任主体。同时，政府可以转变职能角色，把责任主体变成社会机构或组织，政府负责监管。老年人的实际需求需要得到了解，政府以此来决定养老服务的购买类型及数量，安排购买计划与发展规划，监督实施效果，以确保体育养老服务可以被高质量地提供。

（2）服务对象

政府购买体育养老服务，目的是更好地促进体育养老事业的积极健康发展，帮助老年人实现身体健康、心情愉悦的养老状态。市场监控机制能够实现服务的质量得到有效监督，老年人作为消费者，他们的满意度应当成为衡量的指标。老年人的需求能否得到满足和满意度的指数，将成为政府购买体育养老服务行为的评价标准。

（3）供应主体

考虑到体育养老是一种将体育理论和体育技能融入老年人养老过程中，为老年人的身心健康提供有益帮助的养老方式，它的供应主体应具有一定的体育基础工作经验和养老实践经验。在体育养老服务中，它的本质依然是养老，基本的衣、食、住、行必不可少，体育理论或技能只是实现体育养老的途径。在实施的过程中，可以考虑承接主体，其中包括公办的养老机构、民办的养老机构、社区中的照料中心等作为服务的供应主体，并联合相关单位或组织提供服务。

3. 政府购买体育养老服务的行为对象

体育养老旨在服务广大老年人，在他们实现基本养老的同时，可以使用体育的方式提高他们的身心健康水平和生活幸福感。政府购买体育养老服务时，需要在购买基本服务项目的基础上，选择性地购买各种适宜老年人的体育产品和服务项目来满足老年人需要。

考虑到老年人的身体健康状况较差，身体灵活性不足，体能水平较低，在选择体育养老服务中的体育项目时，需要有针对性地选择或开发一些活动强度低、动作舒缓、单次活动持续时间较短和程序简单易懂的"轻体育"项目，老年人活动使用的道具或器材，也应制定特定的选择标准或者可以考虑为老年人量身打造。同时，应该传授老年人一定的体育理论与技巧，以使老年人在日常生活中能够避免或减轻身体受伤或不适的情况。

体育养老采用体育的途径促进老年人的身体健康，具有特定的规律。根据翟锡宾编写的《老年人体育健身指南》，老年人参与体育活动的原则由以下五项内容组成：①要注重有助于心血管的运动；②要重视轻量、安全的重量训练；③要注意维持体能运动的平衡性；④高龄老年人及体弱者也需要参与运动；⑤需要锻炼持之以恒的心理素质。在运动的过程中，需要注意运动的时间与频度，以适量运动和周期性的长久锻炼为基本方式。

4. 政府购买体育养老服务的行为方式

依据资金流动的规律，政府购买服务属于转移支付，即对供应服务的主体不设限，将竞争交给市场，满足多元主体供给，这属于契约性管理方式。参照政府购买养老服务的形式，体育养老服务也可以通过政府直接资助、纳入市场进行项目申请或直接采用合同外包等方式进行。

政府对活动开展给予的资金支持、政策优惠都属于直接资助，操作流程如下：经费资助（为体育养老的场地建设提供资金）—实物资助（提供运动器材及活动耗材）—优惠政策扶持（对推行体育养老的民间组织给予赋税优惠）等内容。政府项目申请制中，政府可以设立专项项目，公开招标，最终提供服务的主体是中标方。并由相关单位或组织依据群众的需求，向相关主管部门申请立项，获得批准后由政府给予资助。合同外包制中，政府可以将服务项目以合同的方式承包给供应主体，由其执行具体的服务内容，政府将给予相应的报酬并承担监管作用。

（二）社会力量推进体育养老服务的发展

老年人的养老方式多元化发展响应了民众的诉求，我国现存的养老方式需要得到不断发展和完善。我国的全民健身事业得到迅速发展的同时，一种新的养老方式——体育养老已渐显雏形。

体育养老作为将体育事业和文化融入基本生活保障中去的一种方式，有着自身独特的特点，需要专业的设备、人员及场地，确保老年人获得专业的技能和知识，从而保证老年人真正意义上得到体育养老的实惠，推进体育养老事业建设。鉴于我国的实际情况,经济高速发展疏远了代际交流,大部分年轻人因工作等需求,家人之间面对面沟通交流的机会大幅度降低。社会中的不同组织也可以为老年人提供部分免费的体育养老服务,这有助于增强老年人参与其中的兴趣,帮助他们实现健康老龄化、积极老龄化。

1. 发挥社会资本的作用

1980 年,法国社会学家皮埃尔·布迪厄从社会学的角度提出了社会资本的概念,社会资本是指社会网络中的各项社会资源。它由普遍信任、公共规范和社会关系等内容组成,其本质上是互惠动机与有限范围内的团结。社会养老随着居民养老需求的不断增多成为公共服务的一部分。考虑到企业的营利性特征,许多企业不愿意主动参与到公共服务。体育养老服务可以发挥政府的引导作用和基本服务组织的主体地位,通过结合社会体育组织等体育公共服务组织和非营利社会体育组织的力量,成为体育养老的中坚力量。

(1) 体育养老服务的制度、文化背景

我国的体育公共福利事业的服务职能向社会组织进行转变,社区作为公共服务的中坚力量,也必将是体育养老场地建设可以倚仗的坚实后盾。

但我国社区文化与西方国家之间有着明显的不同,亲情社会的特点比较明显,家庭、家族和伦理是中国社会的重要基础。一方面,亲缘关系是我国社区关系中的主要内容,真正涉及公共事务的相对较少;另一方面受到社区行政化管理的影响,造成了个人与公共事业之间的利益冲突。因此,社区的公共生活和交往较淡漠,情感上存在一定的隔阂。居民参与社区生活较被动,且对社区生活的认同感不足,缺乏一种自愿性的精神文化氛围和对公共空间的理解与认识,发展体育养老服务需要缓解这一矛盾。

(2) 社会资本的实际运用

体育养老服务作为基本养老公共服务与体育事业和文化的有机结合,在发展的过程中不可忽视社区体育的积极影响。作为一种社会经济活动,体育养老在实施过程中需要对体育指导、资金、场地、设备等人力和物质资本进行有效的整合。要结合各地域的实际情况,对"社会资本"有合理的认识,将居民个人利益与公共福利结合起来,提高因地域被限制的老年人,从而扩大体育养老的影响程度。

社会资本体现了一种内在的信任和协调关系。在体育养老的组织上,需要充分发挥社会网络的作用，使老年人的自身利益和体育养老的需求得到社会充分的认可，并结合本地区地缘和文化，借助社会成员的合力，以达到共同的信任和资源互补，推动体育养老健康发展。

2. 社区提供体育养老服务

美国将运动作为一项重要的预防战略，构建友好型社区，为老年人提供体育养老健康服务。研究表明，开展体育养老服务有助于管理导致不健康行为的精神症状，并减少对精神卫生和医学治疗的依赖性。在美国，生活方式健康的老年人预期寿命多十年以上。这一部分老年人具体指的是，缺乏锻炼和身体不活动的老年人，他们因身体和精神健康情况不佳，成为卫生服务的高消费群体。社区是提供服务的主力军，因其便利性，老年人的身心健康情况可以定期得到关注。

我国可以借鉴美国的经验，充分利用社区具有便利性、熟悉性和可访问性的优点，为老年人提供体育养老服务。卫生保健和日常活动支持服务是构建健康和独立社区的前提，老年人渴望获得健康和经济支持，质量稳定、可接受、适当的日常体育健康服务同样也表达了老龄人的内心需求。对于卫生保健费用，很多老年人均表示过高，他们期待获得平价医疗，老年人参加有规律的锻炼可以降低在一定程度上降低医疗需要。保险机构也可以为其成员提供参加体育锻炼的激励措施，例如，提供报销健身卡的优惠措施，降低积极参加锻炼老年人的参保费比例等。

3. 构建体育养老服务的运行机制

（1）构建体育养老服务网络

长久以来，政府的体育行政部门单一地提供体育公共服务，难免产生供给总量不足、结构不合理、效率低下等问题。体育养老服务的出现希望能够打破这一僵局，这就需要充分发挥社会资本的作用，实现服务供给的主体多元化发展。不同服务组织共同构成体育的养老系统，社会资本将服务组织和对象紧密地联系在一起。

在《公共文化体育设施条例》中，国务院重申国家鼓励各项社会资源投入到公共体育事业。在社区组织管理的基础上，体育养老服务可以融入非营利组织，利用公益性、自治性的特点，以保持自身的灵活性和公平公正，实现信息对称与平等交流，从而建立各组织间的相互信任关系，营造体育养老服务的共同体。为保持体育养老服务网格体系的健康运行，社区养老服务组织和体育服务组织之间需要建立一定的信任、合作共赢等规范，制定体育养老服务的权责机制。例如，可以建立一定的准入机制，保证公平的参与权，培训规范的体育养老服务供给主体，在保证服务整体性的基础上，吸纳尽可能多的社会资本参与总量，进而构建一个稳定运行的服务机制。

（2）提供体育养老服务的过程

社会资本是体育养老服务中的一种重要资源，体育养老服务的发展需要老年人积极地参与进来，形成广泛的情感认同，产生一种自觉的感情投入。它作为社会资本的一种形式，是开展体育养老的基础，成为体育养老事业向前推进的根本动力。在我国社会转型的背景下，体育养老更需要发挥社会的力量，以社会共同体的力量推动体育养老的前进。

依据我国的实际情况，体育养老服务需要依靠政府的资金支持，政府通过购买体育养老硬件设施完成基础场地建设，为他们参加体育活动创造条件，而社会情感逐渐弱化，体育养老服务的治理更多的是需要依靠社会自治，保持社会资本的个性化与独立性，同时增进社会资本、老年人个体与政府之间的互信与团结，重视社会资本的利益，使体育养老组织中的社会资本成为体育养老服务的必然选择。

我国也可以借鉴发达国家的经验，建立体育养老的管理机制，发挥政府行政管理与民间组织自治相融合的作用。例如，成立体育养老服务协管委员会，邀请政府代表、居民代表参与到其中，利用老年精英人士的引领作用，针对性地开展志愿支持、筹资等活动，透过他们的参与形成一种示范效应。这种机制有利于吸引广大老年人和相关人士的关注，提高资源的利用率，降低实现成本。老年人可以由此形成自信心，实现资本服务和积累的过程，这也将会成为体育养老服务不断发展的动力。

（3）提升体育养老服务组织及资本的社会合法性

合法性这个词来源于拉丁文"legitimus"，可以称为"符合法律""正当""合理"。"合法性"概念的内涵较复杂，除具合乎法律的含义外，也可以认为是一个对事物和行为合理性的价值判断标准。

我国社会组织发展的历程中，登记在册的社会组织虽具有官方合法性，但也经常面临社会的怀疑，缺少社会合法性。我国体育和养老公共服务社会组织一般为政府或单位所有，从某种程度上来讲，它们在社会组织运作上，仅有社团的外在，而没有社团的内在。民间的基层社会组织在一定范围能够得到广泛的社会认可，在社区中活跃，能够满足一定范围内群众的需求。但是这种社会合法性与官方合法性有着较大的冲突，原因是现行的养老或体育公共服务组织的成立都存在着一定的审批标准，大量的基层组织因无法达到核定标准而得不到政府的认可，就无法获得社会的广泛参与。对此，应当提出相应的方法和途径，使社会组织和社会资本满足官方合法性的同时，提升它们的社会合法性，夯实群众基础。

（三）培养老年人体育养老的意识

1. 家庭提供代际支持

我国老年人高龄化的发展趋势增加了社会养老的压力和家庭代际支持的负担。一个家庭中，子女与老年人存在着亲属关系，主要为老年人的生活提供物质支持，担负着代际赡养的功能。代际支持包括了子女对老年人的身体照料、心理健康情况关注和日常生活照顾等内容。大量研究表明，我国大多数老年人的生活满意指数在平均值以上，老年人需求的满足程度直接影响到他们的健康状况。家庭的支持可以为老年人的基本健康提供保障。反过来，老年人拥有健康的身体可以稳固子女的支持力度，进而促进家庭关系和谐发展。智慧经济进一步提升老年人的价值，他们可以获得更加便捷的学习机会和参加社会活动的途径。

家庭的支持为体育养老的发展提供扎实的基础，为老年人提供着经济支撑和精神支柱，家庭成员是老年人生活的后盾，他们支持老年人参加体育活动，可以提高他们进行健康养老的积极性。依据调查的结果，老年人对发展体育养老的态度积极，可以降低宣传难度，减少体育养老的宣传成本。同时，对体育养老而言，老年人经常参加集体活动可以起到无形的推广作用，增加社会舆论的积极效应。

2. 发挥老年人的积极作用

社会脱节理论认为，人类的衰老可以看作一种相互退缩的行为。这一过程促使老年人的社会角色发生改变，老年人的社会交往会随着同龄人的减少而变弱，他们的心理健康依赖于社会连通性以及社区价值的多样性，指的是他们可以获得的社会支持度、参与社会活动的机会和人际关系网的质量。实际上，老年人参加休闲活动的频率有限。在英国，国家通过降低对体育活动的相关收费来提高老年人参与的积极性。老年人乐意于参与志愿活动和体育活动，这种途径可以让他们实现自我价值，维护自身健康状况，维系社交关系。

我国开展体育养老服务的对象是老年人，问卷调查的数据显示，老年人对体育养老的态度积极，但具体实施中还需落到实处。运动可以减少疾病给公共卫生带来的负担，政府提供的激励性政策，可以提高他们参加体育活动的兴趣。常规的锻炼可以增强老年人的心血管健康，可以帮助他们预防身体疾病。同时，运动可以减少精神症状，支持大脑健康，并为有尼古丁和物质使用障碍的人提供一种健康的生活方式。体育养老服务为老年人提供的活动，老年人自身积极响应，也可以带动周围群体参与的积极性。与此同时，老年人的健康状况也受到社会关系、社会活动的影响，从这个角度而言，老年人积极参加体育活动和体育文化交流，可以降低较差的身体健康与孤独感带来心理健康问题的负面效应。体育养老服务可以为老年人体育活动提供科学的指导，促使他们乐于运动、享受生活。

（四）体育养老服务的推广方式

体育养老作为一种新型的养老方式，还未被广大人民群众知悉和理解，也尚未得到大规模的实施。根据问卷的结果，绝大部分的老年人并未听说过体育养老，更不可能要求他们了解体育养老的理念和实施方式并让他们乐于接受体育养老，因此，需要大力对体育养老服务方式进行推广宣传，对体育养老方式和内容进行正确的、详细的解读，对其实施方式进行通俗易懂的演示，让人民群众（特别是老年人）对体育养老有确切的认知，并从心里面认可体育养老，进而喜欢上体育养老方式并乐于接受这种养老方式。

1. 发挥媒体的积极作用

（1）立足于主流媒体的宣传作用

主流媒体的定义没有得到有效的统一，它主要关注最主流的问题，是社会人群最为主流的信息和思想来源方式之一。传统的主流媒体主要是各级政府设立的电视台、广播台等媒体，而随着各地媒体纷纷走入市场，主流媒体的形式更加宽泛,一般都有一定的规模和影响力,能够代表媒体大的发展方向。

长期以来,在各行各业,我国主流媒体都一直发挥着重要的作用,并承担着重要的社会责任。为适应社会发展的新的需要,各行各业也都在主流媒体宣传方面投入了较大的精力,体育养老的推广也必定离不开主流媒体强有力的舆论大力宣传。应从新闻的角度出发,结合体育养老的具体实际,使用一定的表现手法,形象生动的表达手段,塑造出体育养老的实际服务过程,使这一新型的养老方式如规划中的那样深入人心,从而推动体育养老快速健康的发展。

(2) 充分发挥其他媒体的宣传作用

推广体育养老除了依靠主流媒体的主导作用,其他媒体仍然起着不可忽视的重要作用。第一,主流媒体信息资源丰富、传播速度快,但主流媒体存在发声渠道、信源和文化建构相对单一的特点,无法覆盖到所有老年人,传播方式也无法满足所有老年人认知,因此仅依靠主流媒体存在根本的问题,无法取得全面、深入的传播效果。第二,主流媒体在宣传的过程中,倾向于进行正能量的传递,宣传体育养老的过程中必然也会更加倾向于正面宣传,然而只有利而没有任何弊端的事物实际上是不存在的,难以得到广大群众的信服,因此依靠不同的媒体渠道,对体育养老实行多样化的解读是十分有必要的。

2. 积极参与交流

作为一种新的养老方式,体育养老不为多数老年人熟知,许多老年人或其子女也并未亲身体验过,对其养老方式和内容不了解,虽然可以借助媒体来对体育养老进行必要的宣传,但是媒体毕竟只是一种基本的宣传手段,我国老年人中,对于那些喜欢宅在家中的老年人而言,他们的需求无法被触及。同时媒体的宣传手段从根本上来讲,距离老年人的生活往往较远,无法让老年人真真切切地感受体育养老的真实性,因此有必要让体育养老服务的推广者深入其中,与老年人进行面对面的互动交流。

体育养老服务的推广者深入社区交流,可以促进更加有效地了解老年人的真实状况和切实需求,从而依据需求定制或改善服务水平、服务类型。老年人与其他人进行面对面的交流可以感知对方的情感,增进他们对体育养老服务的信任感,并使他们了解到相关部门对体育养老事业的支持力度和发展决心。

在老年人中推动"科学健身、全民健身"的理念,营造老年人积极参与运动健身的良好氛围,将科学健身的理念和知识、技能融入老年人的生活中,从而使科学健身逐渐成为老年人喜爱的生活方式之一。乡镇体育管理部门和宣传部门，应充分发挥报纸、杂志、电视、广播和公益广告等舆论宣传工具，有目的、有计划地为老年人提供体育法规、政策、体育文化知识、科学健身方法的传播。地方电视台还可以开设体育卫生专栏，聘请体育健身专家讲授体育健身的知识、健身的方式，解答老年人体育锻炼健身中遇到的困难，使全民健身活动深入到老年人群体。

3. "互联网+体育养老"

信息技术得到了推广，养老产业也随之不断地向前发展，"互联网+养老"模式纷纷建立，这为体育养老的发展提供了借鉴意义，开展新的模型，即"互联网+体育养老"。这种服务模式旨在将"互联网+"与"体育养老服务"进行有机整合，在基本的体育养老方式上融入创新的互联网思维，通过运用大数据技术，打造智能化的体育养老服务平台。互联网可以为体育养老建造智能服务平台，以政府为主导，为老年人提供线上和线下两种服务。

"互联网+体育养老"可以为我国体育养老的发展带来新的机遇，这也有助于解决我国现存养老方式存在的不足。其主要优势体现在以下两个方面：第一，使用智能化的信息平台，能够节约时间成本，减少服务和管理成本，从而提高经济效益；第二，利用互联网的大数据化的管理模式，对社会资源和老年人的切实需求进行有效整合，能够优化资源配置，提高供需匹配度。

（五）建立体育养老的监管体系

作为养老保障的一部分，体育养老对我国的养老服务会产生深远的影响。体育养老监管制度也将成为我国公共服务监管制度的一个重要组成部分，它将保证体育养老事业的长远发展和老年人的养老需求得到满足。因此推行体育养老时，必须建立公平、可持续的体育养老监管体系。

1. 法律规范体育养老

推行体育养老并使其健康发展，必须保证体育养老的法律保障，做到有法可依。在法律规范方面体育养老需要着重做到以下几点。

（1）明确政策性优惠措施

以法律文件形式规定政府和相关部门在财税、土地和融资等方面需要实施必要的支持，明确必须予以支持的项目，立法鼓励和扶持其相关公共服务组织。对体育养老服务项目的用地和可以从法律上进行优先分配使用，并规定体育养老服务用地的用途不能够随意的变更。

（2）明晰监管机构和标准

制定养老服务质量、养老服务设施建设质量和养老服务从业的标准，并将具体的服务主体或机构明确划归到各行政机构或民政部门，由相关部门按照对应的标准以及其他各项管理制度进行统一监管。

（3）明确养老服务的准入、变更与退出机制

提供体育养老服务的主体需要具备确定的名称和完善的管理章程，需要依据具体情况对服务规模、资金基础、场地、设施设备、相关的管理和专业技术人员和政策规定的其他必备条件进行调整。同时需要对其服务的变更和终止处置方式做出原则性的规定，以便妥善安置老人并办理相关的手续，从而确保老年人的合法权益不受服务变动的影响。

（4）规定养老服务的风险分担机制

规定相关责任认定方式和争议解决方式，并采取适当措施预防常见的冲突。将双方可能产生的矛盾进行有效的事前预防和事后规范，最大限度地减少和化解矛盾。联合保险公司和服务主体，降低服务的责任风险。

2. 政府强化监督机制

建立公平、公正、适应性强和可持续的具有中国特色的养老保障制度，体育养老作为养老保障的一员，也应符合这一目标要求。首先需要建立统一的全国养老信息管理体系，提高养老基金的统筹层次，促进养老服务的自由流动，以实现不同地区平衡协调发展；其次，政策上应允许不同地区和群体间的多样性和差距的存在，以满足不同地区和群体之间的特殊需求，但应控制差距的大小，保证相对的公平；最后，及时监管养老基金的运营工作，保障其可以稳健的发展。

政府对体育养老进行有效管理，强化政府监督管理机制，也必定是体育养老健康发展的必要保障，而实现监管必须从法律层面上对体育养老进行立法完善，同时扩大普法宣传，严惩老年人权益被侵害的行为，提高老年人的自我保护意识和认知能力。

对体育养老的监管，政府可以从以下两个方面开展：其一，建立监管委员

会,推进管理体育的创新。按照一定的比例,依据不同的层次,从服务的提供者、接受者和购买方等不同的主体中选派代表组成监管委员会,并对体育养老服务进行全方位的监管,制定政策并对不符规范的行为给予一定的惩处,优化服务质量,为体育养老健康发展奠定扎实的基础;其二,建立监管责任制度:在监管的过程中,加强主要负责人监管管理职责,重大事务必须亲自过问,同时实行领导值班制,建立值班日志,定期抽检服务质量情况,以确保服务质量不断提升。

第三节 体养融合视角下社区老年体育组织发展

党的十九大报告指出,要"加强社区治理体系建设,推动社会治理重心向基层下移"。社区是最活跃也是最复杂的基层"细胞",也是政府向社会放权、培育社会组织服务社区治理的重要力量。为积极应对人口老龄化,实现健康老龄化,国家出台了一系列扶持政策,保障老年人健康养老的权利。体育锻炼已成为老年人积极健康养老的重要方式,社区老年体育组织成为政府与社区老年群体之间重要的纽带和桥梁,发挥着协助社区治理、维护社区全体老年人健康诉求的重要作用。

体养融合的内涵是面向全体社区老年人,以健康公平为理念,以健身康复为基本手段,辅以医疗措施,由"治已病"的被动治疗转向"治未病"以预防为主的健康管理,通过"体医结合""医养结合"的健康促进模式,提升对老年人群体的健康监控、健康管理与生活照料,进而达到体育服务、健康服务和养老服务三类资源的和谐发展,这是新时期健康老龄化、积极老龄化的社区养老模式的创新。体养融合的目的是要激发多元供给主体的活力,吸引优质社会资本进入老年服务市场,在体现公平的基础上,促进老年体育消费,提供个性化、多元化的体育服务,使老年人在获得幸福感、提高生活质量的同时,享受到国家提升民生的福利政策。社会体育组织弥补了政府和市场的不足,是体养融合的实施主体。

一、社区老年体育组织类型

为了满足老年人的健康需求,减轻子女照顾的压力,国家、社会和个人对社区养老服务给予更多的责任期待。而在我国社区老年体育组织中，除起主导作用的政府组织，越来越多的营利性企业组织和社会组织都逐渐涌现出来，涉及的领域非常广，组织结构也千差万别，为了更有针对性地分析各类组织之间的特征，根据组织目标和功能，借鉴已有社会体育组织的分类，本研究把社区老年体育组织归纳为以下三种类型。

（一）政府主导的社区老年体育组织

政府主导的社区老年体育组织主要是自上而下建立起来的正式组织。社区老年人参与体育活动，需要政府政策、资金的支持，政府主导的社区老年体育组织，如老年体育协会、社区体育协会和社区文体服务中心等基层社区体育组织，承担着一部分政府让渡的管理职能，在社区范围内提供公共体育服务，具有公益性的特点。他们享有政府给予的资源垄断特权，利用行政手段调动和利用社区的各种资源，如协调社区各类自发性健身组织的关系、化解健身场地的矛盾、协调动员慈善捐赠和志愿服务等公益项目，如成都市金堂县老年人体育协会主动与县老年大学开展合作，把太极拳、舞蹈、合唱、腰鼓队纳入老年大学的直属分校，并让老年大学走进社区，成为服务老年健身、教育需求的场所，老年体育协会和老年大学资源整合，使老年人就近便能享受更专业的服务。此类型的社区老年体育组织是目前作用最大、影响最深的组织类型，具有整合资源的治理能力，能够有效保障全体社区老年群体最基本的体育健康养老需求。

（二）社会主导的社区老年体育组织

社会主导的社区老年体育组织是自下而上建立起来的非正式组织。目的是向老年人提供差异化、专业化、精准化的体育服务，把养老和健康的元素融入老年人熟悉的生活场景，主要有互益性和公益性两种类型。

1. 互益性社区组织

互益性社区老年体育组织是活跃在老年群体中，"自下而上"自愿形成的草根体育组织。老年人基于共同的体育兴趣爱好，依托社区的场地和设施，以满足自身健身需求为目的，组织成员大部分为低龄、生活能够自理的老年人，如各类运动项目的健身团队、晨晚练活动点等自发性体育组织，具有互益性特征。在社区老年体育组织中，管理者与老年人的关系是平等、互益的关系，社区体育指导员既是组织者，也是健身者，谁传授的健身技能好，谁就有可能成为社区日常体育活动的领导者，吸引更多的老年人坚持参与健身活动是组织生存和发展的动力。这类社区体育组织最贴近老年人生活，也是老人表达健身意愿、维护健康权益、实现自我价值最直接的组织形式。

2. 公益性社区组织

公益性社区老年体育组织是由慈善机构、社区志愿者、高校体育专业和全科医学专业大学生组成的志愿性社会组织。这类组织有很强的专业性和志愿精神，会不定期地服务于社区老年人，尤其是孤寡老人、空巢老年和失独老人等特殊群体，这正好弥补了社区服务的不足。通过专业能力和志愿服务精神带动社区内的老年体育组织，形成互助行为，老年人从中认识到科学运动对"治未病"的重要作用，更有效地服务特殊群体，提供科学专业的健康养老服务。

（三）市场主导的社区老年体育组织

市场主导的社区老年体育组织是服务于老年健康的专业组织，如社区卫生服务中心、康养中心、体医诊所、健身俱乐部和旅行社等。这类组织整合了保健养生、慢病治疗的医疗资源，是以体育健身、康复为目的的体育资源，服务于社区内可自理、有慢性病的老年人和需要积极运动康复的半失能老年人。这类机构专业化程度很高，在社区服务中运用市场机制，服务对象针对个性化的健康养老需要，如操作便捷的智能化养老设备，老年人在运动中佩戴智能手环，可以监测生命体征、运动效果、血压血脂等生理指标，还可以增加定位、防跌倒等功能。

二、体养融合视角下社区老年体育组织功能

（一）维护老年群体健康权利，实现美好社区养老生活

《"十四五"体育发展规划》提出开展老年人非医疗健康干预，支持社会

力量参与新建社区老年人运动与健康服务中心,提供有针对性的运动健身方案或运动指导服务。体育锻炼作为一种非医疗健康的干预方式,可以改善老年人的身体机能,降低医疗费用,减轻社会和家庭负担。尤其是对于刚退居工作一线的低龄老年人,角色的转变降低了与社会交往的频率。而通过参加晨晚练的健身团队,老年人走出居室,加强邻里之间的交流,在集体活动中社会交往的需求得到了满足。社区自下而上形成的自发性老年体育组织有着超强的动员能力和组织协调能力,在社区日常性体育活动中扮演着组织管理的职能,调动了老年人参与体育活动的积极性,有效地拓展了老年人的活动范围。在社区体育活动中,学有专长的老年人往往是组织中的核心人物,他们有为老年人服务的意愿和奉献精神,并依靠个人魅力获得老年人的追随和信任,社区老年人通过老年体育组织建立稳定的人际关系,如上海市体育局经过线上票选与专家评审,最终选出了50位"魔都最美社会体育指导员",他们有的是社区老年健身团队的组织者,有的是社区体育工作者。政府通过宣传社区体育组织者的先进事迹,来吸引更多的老年人找到自己喜欢的活动项目,并学会1~2项运动技能。而最美社会体育指导员的称号,是社会对健身团队领导者工作的认可与褒奖。

(二) 构建体育养老和谐社区,维护社会稳定

社区是我们共同的家园,邻里是相互守望的亲人,社区体育活动为老年人架起了沟通的桥梁,社区体育组织成为社区、家庭和老年人联系的纽带,减轻子女的负担,呼吁社会关注老年人健康,在老年群体中倡导科学、文明和健康的生活方式,形成了健康老龄化、积极老龄化的氛围。在老年健身群体中倡导公益行为,促进社会公平,如铜仁市帆锦社会工作服务中心推出老年人志愿服务积分兑换的制度,老年人通过参加社区志愿服务活动积分,1小时可得1积分,积分可以兑换礼品或其他服务,从而激励更多社区居民参与社区服务。社区志愿者开展"邻里互助,共建和谐社区"志愿活动,如为老年人提供理发、磨刀、缝纫、义诊等便民利民服务,目的是激发老年志愿者参加公益服务的积极性,形成互助协作精神。社区义诊活动是医务志愿者的便民服务,通过老年人的慢性病预防、日常生活健康知识普及等服务项目,方便老年人在家看病就

医享受免费医疗服务。通过聘请运动康复专家义诊，为老年人群体提供健康咨询、运动指导等支援服务，加强了社区志愿者与老年人群体的互动交流，增进了社区和谐，维护了社会稳定。

（三）推动社区养老体育服务业高质量发展

社区老年公共服务是由政府主导、多元主体参与、社区老年人为主要受益对象的服务类型。社区老年体育组织在进行社区养老服务过程中，针对不同的养老需求人群，提供不同的体育健康养老服务。具体可以细化到性别差异、年龄高低、健康评估、健身咨询、医疗需求和精神慰藉等方面，通过公益互助、志愿服务、有偿购买等养老体育服务的渠道，丰富社区老年体育组织的健康管理和服务种类，增设智慧化服务路径，面向个性化需要的社区老年人群体，其中有偿购买渠道，在提供多样化健身养老服务的同时，也能够有效刺激社区体育养老消费，如榕树下社区老年产业机构，作为营利性养老机构，设有专门养心益体的医疗中心，运用大数据智能管理检测系统，对老年人的身心健康、作息和饮食状态即时监测，根据健康管理结果和大数据分析制定运动处方。有针对性地提高养老服务质量。凭借互联网、大数据、智能化设备，提供多功能、全方位的社区养老服务的机构将会越来越多，如运用智能化技术的远程医疗帮助社区老年人获取医疗服务，打破了医疗服务的时空限制，提高医疗资源的利用效率。结合公益组织和志愿服务组织，社区居家养老服务质量将得到不断提高，同时能够引导和刺激社区养老体育产业的高质量发展。

（四）培养科学健康养老意识，弘扬社区敬老爱老文化

社区老年体育组织推动了全民科学健身，营造科学、文明、便利的老年人健身环境。宣传科学的健身方法，形成科学健身的舆论导向，进而增强老年人的健身意识和参与意识，使广大老年人树立"我锻炼、我快乐、我健康、我长寿、我幸福"的新生活理念，在社区形成关注老年人身心健康、有利于老年人参加文体健身的良好氛围，如社区体育服务中心组织的体质监测体验活动和科学健身大讲堂活动，让老年人在了解自身健康状况的基础上，提高其健身意识，提升老年人的健康水平、健康素养，以增强广大老年人美好生活期待的

获得感和幸福感。敬老爱老是中华民族的传统美德，也是时代的进步和文明程度的表现。社区老年体育组织定期招募大学生志愿者利用专业技能，参与、指导老年体育活动，在体现乐于助人、奉献精神的基础上，更多地体现出对社会的责任，从而在老年群体中形成互助、利他和志愿精神。社区体育活动还有助于家庭代际之间通过体育参与的互动形式，如社区组织亲子、祖孙参加的家庭运动会，子女观看老人参加社区体育活动，在社区中营造了良好的敬老爱老社会氛围，老人既享受了天伦之乐，又得到了子女的关注。

三、体养融合视角下社区老年体育组织发展途径

（一）整合各方资源，完善保障机制

社区养老服务是一个系统工程，需要整合各方资源形成合力，为老年人提供全方位的服务。首先，在国家政策顶层设计层面，要建立以民政部门、体育部门、老龄委和卫生部门等多部门联动机制，明确各部门的职责，扶持社区老年体育组织健康发展。2021年3月《中华人民共和国国民经济和社会发展第十四个五年规划和2035年远景目标纲要》提出，"十四五"期间要大力发展普惠型养老服务，构建居家社区机构协调、医养康养相结合的养老服务体系。在政策的大力支持下，让老年人体育有法可依，保障老年人公平、公正、平等地参加体育运动，维护老年人群体积极健康养老，追求健康人力资本的权利。国家体育总局和民政部门也要制定老年体育发展总体规划，为老年体育健康发展提供法治保障。地方政府和街道办事处要因地制宜地建立和完善当地老年人体育发展的相关政策。授权街道办事处为非正式社区老年体育组织的业务主管部门，在社区居委会备案，加强对社区老年体育组织的培育。其次，建立资金保障机制。政府通过建立体养、康养专项政策，加快社区公共体育设施适老化改造，利用体育彩票公益金、表彰奖励、购买服务等方式，吸引并激励民间资本加入社区养老服务行业。政府购买社会体育组织提供的艺术体育指导、社区老年教育和文体交流比赛等服务项目，丰富社区老年人文体生活。最后，通过媒体加强宣传，突出服务基层社区的典型人物，讲好社区故事，传播社会尊老

爱老的正能量。通过定期的健康体检制度、公共体育服务制度、社会保险制度，根据不同年龄阶段、不同身体状况的老年人，采取不同的体养方式，尤其是需要身体康复以及失能、半失能的老年人，这类弱势群体是社区老年体育组织容易忽视的，要做好特殊人群的医疗保障制度。

（二）加强老年体育组织内部建设，提升自组织能力

社区老年体育组织是社区老年体育服务的依托平台，也是社区老年服务的中坚力量，因此要重点进行非正式结构的社区老年体育组织内部建设。首先，加强社区老年体育组织提供公共体育服务的效能，培育组织的公信力，增加资源运用的透明度和合理性。其次，推举具有组织能力、奉献精神的退休人员担任组织者，运用自身的影响力，参与社区政策制定，拓宽社区老年人参与的途径，实现公民监督政府的诉求，通过传达老年群体的多元利益与心声，提高政策执行的有效性，如云南省德宏州老年体协在社区推广普及健身气功、健身球操、柔力球和健身操四项老年人健身品牌项目活动，通过建立示范站点，吸引老年人加入健身队伍，培养健身骨干，举办交流展示活动。最后，社区老年体育组织参与招募志愿者。志愿服务是一项崇高的社会公益事业，是城市文明和社区建设的重要标志。招募工作要公开、透明，也要面向社会招募社区志愿者，一方面，可以招募低龄、本社区老年人，提供各类邻里互助服务的志愿者可以获得公益积分；另一方面，招募具有专业技能的大学生、社会志愿者，为社区老年群体提供专业指导。

（三）培育社区老年体育服务专业人才，提升服务效能

社区老年体育服务需要专业人才提供优质服务，因此要建立服务社区的专家和志愿者数据库。由社区老年体育组织搭建服务需求平台，根据老年服务对象的实际需求，引导专家、志愿者为老年人提供专业化的志愿服务，实现服务需求与志愿服务双向匹配。首先，社区老年体育服务需要精通保健知识、营养知识的医务专业人才，依托社区医院与社区服务中心的医生和健康管理师、体能师组成专业团队，通过医疗保健手段，如营养配餐、食疗、药物调理、理疗和慢病运动处方等方式，对慢性病、亚健康状态的人群进行干预，为老年人建

立健康档案，进而对老年人的健康生活方式和健康状况进行评估。其次，与高校合作，让运动康复专业、社会体育指导与管理专业学生走入社区，通过社会专业实习、实践活动服务老年群体。最后，发挥公益性社会体育指导员的引领作用，走进社区，走进群众服务老年群体。加强适合老年健身项目的开发，组织老年健身团队的骨干力量，通过专业培训，学习科学的锻炼方法及以养老为核心的服务内涵。普及体养融合知识，开设体养融合课程，建立能够适应引导和带动老年体育组织发展需要的前瞻性人才储备库。此外，要做好社会实践领域创新型人才的挖掘。从退役运动员、社会指导工作者中挖掘实践基础较强的专业性人才，同时指派其参与老年体育组织中进行实践学习，积极鼓励创新组织发展模式，从而寻找更好地结合老年体育组织中体育和养老有机融合的发展模式。

（四）精准提供社区老年体育服务，提升健康服务质量

公共体育服务是社区治理的重要领域，与社区老年人的生活息息相关。首先，构建智能化社区，提升社区老年体育组织的服务质量，如建立社区老年人口健康档案数据库，通过健康数据和体质数据，实时了解老年人的健康状态。运用人工智能技术精准老年体育服务，如生命体征监测，与老年人及其家属之间的即时通知服务。将社区 15 分钟健身圈内的运动设施纳入数字化管理范围，通过 App 在线预约，查找空余设施，就近组织老年人群体在广场、公园和健身服务中心等公共体育场地设施练习太极、广场舞等集体性活动等服务。在居家社区养老服务中，运用智能化技术服务社区公共体育服务，形成家庭、社区组织、养老企业三者之间的互动，提升老年人的服务体验与满意度，以实现社区服务的提质增效。其次，根据不同年龄阶段、不同身体状况的老年人，须采取不同的健康管理方式。针对有生活自理能力的老年人，提供慢性疾病预防、医疗保健等服务，以"体医结合"健康促进的方式，对于低龄、有体育锻炼需求的老人，由社区体育俱乐部提供健身指导服务。对愿意接受社会化服务的老年人有针对性地开展个性化、精准化和有偿的专业化养老体育服务等。针对有康复需要的半失能和慢性病老年人，以康复照护服务为主，由社区卫生服务中心、社区康复中心和养老机构提供功能性恢复手段，呼吁社会爱心人士、志

愿者、心理专家对老年人进行情感关怀的专业指导，督促家属对老年人的情感陪伴，以缓解老年人的消极情绪，培养老年人积极接受治疗的情感。

（五）打造老年体育活动品牌赛事，树立典型社区良好形象

发挥社区内的基层老年体育协会的作用，积极举办老年体育赛事。首先，通过组织社区老年体育赛事活动，展示老年人体育健身活动的成果，组织专家开发适合老年人健康的大众健身项目，并推广到健身团队中，进而吸引更多的老年人参与社区体育竞赛和体育活动。培养老年体育赛事志愿者，举办社区运动会、家庭运动会和楼群运动会等活动，让老年人体育健身活动科学化、常态化。其次，鼓励社区老年人体育健身团队参加社区外的体育赛事活动，通过不同地域、不同社区之间的交流活动，老年人切磋提高健身技巧、增进友谊和获取健身经验，同时重视对老年人体育健身成果的展示汇报，营造积极健康养老的良好形象。最后，发挥媒体作用，树立典型社区的老年人健身成果，打造品牌赛事。增加媒体曝光度，吸引优质企业赞助老年人体育赛事。

第七章 健康老龄化背景下老年人体育模式发展

第一节 老年人体育模式发展影响因素

一、政府因素

(一) 政策法规

政府的政策对老年人体育具有指导性作用。政策的出台对社会各个部分指明方向，也给老年人自身提供保障，因此，政策就像老年人体育发展的指路灯。没有政策的保障体育发展就相当于没有了中轴线，各自发展终究会像一盘散沙，由此可以看出政策导向的重要意义。不仅如此，正确合理地制定政策、制度才有可能促进老年人体育的正向发展，如果政策制定不合理或者缺乏科学性，不仅不能为老年人体育锻炼提供帮助，反而还会形成负面影响阻碍其发展。由此可见政府制定的政策条例是重要影响因素。

除了政府制定的政策条例，与老年人体育相关的法律条例也很重要。我国的体育法涉及老年人部分很少。这主要是因为我国大众体育健身发展还不完全，对老年人相关体育认识就更少之又少。但是随着老龄化的快速发展，使老年人体育被动发展。因此，相关的政策和法规还很不完善。没有规矩不成方圆，没有法规的支持，老年人参加体育锻炼就没有了支持和保障。法律是为老年人参加锻炼提供保护伞，只有做到有法可依、有法必依，才能完全实现让所有老年人参与到体育运动中来。法律法规要完善，政府、社会和家庭为老年人参加体育运动创造条件外，还应为老年人在体育运动过程中受到的损害提供法律帮助。真正做到运动前、运动中、运动后都有法可依。

(二) 组织宣传

组织和宣传是为老年人锻炼提供平台和渠道。首先是组织情况。目前看来，我国已经有很多老人体育相关的协会组织，除了国家，各个省市也分别成立了老年人体育协会，为老年人提供了体育运动平台。但是，这些还远远不够，我们的最终目标是实现全体老年人参与到运动中去，现有的协会组织只能满足部分对体育认识比较全面的人群，还不能实现全体老年人参加。老年人体育的发展离不开公平，实现全面发展就要求近乎全体人员参与其中，特别是年龄较长的、有疾病困扰的、偏远地区和乡镇的老年人。因此，要全面完善我国老年人体育组织管理，深度纵向发展，进而实现为每一位老年人提供平台。再者就是宣传方面，由于老年人生活的年代和习惯，他们接受信息的方式还是以传统三大媒体为主要方式，而现在流行的如"互联网+"、手机等形式并不适合老年人。目前看来，通过传统媒体进行老年人体育运动相关的内容比较少，而且社区也没有发挥其主导作用，老年人群体对信息的接受主要依靠自己主动获取，这就使很多不了解体育的人很难获得信息。而只有让老年人被动地接受，了解体育运动才能提高对体育运动的认识，知道体育运动的意义，才能让更多的人参与体育运动。而不是让了解的人更热爱，让不知道的人停留在原有的认知上。

(三) 养老保障

老年人是一个比较特殊的群体，他们由于年龄和身体机能原因不能继续停留在工作岗位上，因此，他们的收入有限。之前一直在提倡计划生育，限制每个家庭只能要一个孩子，让现在的年轻人面对两个青壮年需要赡养四名老人，增加了青年人的压力，也增加了老年人的家庭责任。我国还处于发展中国家，并且我国人口基数比较大，老年人的数量很多，不能像发达国家一样有很好的养老保障。因此，老年人除保障基本生活之外，还要考虑医疗费用，用于个人娱乐的费用少之又少。这也是影响老年人参加体育锻炼的最直接因素。

二、社会因素

(一) 社会经济发展

一切的发展都离不开社会经济水平的发展,社会经济发展是重要前提。首先只有经济水平提高才能确保人们在满足温饱需求之后,有足够的资本满足人们的精神需要。其次,经济水平的高低决定着物质生活水平的高低,社会经济的发展水平直接与老年人体育发展程度息息相关。最后,只有经济水平提高,社会成员才会有足够的经济基础满足体育需求,同时社会和政府才能有足够的资金构建设施平台,来满足老年人群的需要。由此可见,社会经济发展是大前提,只有经济发展才能提供一定的经济物质保障。

(二) 社会支持

在老年人体育发展的过程中,社会起到了重要作用。社会力量庞大,只有充分发挥和利用好社会资源,才能满足我国现有的数目较多的老年人群体。其中社会支持包括经济支持和物质支持。首先是经济支持,目前我国社会投入老年人体育中的资金主要依靠各种公益金的维持,除此之外,专项基金等并没有充分发挥作用,不能很好地为老年人体育提供资金的支持。再者就是物质保障,目前我国社会提供的物质保障有限,已经无法应对老年人群的需要。其中主要表现为人力保障不足和场地器械不足。体育运动有利于老年人提高身体素质,同时具有一定的不安全因素在其中,如果没有专业人员的指导和管理,将会造成一些不可逆的运动伤害。而现在在专门指导老年人参与体育锻炼的人员比较少,同时缺乏相应的管理人员,这也是影响老年人体育发展的一部分因素。最后就是场地器材提供不足,场地器材是维持老年人体育健身的重要保障和基础,社会各个部门对各种场地器械的投入还不是很多,并且现在已经建成的场地器材由于暴露在室外,年久失修出现很多坏损和锈蚀的情况。这些器材不仅不能为老年人提供健身帮助,还存在着一些安全隐患,给老年人参加运动的过程中带来一些风险。这也是影响老年人体育发展的重要因素之一。

三、家庭因素

（一）个人因素

1. 影响老年人参加体育锻炼的最直接的因素是老年人自己本身的认知情况

由于老年人接受的教育和生长环境的因素，对体育了解程度并不高。而且有一部分人认为，随着他们年龄的增长，每天在小区或周边走一走就属于体育锻炼，其实这远远不够。体育锻炼是一个科学系统的过程，它包括运动前的准备活动和运动后的放松过程。而且每个人的身体条件不同，所能适应的体育强度也就不同。并且每个老年人参加体育运动的目的不同、兴趣不同，所需要的运动方式也就不同。由此可以看出，目前老年人对体育认识程度不够，也是影响老年人体育发展因素之一。

2. 老年人自身身体健康状况也是影响他们参与体育锻炼的重要因素之一

很多老年人由于自身病痛的原因，不能参与到一般的体育锻炼之中，也没有条件找到适合自己的体育运动。相比于健康人群来说，他们更需要体育锻炼来维持身体健康。

3. 影响老年人体育参与的个人因素为自身的收入情况

一般来说，老年人已经不再参加社会劳动，大部分人的收入并不是很高，主要依靠社会养老金来维持生活。抛除生活所必需的资金和医疗用钱，用于老年人平时娱乐需求的资金很少。社会福利性运动场所还没有完全普及。因此，个人的经济状况一直影响着老年人体育的发展。

（二）家庭责任

老年人退休以后就从工作岗位完全走入了家庭，社会责任也全部由家庭责任所替代。老年人作为每一个家庭之中的一家之主，对家庭的影响有导向作用。照顾家庭子女，分担生活压力，将成为他们退休后主要的任务，老年人对于每个家庭来说起到的是后勤保障作用，也是每个家庭健康和谐生活的基础保障。一般来说，老年人退休之后有很多时间参与到娱乐休闲体育健身活动。但是，在我国并不是这种情况，老年人退休之后家庭中各类琐事都由老年人负责。一般来说，老年人会选择在退休之后帮助子女照顾孩子，特别是孙子女还不能独立生活的时候。照看孩子就占据了老年人近乎全部的时间，也就造成了老年人没有过多的休闲时间去参加体育锻炼，平时也就以家庭劳作和带孩子散步来代替体育运动，但是这些日常工作的强度不及正常体育运动，并不能达到希望的效果。

(三) 其他成员支持

随着人年龄的不断增大，对别人的认可程度，特别是对于家庭成员的认可程度，也会不断的增加。子女的建议往往直接影响到老年人所做出的决定。由此可以看出，家庭中其他成员对体育运动的了解认知，对老年人是否参加体育运动有很大的影响。如果家庭中某个成员对体育认知比较完善，并给予老年人一定的支持，即便老年人不了解，也会抱着尝试的心态参加锻炼。由此可以看出，家庭成员的支持对于老年人参加锻炼有较强的影响。

第二节 老年人体育发展模式构想

我国老年人体育发展主要依靠政府、社会和家庭三个方面。其中政府的主要职责是顾全大局，对整体发展进行监管。而社会则是发展中的主要力量，相比于社会力量，政府力量微乎其微，在老年体育的发展中主要依靠社会力量。家庭则是主体，老年人属于家庭并且依靠家庭，因此家庭则是发展的主体部分。

一、政府、社会、家庭的价值分析

(一) 政府主导：老年人体育健康桥基

自新中国成立以来，国家领导和有关部门对于体育的发展尤其重视。各级政府部门逐渐地完善体育法律、法规，并且根据实际情况制定了一系列的发展条例，保障了我国体育呈现长期稳定的发展。国家政策是维持我国体育发展的根本途径，同样也是我国老年人体育发展的领导者和决策者。在人口老龄化快速发展的今天，积极有效地应对老龄化所带来的负面影响是目前的核心任务，而通过体育干预是相对有效的手段。因而我国老年人体育面向我国全体老龄人群，国家政府部门对其重视和管理是发展的重要保障。综上所述，政府部门在老年人体育的发展中扮演推动者角色，因此在三者关系的建立中，政府起到主导的作用，指明了发展方向，合理有效地控制其平稳有效的进步，为老年人体育的发展奠定基础。

（二）社会主要：老年人体育健康桥梁

当前，在我们国家老年人群的体育发展策略主要依靠国家政府部门或组织，面对老年人群体不断快速增长，单单依靠政府部门明显感觉到心有余而力不足，政府部门已经不能完全满足老年人群体对体育运动方面的需要。因此，需要转换现有的观念，将政府主要改变到社会主要。目前，我国主要经费来源依靠政府部门拨款。我国人口基数庞大，老年人口数量多，经费不能满足社会的需要，而体育发展离不开资金的支持，经费不足是阻碍发展的最主要因素。而且我们国家老年人体育产业发展比较晚，没有形成先进的管理和发展体系。由此可见，社会部分才是推动发展的最主要的成分。就当下而言，政府的投入已经不能应对群众的需要，而社会的力量并没有得到重视，因此需要转变现有的观念，不能单纯依靠政府，而是通过政府调控整合社会力量，充分提高产业发展，融合社会中的财力物力，做到主要依靠政府投入转变为主要依靠社会投入。

（三）家庭主体：老年人体育健康桥体

由于老年人自身的身心特点，其身体机能下降，接受的传统教育，思想比较保守，面对新鲜事物和信息接受能力比较差，对社会的适应能力较弱。但是每个老年人都依附于一个家庭，家庭成员中的青年群体，可以有效弥补这些不足，并且老年人对家庭依赖性较强，重视家庭成员的支持，往往通过提高家庭其他成员的认识和了解，更有利于提高老年人对体育锻炼的参与度。因此要改变传统观念，以家庭为主体，更有利于信息传播和效果反馈。因此在提高老年人参与动机的同时,加强家庭成员的认识是非常有必要的。

二、发展模式构想原则

(一) 以人为本

以人为本要求我们要始终将人作为发展的主要目的。体育的根本意义是通过身体锻炼,来维系自身的健康以及基本生活需求。老年人属于特殊的群体,他们刚刚结束繁重的工作,空闲时间很多,加之随着年龄的不断增长,身体机能必定呈下降趋势,种种的变化让他们在社会家庭中的存在感降低。而体育运动的真正意义和价值是提高人体健康水平,满足人们的基本生活需要,享受社会发展给人们带来的安逸与平和,切实做到老有所依、老有所养。在老年人体育发展中需要做到以人为本,不能以为社会减少负担为目的,而是要做到从老年人的实际需要为出发点,改善老年人的身体健康水平,满足老年人心理需要。以全面提高老年人的身体素质,提升老年人群体的生活质量为总目标,来发展老年人体育。

(二) 公平原则

公平是老年人体育发展必须遵循的重要准则。不单单是老年人体育中,公平分布在社会生活的方方面面。如果没有公平的存在,必定会引发一系列的矛盾。目前来看,我国老年人体育城乡之间发展差距比较大,相比之下乡镇居民的健身意识欠缺,经济收入不高,而且青壮年劳动力大多会去城市发展,田间工作更多地需要老年人承担,老年人没有过多精力和物力参加体育锻炼。因此,相对城市,乡镇老年人体育发展比较缓慢。在老年人体育的发展的过程中要始终将公平放在首位促进城乡共同发展,没有公平就没有发展,公平发展各地区老年人体育是维持老年人体育长期有效发展的最重要原则。

(三) 联动性原则

协同配合上下联动原则是要有主有次、有统有分。原则上要求一类事项由一个部门统筹、一项任务由一个部门负责，进而通过加强相关机构配合联动，避免政出多门、责任不清和推诿扯皮等问题。做到履职到位、流程通畅，强调相关机构配合联动，强调事中、事后监管，提高服务群众能力。目前，我国老年人体育的发展主要是通过政府制定政策—各部门执行—老年人群体受益单向发展。单向发展速度比较慢，不利于信息反馈易产生负面影响，并不能满足社会发展的需要。联动的发展模式首先会弥补现有的发展模式不足；其次有利于信息反馈，对政策有效监控并及时更改；最后可以很快了解人群需要和意见建议及时补充。对老年人体育的发展起到事半功倍的作用。因此在新模式的构建中需要考虑部门之间相互作用呈循环上升的趋势连续发展。联动性则成为构建发展模式的主要原则。

（四）符合中国国情

在我们国家人口基数庞大，并且老年人受到多年的传统观念教育，思想相对比较保守，对体育运动的认识刚刚提高，老年人群体的认知还没有普及。并且我国长期处于发展中国家，未富先老这一现实国情需要正确认识，不可以盲目学习其他国家的成熟体制，要借鉴国外成功案例并且要充分了解我国现有的国情，结合现实情况，寻找一条适用于中国的老年人体育发展道路。只有这样才可以有效保障体系快速稳步发展。

三、我国老年人体育发展模式内容

（一）我国老年人体育发展模式内容初步确立

1. 内容确立方法

初选指标的来源主要是以下三个方面：政策文件、国内现状和国外现状，政策文件主要参考了《体育总局等12部门关于印发〈关于进一步加强新形势下老年人体育工作的意见〉的通知》《中华人民共和国老年人权益保障法》《全民健身条例》以及国家体育总局颁布的《国民体质测定标准手册（老年人部分）》等的相关内容。国外现状主要利用知网、万方、学校图书馆等网站，通过检索关键字，收集美国、日本、韩国、荷兰和加拿大等国家老年人体育发展相关文献，逐一浏览，筛选出可供参考的检测项目。国内研究通过文献资料的方式，了解我国不同地域的老年人体育活动项目、频次及经济水平差异的基础上，探讨我国老年人体育发展现状，研究发现我国老年人体育存在体育场地设施不足、老年体育项目开展普及不到位、老年人体育组织有待完善和老年人体育健身发展中社会力量支撑不够等诸多问题。通过以上三个渠道，构建老年人体育发展模式的内容指标，并根据建立原则，拟定政府、社会和家庭联动的老年人体育发展模式框架内容。

2. 我国老年人体育发展模式具体内容

根据以上方法本研究设有3个一级指标分别为政府体系、社会体系、家庭体系，14个二级指标分别为政策保障、监督、财物支持、志愿者服务、人才培养、组织管理、安全管理、信息传播、体育活动组织、社会资金投入、老年体育产业、健康监测、信息反馈、体育活动参与，34个三级指标，见表7-1。

表7-1　我国老年人体育模式初步内容框架

一级指标	二级指标	三级指标
1. 政府体系	1.1 政策保障	1.1.1 政策发展
		1.1.2 各级制度
		1.1.3 法律法规
	1.2 监督	1.2.1 政府部门自我监督
		1.2.2 社会组织监督
	1.3 财物支持	1.3.1 专项资金支持
		1.3.2 招商引资
		1.3.3 公益性公共体育设施
	1.4 志愿者服务	1.4.1 协会
		1.4.2 社区
		1.4.3 商家
		1.4.4 自身
	1.5 人才培养	1.5.1 社会体育指导员
		1.5.2 管理人才
		1.5.3 科研人才

续表

一级指标	二级指标	三级指标
2. 社会体系	2.1 组织管理	2.1.1 老年体育协会组织管理
		2.1.2 社区社团组织管理
		2.1.3 自发性团体组织管理
	2.2 安全管理	2.2.1 器械安全
		2.2.2 风险评估
	2.3 信息传播	2.3.1 赛事活动信息传播
		2.3.2 体育知识宣讲
	2.4 体育活动组织	2.4.1 体育竞赛活动组织
		2.4.2 体育文化活动组织
	2.5 社会资金投入	2.5.1 彩票公益金
		2.5.2 基金会投入
	2.6 老年体育产业	2.6.1 扩充老年人体育产业
		2.6.2 规范老年人体育产业
3. 家庭体系	3.1 健康监测	3.1.1 身体健康监测
		3.1.2 心理健康监测
	3.2 信息反馈	3.2.1 参与情况反馈
		3.2.2 需求反馈
	3.3 体育活动参与	3.3.1 鼓励老年人参与体育活动
		3.3.2 陪同老年人参与体育活动

（二）我国老年人体育发展模式内容最终确立

由于本研究是建立在"政府""社会""家庭"三个层面进行研究，因此一级指标不在合理性的调查范围内，问卷只设有二级指标和三级指标的合理性分析，通过对二、三级指标进行评定，最终确定相关指标见表 7-2。

表7-2 合理性百分比

二级指标	百分比（%）	三级指标	百分比（%）
1.1 政策保障	100	1.1.1 政策发展	75
		1.1.2 各级制度	100
		1.1.3 法律法规	100
1.2 监督	100	1.2.1 政府部门自我监督	87.5
		1.2.2 社会组织监督	75
1.3 财物支持	100	1.3.1 专项资金支持	100
		1.3.2 招商引资	75
		1.3.3 公益性公共体育设施	87.5
1.4 志愿者服务	37.5	1.4.1 协会	—
		1.4.2 社区	—
		1.4.3 商家	—
		1.4.4 自身	—
1.5 人才培养	50	1.5.1 社会体育指导员	—
		1.5.2 管理人才	—
		1.5.3 科研人才	—
2.1 组织管理	100	2.1.1 老年体育协会组织管理	75
		2.1.2 社区社团组织管理	75
		2.1.3 自发性团体组织管理	87.5
2.2 安全管理	100	2.2.1 器械安全	75
		2.2.2 风险评估	87.5
2.3 信息传播	100	2.3.1 赛事活动信息传播	100
		2.3.2 体育知识宣讲	100
		2.3.3 相关讲座	25
2.4 体育活动组织	100	2.4.1 体育竞赛活动组织	100
		2.4.2 体育文化活动组织	100
2.5 社会资金投入	100	2.5.1 彩票公益金	100
		2.5.2 基金会投入	87.5
		2.5.3 团体或个人融资	12.5

续表

二级指标	百分比（%）	三级指标	百分比（%）
2.6 老年体育产业	100	2.6.1 扩充老年人体育产业	87.5
		2.6.2 规范老年人体育产业	87.5
3.1 健康监测	87.5	3.1.1 身体健康监测	87.5
		3.1.2 心理健康监测	75
		3.1.3 自我监测	50
3.2 信息反馈	100	3.2.1 参与情况反馈	87.5
		3.2.2 需求反馈	100
3.3 体育活动参与	87.5	3.3.1 鼓励老年人参与体育活动	100
		3.3.2 陪同老年人参与体育活动	87.5

四、我国老年人体育发展模式框架构想与模式联动

（一）框架构想

结合相关政策文件和文献资料，根据专家评定获取相关指标项目，并基于我国老年人体育发展现状，借鉴发展较好的国家情况，依据文章的目的与任务，以及指标体系构建的原则拟定了以下政府、社会和家庭联动的老年人体育发展模式框架。具体为3个一级指标，12个二级指标和27个三级指标具体见表7-3。

表7-3　我国老年人体育模式内容框架

一级指标	二级指标	三级指标
1. 政府体系	1.1 政策保障	1.1.1 政策发展
		1.1.2 各级制度
		1.1.3 法律法规
	1.2 监督	1.2.1 政府部门自我监督
		1.2.2 社会组织监督

续表

一级指标	二级指标	三级指标
1. 政府体系	1.3 财物支持	1.3.1 专项资金支持
		1.3.2 招商引资
		1.3.3 公益性公共体育设施
2. 社会体系	2.1 组织管理	2.1.1 老年体育协会组织管理
		2.1.2 社区社团组织管理
		2.1.3 自发性团体组织管理
	2.2 安全管理	2.2.1 器械安全
		2.2.2 风险评估
	2.3 信息传播	2.3.1 赛事活动信息传播
		2.3.2 体育知识宣讲
	2.4 体育活动组织	2.4.1 体育竞赛活动组织
		2.4.2 体育文化活动组织
	2.5 社会资金投入	2.5.1 彩票公益金
		2.5.2 基金会投入
	2.6 老年体育产业	2.6.1 扩充老年人体育产业
		2.6.2 规范老年人体育产业
3. 家庭体系	3.1 健康监测	3.1.1 身体健康监测
		3.1.2 心理健康监测
	3.2 信息反馈	3.2.1 参与情况反馈
		3.2.2 需求反馈
	3.3 体育活动参与	3.3.1 鼓励老年人参与体育活动
		3.3.2 陪同老年人参与体育活动

（二）模式联动构想

根据已经确立的内容框架，结合模式的构想原则，最终形成"政府""社会""家庭"联动的老年人体育发展模式的构想，具体如图 7-1 所示。

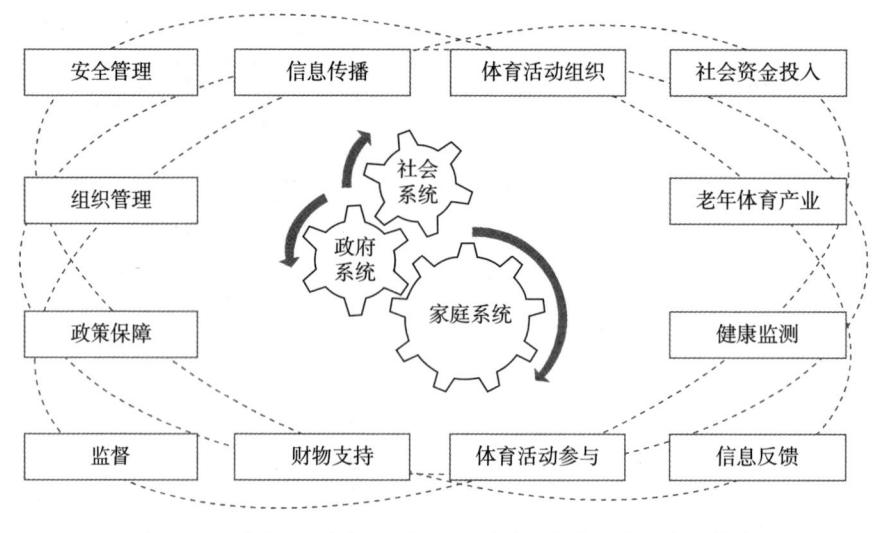

图 7-1 "政府""社会""家庭"联动的老年人体育发展模式

五、对联动模式的具体阐述

(一) 政府、社会、家庭各部分具体内涵

1. 政府体系

首先，政府体系主要为老年体育提供政策的保障，这就要求政府部门要制定一系列科学严谨的老年人体育发展的政策，以保证老年人体育可以长期有效的发展。要求对各级行政部门制定详细规划的制度，还要完善我国老年人体育法律法规的相关规定，让老年人群体有法可依，从而保障老年人群体自身利益。其次，对政策是否有效实施进行监督，确定各级部门或机构真正完成了计划的实施，对计划的实施及时反馈与更正。同时也要做好政府内部的自我监督，以保障自身内部可以稳定有序的发展。再次，政府部门要提供必要的财政支持和物资支持，保证老年体育基础发展。这就要求政府部门要设定专项资金定期地投入发展，政府部门无法满足的部分，可以通过招商引资吸引更多的社会群体或个人，达到为更多的老年人群体提供服务与帮助的宗旨。最后，政府

部门要不断地扩大公益性公共体育设施的建设，来满足更多的老年基层群体的基本需要。

2. 社会体系

第一，社会体系首先要组织和管理各种协会和团体。大到各级老年体育协会组织，小到社区内的社团及组织团体，以及由个人自发组织的老年人体育相关团体组织。第二，安全是在体育运动过程中重中之重的部分，无论任何体育运动都要把安全放在首位，老年人的体育运动亦是如此。老年人经常用的公共性器械设施存在无人管理现象。这些体育设施经过多年使用，并且经常暴露在风吹雨淋之中，很多器械都年久失修，而且存在着很大的安全隐患。同时要对老年人参与的体育项目和活动进行风险评估，将运动伤害降到最低。第三，信息传播是促进老年人参与体育运动的最好方式，也是提高老年人参与体育活动意识的最好方式。首先，通过传播体育赛事和体育活动信息，让老年人对体育运动产生浓厚的兴趣，有利于老年人参与到其中，从而提高体育锻炼参与度。其次，通过体育知识宣讲，让老年人了解参与体育锻炼的益处，以及参与体育锻炼时应该注意的安全问题，推崇科学运动，降低疲劳损伤。第四，社会团体要定期组织体育竞赛活动，丰富老年人休闲娱乐生活，增强老年人个人存在感，以提高老年人运动兴趣。通过组织体育文化活动提高老年人体育文化素养，丰富老年人精神生活，传播体育运动精神。第五，社会的资金投入是发展老年人体育最重要的保障部分。社会公益金是目前社会投入最多的一部分，因此，需要保证和稳定社会公益金部分。但是我国资金投入方式单一，主要以公益金为主，其他投入方式少之又少。因此，在保障社会公益金投入之后要扩充其他的资金投入，比如发展基金会的投入。第六，与国外相比，我国老年人体育产业的发展还在初期阶段。但是，我国拥有庞大的隐形市场。因此，下一步扩展老年人体育产业的发展是非常有必要的。这就要求要扩充有效合理的老年人体育产业，同时要规范老年人体育产业的构建和发展。

3. 家庭体系

老年人存在于每个家庭之中，并且依附于每个家庭之中，因此家庭体系的发展也不可忽视。首先，家庭要做到对老年人进行定期的健康监测。家庭是陪伴老年人时间最长，并且能第一时间发现问题的部分。所以就要求定期进行健康检测措施，其中包括身体健康的检测和心理健康的检测。其次，要将老年人参与体育活动的情况进行反馈，同时提出合理有效的建议，将需求情况也进行反馈，以便于社会和政府部门进行改革创新。家庭成员要鼓励和支持老年人参与到体育活动当中，降低老年人生活压力，并给予老年人充足的休闲时间。在有条件的情况下陪同老年人一同参与体育活动，这有利于构建和谐家庭，方便家庭成员之间相互沟通，增进感情。

（二）政府、社会、家庭之间相互联动

摒弃传统的由政府颁布措施到社会各个部门进行工作，再到个人群体受益的单向发展过程。以家庭为突破口，提高家庭需求，从而促进社会相关产业及组织的发展，提高政府部门的管理，制定有利于老年人体育发展的规章制度。然后反作用于社会与家庭中，以促进两者共同发展。社会的发展，可以不断促进政府改革体制提高家庭内部需求。最终形成三者的相互作用，相互发展的无限循环模式。新的模式与传统模式相比，可以更快速地达到老年人体育不断发展的最终目的，同时三者相互间监督降低无用功。

（三）政府、社会、家庭之间相互联动的具体内容

三者相互作用就要求各自做到：第一，政府通过完善政策、加强监督和提供稳定的物质支持。来促进社会体系的不断扩充与发展，保障家庭中老年人的基本运动需求。第二，社会部门通过加强组织管理，维护体育运动过程中安全措施，加大信息传播途径和力度，定期组织带有趣味性的老年人体育活动，丰富老年人的精神生活和休闲生活，扩大相关的体育产业构建来促进资金的维持。促进政府部门根据社会发展不断改进策略制度，并且提高老年人对于体育运动的需求。第三，通过家庭成员的支持陪伴，定期对老年人身心健康进行评测，并充分向有关部门反馈建议和需求情况，进而提高老年人对于体育运动的认可情况，以推动社会体育产业不断发展。

总之，三者之间无论从大方面还是小方面都要做到相互作用相互发展，才能够有效促进我国老年人体育的不断发展与不断改进。

第三节 老年人体育模式发展策略

一、老年人体育发展联动模式策略

(一) 政府中心转变为社会中心

我国老年人口在不断的增长中,人口老龄化带来的社会压力日益增多,通过学者们的研究发现,参加体育运动可以加强老年人身心健康,减轻国家、政府、社会的压力,目前来看,面对与日俱增的老年人群体,政府不能完全满足他们对体育运动方面的需求。不仅如此,我国参与体育锻炼的老年人数量有限,近些年老年人体育发展速度虽然很快,但是距离真正全面普及还有一定的差距,这就形成了当前,老年人体育发展滞后、国家投入已经不能满足社会人群需要的尴尬时期。因此,在日后老年人体育的发展中要将重心从政府部门转移到社会机构,以非营利为主、营利为辅共同发展。因此就要做到:第一,政府部门根据实际情况,做出合理的政策安排,完善法律法规,对实施者进行有效的监督控制,加强管理内部监管,构建反馈渠道,同时要提高人力物力投入,为老年人提供基础保障。第二,构建全面覆盖的组织协会,支持个人组织建设和社区社团建设,以点带面的形式为老年人提供服务帮助,组织各类老年人体育竞赛活动和文化活动。第三,加强社会资金的投入,目前我国用于老年人体育建设的资金除国家投入外,主要依靠彩票公益金为主,除此之外建立基金会,两者共同发展。第四,将安全放在首位,定期对相关场地器械进行检修,组织体育知识宣讲活动,加强老年人体育锻炼参与的安全意识,减少伤病带来的危害。第五,重视老年人体育产业的发展,相比于发达国家,我国体育产业还不完善,特别是老年人体育的发展。在以后的发展过程中要加大老年人体育各项产业的扩建。在扩充产业的过程中,要加强建设和发展的规范性,形成科学合理的管理体系,以维持产业的平稳发展。

（二）提高个人观念转变向提高家庭观念转变

老年人由于自身特点，对外界信息接收比较慢，不能及时掌握新兴的通信方式。并且受传统文化思想的束缚，对体育运动的重要性还不了解，同时随着年龄的增长，老年人会越来越依靠家庭中的青年人群。因此，将提高个人意识转化为提高家庭意识，家庭中的青年人会比较方便地掌握最新信息，并且随着体育在中国的发展，大部分的青年人已经认识到体育运动的重要性，通过增强家庭对老年人体育的认识，促进老年人群意识，比直接增强老年人意识要有效得多。因此要求家庭环节在发展中要做到：第一，增强老年人参加体育锻炼意识，及时关注实时动态，支持并在空闲的时间陪同老年人一起参与。及时通过一定的渠道向有关部门反映日常中所遇到的问题、需要和不足之处等，协助社会和政府促进老年人体育建设。第二，在日常生活之中要密切关注老年人的健康情况，定期督促老年人进行身体健康的检查，特别要注意老年人参与体育运动之后的身体变化情况，如果造成运动损伤要及时发现及时处理。不仅需要关注身体健康状况，还要关注老年人心理健康情况。重视并预防心理疾病的产生，以促进老年人社会适应能力，让他们在老年期可以合理地安排生活，并享受生活。

（三）单向发展观转变为联动发展观

原有的"政府颁布政策—社会实施政策—个人收益"的模式，不能满足日益增长的社会人口老龄化的需求，"政府、社会、家庭"联动的模式可以加快老年人体育建设。有效积极应对人口老龄化。具体要做到：第一，以家庭需求为突破口，政府部门通过加大老年人体育宣传和比赛组织活动，促进家庭需求，从而加强社会投入，进一步促进政府管制和相应政策实施。第二，大力发展老年人体育产业发展，吸引更多的老年人对体育运动更高层次的需要。合理有效地集结社会中的财力、物力，更多地投入到生活中。建立完善的纵向老年人体育协会及部门。以点带面的形式构建覆盖全面的体育设施与组织。以此来推动主体的需求和政府部门政策不断的改革。第三，政府部门应该构建完善的法律法规和管理体系，有效控制社会中各种产业的良性发展，加大人力、物力投入，以满足老年人群体基本需要。让更多的社会力量投入到老年人体育产业中，努力让老年人群体全面投入到体育活动锻炼中。因此，政府、社会、家庭三者反复相互促进，并联动循环上升发展。形成"家庭、社会、政府"联动的老年人体育发展模式。

二、联动模式下我国老年人体育发展的具体策略

（一）制定系统的发展政策

目前我国有关老年人体育相关政策的颁布，依托于老年人工作建议之中，很少出台老年人的体育政策，导致了老年人体育发展不连续性。因此，在以后的老年人体育发展过程中，要形成独立的、连续的和可持续发展的有关政策。政策的制定要注意时间性，根据不同的时期特性，对老年人体育发展提出具体要求。随着时间和社会的不断改变，以及发展的不断完善，要定期对政策进行完善和修改，同时制定未来几年的发展规划目标。从而形成一整套使老年人体育长期稳定发展的政策条例，并及时更改不足之处。

（二）城乡统筹发展

应当加强乡镇地区老年人体育发展。相比于城市而言，乡镇中的老年人意识更为不足，加上他们文化程度较低，收入主要依靠农田体力劳动，各级政府部门的重视不够，社会保障较少，所以他们现在已明显落后于城市的发展。因此，乡镇的老年人体育发展迫在眉睫，在以后的老年人体育发展过程中要重视城乡统筹发展，把重点向乡镇转移。要充分实现老年人体育发展的公平性，使各地区老年人体育活动都得到均衡的发展。我们的最终目标是实现全体老年人参与到体育健身活动中，满足他们生活需求的同时提高他们自身的身体素质，维持身体健康水平，让他们在老年时光中可以享受生活。

（三）加强老年人体育运动场馆（所）建设

运动场所和器械是老年人参与体育锻炼的平台和保障。我国大众体育发展

较晚，发展程度相对较低。运动健身场所的普及还不完善，特别是适合老年人体育锻炼的场地和器材少之又少。老年人是一个特殊的社会群体，他们身体机能弱于青年人，重器械练习不适合他们，因此要大力建设适合老年人参与的健身活动场所和相关的练习器械。在以后的建设过程中，注重大型综合体育场馆（所）建设的同时，应加强建设以社区为中心的小型室内活动场馆（所），满足老年人在恶劣天气情况下，有活动健身的平台。构建以点带面的健身场所建设，让每一个老年人都可以找到适合自己的活动场地，覆盖到每一个老人身边。综上所述，在以后的场地器械构建中，注意大型综合运动场馆（所）和小型活动场馆（所）的共同建设，多进行室内运动场馆（所）的建设，安放适合老年人运动的器械，以小区构建形式建设可以覆盖全面的、让每一个老年人都可以就近锻炼的运动场所。

（四）培养专业人才，完善运动项目

体育运动是一把"双刃剑"，如果锻炼科学化、系统化，则会提高人的身体机能，改善人的健康水平。若老年人随意锻炼，没有科学的锻炼方法，则容易造成不可逆的运动伤害，由此可以看出，有专业的指导人员指导运动是必不可少的。因此要制定完善的人才培养体系，保障老年人体育运动人才不断输出，并且要加强对人才的培训和考察，以确保体育指导人员的专业性、对知识掌握的熟练性，以及对健身项目运用的科学性。不仅要培养老年人体育健身指导人才，还应加强培养组织管理人才，保障老年人体育的可持续发展。

老年人跨年龄程度大、身体状况差异性大、兴趣爱好不同、锻炼目的不同，这些差异性导致了老年人体育运动项目种类需求性繁多。老年人运动常见的项目有快速走、太极、广场舞等，这些项目适合身体状况良好的老年人。大部分身体欠佳的老年人需要体育运动，但是找不到适合自己的运动项目，因而放弃了体育锻炼。此外，目前的运动项目不能满足所有老年人参与的兴趣。因此，我们要开展和构想更多的体育锻炼形式和项目内容，以满足不同老年人群体对于体育运动的需要。

（五）组织丰富多彩的体育文化活动

体育竞赛和文化活动是提高老年人参与体育锻炼兴趣的重要手段之一，老

年人不仅需要体育锻炼还需要通过相应的体育竞赛，丰富自己的业余生活，满足自身的心理需要，体现自己的社会价值。同时文化活动不仅能很好地宣传体育运动知识，使更多的老年人参与到运动当中，对于城市的宣传和文化建设还起到了良好效果，可谓是一举多得。因此，政府及社会部门应当多组织一些体育文化活动，让老年人从中交到更多好友，实现自身价值，弥补老人自身的空虚感和失落感，从而让老年人在心理上认可自己。

（六）丰富传播途径

首先，要丰富体育运动知识和体育赛事信息等。其次，传播途径应以传统形式和现代形式相结合。由于我国老年群体的自身特点，他们习惯于通过传统的媒体方式来接受信息，因此在信息传播方面不能只注重现代化方式的传播，应多通过传统媒体让老年人了解到体育运动信息。与此同时，也需要扩充互联网传播途径，通过家庭中其他成员让老年人了解更多的信息，可以起到促进老年人参加体育锻炼的目的。最后，要充分利用社区进行信息传播，使体育相关知识信息传递给每一位老年人。

参考文献

[1] 伊向仁. 老年体育与健康管理 [M]. 济南：山东大学出版社，2016.

[2] 王峰作. 我国老年人体育服务与健身研究 [M]. 长春：吉林人民出版社，2020.

[3] 任玉嘉. 老年人精神幸福感与体育锻炼研究 [M]. 兰州：兰州大学出版社，2021.

[4] 冯晓丽，方子龙，陆一帆. 老年体育活动指导师实务培训 [M]. 北京：中国社会出版社，中国劳动社会保障出版社，北京大学医学出版社，2015.

[5] 王盈盈，彭光灿. 老年公共服务概论 [M]. 成都：西南交通大学出版社，2022.

[6] 湛冰. 美国老年体育政策研究 [M]. 北京：北京体育大学出版社，2017.

[7] 王东亚. 老年体育保健学 [M]. 北京：九州出版社，2015.

[8] 冯晓丽. 老年体育活动指导师实务培训 [M]. 北京：中国劳动社会保障出版社，2015.

[9] 张继东，闪明，索海洋. 老年体育学概论 [M]. 北京：化学工业出版社，2020.

[10] 周宁玉. 老年体育文化活动辅导师实务培训 [M]. 北京：高等教育出版社，2017.

[11] 伊向仁. 老年体育与健康管理 [M]. 济南：山东大学出版社，2016.

[12] 范炳华，华明. 老年人社会体育指导员（一级）培训教材 [M]. 北京：中国中医药出版社，2014.

[13] 宋子重. 中国老年体育 [M]. 北京：中国文史出版社，2007.

[14] 王凯珍，汪流，戴俭慧，等. 体育社会组织建设与管理 [M]. 北京：高等教育出版社，2016.

[15] 游茂林. 体育社会心理学的内容体系研究 [M]. 武汉：中国地质大学出版社，2018.

[16] 乔超. 贫瘠抑或兴起农村体育文化的社会学研究 [M]. 杭州：浙江大学出版社，2018.

[17] 修琪. 山东体育学院·人文社会科学研究文库公民社会视野下自发性群众体育组织研究 [M]. 济南：山东大学出版社，2015.

[18] 杨凡，吴蓓蕾，张现答，等. 中国老年体育活动趋势："十四五"时期及中长期发展预测 [J]. 中国体育科技，2022（1）：18-23.

[19] 王会娟. 广州市老年人公共体育服务需求及推进路径研究 [J]. 广州体育学院学报，2020（4）：43-47.

[20] 藏博，邱招义. 英国社区体育场地设施 PPP 模式的经验及借鉴 [J]. 建筑经济，2022（11）：13-19.

[21] 王占坤，彭艳芳. 农村老年人公共体育服务供需反思及优化研究 [J]. 北京体育大学学报，2019（6）：120-131.

[22] 丁志宏，张现答，易成栋. 我国城镇老年人体育锻炼的行为特征、支持及影响因素研究 [J]. 兰州学刊，2020（6）：174-187.

[23] 伍麟，赵利娟. 数字健康素养与老年人焦虑的化解 [J]. 华南师范大学学报（社会科学版），2022（4）：72-83，206.

[24] 胡税根，齐胤植. 大数据驱动的公共服务需求精准管理：内涵特征、分析框架与实现路径 [J]. 理论探讨，2022（1）：77-85.

[25] 王占坤，丁利合，杨宏兴，等. 新时代老年人公共体育服务的现实困境与破解策略 [J]. 体育文化导刊，2021（1）：8-13.

[26] 舒刚民. 审视与治理：我国老年公共体育服务供给的再认识 [J]. 西安体育学院学报，2018（4）：420-425.

[27] 盛明科，蔡振华. 公共服务需求管理的历史脉络与现实逻辑：社会主要矛盾的视角 [J]. 北京大学学报（哲学社会科学版），2018（4）：23-32.

[28] 孙瑞敏，卢文云. 基于魅力质量理论的农村老年公共体育服务需求研究 [J]. 体育科学，2021（11）：80-87.

[29] 甄玉，王占坤，杨宣旺. 我国老年人体育公共服务供给研究 [J]. 体育文化导刊，2020（2）：53-57.

[30] 范成文，刘晴，金育强，等．基于魅力质量理论及 Kano 模型的老年人体育服务需求层次研究［J］．成都体育学院学报，2019（2）：55-61．

[31] 邓陈亮，余乔艳．大数据背景下老年体育产业创新发展［J］．中国老年学杂志，2020（20）：4467-4471．

[32] 武田艳，陈震，夏清涛．健康老龄化视角下社区公共体育设施适老性配置水平评价［J］．山东体育学院学报，2021（6）：1-7．

[33] 李军，李敬．数字赋能与老年消费：基于"宽带中国"战略的准自然实验［J］．湘潭大学学报（哲学社会科学版），2021（2）：83-90．

[34] 刘奕，李晓娜．数字时代我国社区智慧养老模式比较与优化路径研究［J］．电子政务，2022（5）：112-124．

[35] 王鹏，焦博茹，贺圣楠．新基建背景下体育健身消费的数字化应用与发展路径［J］．西安体育学院学报，2021（1）：70-78．

[36] 韦艳，王欣宇，徐赞．智慧健康养老产业高质量发展的战略导向与实现路径田．西安财经大学学报，2022（3）：65-77．

[37] 甄玉，王占坤，杨宣旺．我国老年人体育公共服务供给研究［J］．体育文化导刊，2020（2）：53-57．

[38] 侯冰．城市老年人社区居家养老服务需求层次及其满足策略研究［D］．上海：华东师范大学，2018．

[39] 刘晴，罗亮，黄晶．"双循环"新发展格局下我国体育用品制造业高质量发展的现实困境与路径选择［J］．体育学研究，2021（2）：29-38．

[40] 郭中华．跨越数字鸿沟：智能时代老年教育的价值向度［J］．成人教育，2022（7）：48-51．

[41] 张丹，杨晨星，赵子骏．信息时代下平台特征、构建策略及治理问题研究［J］．中国电子科学研究院学报，2020（12）：1232-1236．

[42] 孟云鹏．我国城市体育智能治理系统构建与改革路径［J］．上海体育学院学报，2021（9）：12-28．

[43] 廖楚晖，陈娟．大健康产业背景下智慧养老服务用户采纳因素研究——基于感知质量的视角［J］．现代管理科学，2021（5）：109-120．

[44] 甄玉，杨宣旺，王占坤．体育健身与养老服务融合发展研究［J］．体育文化导刊．2021（4）：53-55．

[45] 杨京钟,等.体医融合协同创新:内在逻辑、发展战略与优化路径[J].体育文化导刊,2022(11):22-29.

[46] 刘路,史曙生.新时代体育应对老龄化社会问题的价值审视及策略探析[J].体育文化导刊,2018(8):11-16.

[47] 侯义展,董欣.体养融合视角下社区老年体育组织功能和发展途径[J].体育文化导刊,2022(3):39-44.

[48] 李雪颖.积极应对老龄化老年体育大有可为[N].中国体育报,2021-04-14(1).

[49] 张阳,吴友良.健康中国战略下体医融合的实践成效、困境与推进策略[J].中国体育科技,2022,58(1):109-113.

[50] 王会儒,姚忆."传统养生体育+医疗+养老"的老年健康干预模式构建[J].中国体育科技,2017,53(3):8-13.

[51] 易艳阳.社区老年服务共同体的系统审视与构建路径[J].兰州学刊,2021(8):149-160.

[52] 陈丛刊,纪彦伶.体育社会组织社会责任内涵与实践策略[J].体育文化导刊,2020(3):37-41.

[53] 杨京钟,于洪军,仇军.体医融合发展:财税激励模式与中国现实选择[J].武汉体育学院学报,2021(10):13-19.

[54] 国家体育总局."十四五"体育发展规划[EB/OL].(2021-10-26)[2022-04-08].

[55] 国家体育总局.关于进一步做好老年人体育工作的通知[EB/OL].[2022-04-08].

[56] 国家统计局.第七次全国人口普查公报[DEB/OL].(2021-05-11)[2022-03-20].

[57] 新华社.中华人民共和国国民经济和社会发展第十四个五年规划和2035年远景目标纲要[EB/OL].(2021-03-13)[2022-03-11].

[58] 国家体育总局.2021年全国体育场地统计调查数据[EB/OL].(2022-04-29)[2022-05-19].